育人视野下高校体育教学创新研究

钱 坤 刘昱材 杨 洋 ◎著

吉林出版集团股份有限公司
全国百佳图书出版单位

图书在版编目（CIP）数据

育人视野下高校体育教学创新研究/钱坤，刘昱材，杨洋著．－－长春：吉林出版集团股份有限公司，2023.5
ISBN 978-7-5731-3607-7

Ⅰ．①育… Ⅱ．①钱… ②刘… ③杨… Ⅲ．①体育教学—教学研究—高等学校 Ⅳ．① G807.4

中国国家版本馆 CIP 数据核字 (2023) 第 105410 号

育人视野下高校体育教学创新研究
YUREN SHIYE XIA GAOXIAO TIYU JIAOXUE CHUANGXIN YANJIU

著　者	钱　坤　刘昱材　杨　洋
责任编辑	祖　航
封面设计	李　伟
开　本	710mm×1000mm　　1/16
字　数	333 千
印　张	18.5
版　次	2024 年 3 月第 1 版
印　次	2024 年 3 月第 1 次印刷
印　刷	天津和萱印刷有限公司

出　版	吉林出版集团股份有限公司
发　行	吉林出版集团股份有限公司
地　址	吉林省长春市福祉大路 5788 号
邮　编	130000
电　话	0431-81629968
邮　箱	11915286@qq.com
书　号	ISBN 978-7-5731-3607-7
定　价	98.00 元

版权所有　翻印必究

前　言

育人视角下的高校体育教学，不仅要设计相应体能训练任务，提升学生的身体素质，也要关注到人的全面发展，关注体育精神的传承和个人的成长。在推进全面育人过程中，我们也不难发现，其中存在着教师综合素质有待提升、高校体育教学模式落后等阻力需要克服。在育人视角下，应提升体育教师综合素养，优化教学模式，创设良好的校园氛围，健全教学评价体系等，以此完成日常体育教学。

在育人理念之下，高校体育教学进入革新阶段，需要高校做出调整。基于育人理念，高校体育教育不仅是体育知识、身体素质的教学与训练，也需要更多地关注人的全面成长及发展，为学生的学习带来全面突破。在全面育人视野下，高校体育教学面临全面革新，课堂教学呼唤创意表达、内涵外延，在学校范围内也需要更浓厚的体育文化氛围建设。基于对高校体育教学现状及未来发展方向的全面分析，也需要教师与学生积极互动，为课堂教学创造更多的可能性与互动点，由此带动当前教学工作的深度开展，以体育育人、体育感人，使体育成为全面育人独特且珍贵的一环。

本书共包含六章。第一章主要为高校体育教学概论，从四个角度展开论述：学校体育与高等教育、高校体育教育的基本理论、高校体育教学的基础内容、高校体育教学的育人模式与理念。第二章为心理育人视野下的高校体育教学创新，包括大学生体育锻炼与心理健康关系、大学生体育锻炼与心理健康效应、心理育人视野下的高校体育教学策略。第三章为体育文化育人视野下高校体育教学创新，从体育文化概述、高校体育文化育人基础、多元体育文化育人、体育文化视野下的高校体育教学四个角度展开论述。第四章为审美育人视野下的高校体育教学创新，包括体育审美概述、高校体育审美教育作用、审美育人视野下的高校体育教学。第五章是立德树人视野下的高校体育教学创新，包含高校立德树人概述、高校体育教学立德树人实现途径、高校体育教学立德树人的学生管理、立德树人视野下的高校体育教学发展。第六章为素质教育视野下的高校体育教学创新，从素质教育与体育教学概述、素质教育下的体育教学内涵、素质教育视野下的高校体育教学策略三个方面展开论述。

本书共计33.3万字，钱坤负责撰写11.3万字，刘昱材负责撰写11万字，杨洋负责撰写11万字。其中参编人员有：伊长虹、岳新峰、郭艳、姜楠。

在撰写本书的过程中，作者得到了许多专家学者的帮助和指导，参考了大量的学术文献，在此表示真诚的感谢！

钱　坤

2022年12月

目 录

第一章 高校体育教学概论 ·· 1
    第一节 学校体育与高等教育 ·· 3
    第二节 高校体育教育的基本理论 ·· 17
    第三节 高校体育教学的基础内容 ·· 29
    第四节 高校体育教学的育人模式与理念 ···································· 47

第二章 心理育人视野下的高校体育教学创新 ···························· 91
    第一节 大学生体育锻炼与心理健康关系 ···································· 93
    第二节 大学生体育锻炼与心理健康效应 ··································· 107
    第三节 心理育人视野下的高校体育教学策略 ······························· 152

第三章 体育文化育人视野下高校体育教学创新 ························ 181
    第一节 体育文化概述 ··· 183
    第二节 高校体育文化育人基础 ··· 187
    第三节 多元体育文化育人 ··· 197
    第四节 体育文化视野下的高校体育教学 ··································· 213

第四章 审美育人视野下的高校体育教学创新 ·························· 223
    第一节 体育审美概述 ··· 225
    第二节 高校体育审美教育作用 ··· 231
    第三节 审美育人视野下的高校体育教学 ··································· 239

第五章　立德树人视野下的高校体育教学创新 ··············· 243
　　第一节　高校立德树人概述 ······························· 245
　　第二节　高校体育教学立德树人实现途径 ············· 249
　　第三节　高校体育教学立德树人的学生管理 ·········· 256
　　第四节　立德树人视野下的高校体育教学发展 ······· 262

第六章　素质教育视野下的高校体育教学创新 ··············· 267
　　第一节　素质教育与体育教学概述 ······················ 269
　　第二节　素质教育下的体育教学内涵 ··················· 276
　　第三节　素质教育视野下的高校体育教学策略 ······· 282

参考文献 ··· 288

第一章　高校体育教学概论

高校学生通常是17~18岁才进入大学,他们的身体生长发育已经接近成人,体力也逐渐发展至自身最高水平。体育以充分发挥学生的体力为根本任务,并且以全面锻炼为前提,以大学生所学习的专业,以及其未来将要从事的工作为依据,进行有针对性的锻炼,从而熟练掌握1~2项运动技能。因此,作为高等学校的体育教师必须重视大学生体质健康问题,以促进其身心和谐地成长成才。本章主要讲述的是高校体育教学概论,将从学校体育与高等教育、高校体育教育的基本理论、高校体育教学的基础内容、高校体育教学的育人模式与理念四个方面展开论述。

第一节　学校体育与高等教育

一、学校体育基本定义

学校体育在"广义体育"中占有举足轻重的地位,在学校教育中占有重要地位。它不仅具有丰富多样的内容和形式多样的方法,而且对增强学生体质有着独特作用。通常情况下,学校体育是根据教育的不同阶段、学生不同年龄阶段的特点,通过体育课、课余体育训练、课外体育活动与体育竞赛的四种基本形式,以增强学生体质为核心,让学生获得德智体美全面的发展,学校体育对促进人的全面发展具有十分重大的意义。学校体育有利于学生崇高道德品质、良好习惯的养成,也能提高广大青少年的身体素质和心理素质。学校体育不仅要注重增强学生体质,还要重视对学生体育意识的培养,注重体育锻炼科学性,奠定学生终身体育的理念、技能与理论基础。学校体育也会为我国培养、输送竞技体育人才,满足当代社会以及青年人不断增长的心理、文化生活需要。

二、学校体育历史发展

学校体育并不是凭空形成的,它是伴随着教育的发展逐渐形成的。古希腊在很早的时候就已经把体育作为一种教育内容。我国古代也曾把体育作为德育的手段之一。处于中世纪封建领主分裂时期,军事体育对于统治阶级而言,具有十分重要的意义,它是统治阶级的一种特殊需求,因而"骑士七艺"成了骑士教育的主要内容。在文艺复兴时期,体育再次受到关注。这时,体育作为一种文化已经渗透到社会生活的各个领域中。随着教育事业的不断发展,体育成了教育中真正不可或缺的组成部分。18世纪80年代普鲁士教育家J.B.巴泽多将J.卢梭教育观点运用到德国,在德绍创办泛爱学校,意为有爱心、有善良道德之校。这所学校从一开始就注意到体育对青少年的作用,认为体育可以使他们得到健康而全面的发展。这类学校以培养人为教育的宗旨，主张直观性原则，更加突出了体育与劳动结合教育，在这样的理念下，学生一天读三个小时书，体育、音乐三个小时，手工劳动两小时，每到夏天，野营生活长达两个月；体育课是以年龄为单位分组授课的。后来德国体育先驱J.C.古茨穆茨从理论与实践两方面将体育变成了一个完整的系统，德国A.施皮斯在学校体育方面建立了一套较为完善的学校体育系统与制度。[①]20世纪工业发达国家对增强青少年体质愈加关注，不少国家都已制定出统一的体育教学大纲，编写了统一的教材，在增设体育课时，重视体育师资的培养，完善体育场地与器材，注重对学生进行业余运动训练，着力培育优秀运动员，进行儿童及青少年体质及体育研究，使得学校体育逐步向科学化方向发展。

我国古代的学校产生于奴隶社会，从历史资料看，早在夏代就有称"校""序""庠"各种不同名称的学校了。商代也有"大学"与"庠"两阶段施教的学校教育。西周时期学校再次得到发展，分"国学"与"乡学"。西周之学，以礼、乐、射、御、书、数为教学内容，把奴隶主训练成文武双全的统治者，而在这些对奴隶主的教育之中的射、御及乐（音乐、舞蹈）都包含了体育元素，这些内容恰恰是中国古代学校体育教育的开始。周代学校教育的"六艺"（礼、乐、射、御、书、数），还包括德育、智育、体育教育之意。射、御为军事技能及身体之修养，礼、乐中之舞，亦包含锻炼身体之功能。但自汉以后，学校教育的内容主要是"六经"，已不注重军事技能与身体培养。隋唐时期，科举制度初露端倪，埋头读书成为学生仕途必由之路。在这样的历史背景下，唐代教育出现了重文轻武现象。从宋代到清代教育，更进一步提倡静坐学习和思维，就连孩子们玩耍都被限制了。儒家的"劳心者治人，劳力者治于人"思想，对封建社会的教育产生了深远的影响，也正是在这样的教育环境下，学校教育将关注点放在了德育、智育身上，从而忽视了体育。这期间，仅有极少数教育家注重私人教学的锻炼与体力劳动，或亲自学武艺，锻炼体魄。因此，在这样的社

---

① 徐永昌.体育史[M].北京：高等教育出版社，1987.

会背景下，也会有一小部分的文人学士还能骑马射箭、习武打马球。直到19世纪60年代，清朝洋务运动，开创了向西方学习先进技术之先河，洋务派兴办学堂，派遣留学生，在一切可能牵涉的范围内开始同西方交往。从1881年至1890年甲午战争前的短短9年间，洋务派创办的军事学堂有：北洋水师学堂、天津武备学堂、广东陆师学堂、广东水师学堂、南洋水师学堂。在这些军事学堂中，开始出现学校体育的最早形式。1901年清政府被迫取消科举，并在1903年的时候开始模仿外国教育模式，在社会中创办学校，在当时人们将这种学校称为学堂，课程中设置了体操课，一般情况下一周两到三节课。辛亥革命以后，受资产阶级民主派的影响，教育部门于1912—1913年制定新的学制系统，从此，公立学校，尤其是普通中等学校的"双轨制体育"应运而生，当然它也显示了当时的时代特征：一方面体育课仍然是以体操为主的，另一方面在课外活动方面也有不少竞赛性的运动项目，例如田径和球类。直至1923年，政府才制定了新学制的《课程纲要草案》，学校"体操科"才正式改为"体育科"（课），并且规定体育课的教学内容为田径、球类、游戏等。在这个时期，学校十分重视体育教法的研究与学习，推行"三段教学法"，使得学校体育发生了有目共睹的改变，在中国近代体育史研究中，它是一个重大发展。1932年当时教育机构颁布中、小学《体育课程标准》；1936年公布了《暂行大学体育课程纲要》；1940年颁布中小学及专科以上学校《体育实施方案》等，从文件制定本身来说，就是一种社会进步，在学校体育中发挥着积极作用。

1951年，政务院发布了《关于改善各级学校学生健康状况的决定》，在这个文件中明确强调了学校体育工作以及卫生工作的重要性，同时也对此提出具体的要求。1952年，中华人民共和国教育部设立了体育处，并负责管理全国学校的体育工作，在这样的环境下，学校体育各项法规相继出台。从1956年起，全国采用统一体育教学大纲与教材，并在学校推行《准备劳动与卫国体育制度》。体育司于1975年在教育部成立，每个省市、自治区教育厅同时成立体育卫生处，强化学校体育教育的管理，同年还使用了新体育教学大纲、教材等。1979年，教育部和国家体委联合颁布了《高等学校体育工作暂行规定》（试行草案），

1992年8月5日，国家教委下发了《全国普通高等学校体育课程教学指导纲要》，进一步提高学校体育教学的质量。2002年，教育部根据《中共中央 国务院关于深化教育改革全面推进素质教育的决定》，制定了新的《全国高等学校体育课程教学指导纲要》，就大学体育课程目标进行了细致规定，总的目标是增强体质、促进身心健康及提升体育素养。总的目标是对体质和健康的单独阐述，在总目标中，明确地将"健康第一"作为学校体育指导思想，同时也再次强调增强体质仍是我国学校体育所追求的一大目标，这一规定，为高等学校体育建设的加强提供了人员、资金、物力、时间、信息和其他重要保障。2007年4月23日，中共中央政治局就青少年体质问题召开专题会议，4月29日，全国亿万青少年阳光体育运动在京举行启动仪式，中共中央、国务院于5月7日颁布了《中共中央 国务院关于加强青少年体育增强青少年体质的意见》，这些举措均有力促进了我国学校体育的深入发展。

自1992年10月份以来，高等学校体育是以社会主义市场经济理论为指导，并在此基础上对体育教学改革作了一些探索。这一年是高校深化体制改革、加快发展速度的关键之年。1993年2月3日中共中央与国务院为了适应社会主义市场经济、全面推进素质教育的需要，制定了《中国教育改革和发展纲要》。这是我国历史上第一个指导全国人民加快实现现代化建设步伐，加速实施科教兴国战略，促进国民经济持续快速健康发展的纲领性文件。这个纲要是根据社会主义市场经济建立和发展时期的特点和需要制定的，在这个纲要中又一次对改善学校体育卫生工作提出了新的要求。在此之后，1993年10月、1995年3月和8月相继颁布了《中华人民共和国教师法》《中华人民共和国教育法》《中华人民共和国体育法》等法律条文。这三部法律在许多方面都对我国的学校体育工作作出了明确规定，其中《中华人民共和国体育法》中的第三章是"学校体育"，对于体育教学、课外体育活动与体育场地设施的关系等，均有明文规定。这些法律文件的公布施行，标志着我国体育法治建设进入新阶段，这也意味着学校体育工作在依法治体方面迈出了坚实而关键的一步。从那时起，学校体育才获得了全国人大常委会通过的国家法规保证。国务院于1995年6月20日颁布了《全民健身计划纲要》，该纲要将全民作为对象，同时将儿童与青少年作为重点关注对象，它是以实现社会主义现代化目标配套建设的社会系统工程，也是一个跨世纪发展战略规划。这个纲领性文件的出台，标志着我国人民开始把目光投向未来，也给学校体育带来了新的生机。1999年6月13日，中共中央、国务院召开的第三次全国教育工作会议，作出了《关于深化教育改革全面推进素质教育的决定》，对教育思想进行了新的阐述。这两个文件的发表，标志着我国体育教育观发生重大变革，对高校体育教学也产生了重要影响。这项决定再次提出了"学校教育应确立健康第一指导思想"，即"使学生掌握基本的运动技能，养成坚持锻炼身体的良好习惯，从而培养学生的竞争意识、合作精神和坚强毅力"[1]。

2007年4月23日，中共中央政治局就全国青少年体育工作和网络建设工作召开了专题研讨会。会议强调，要以科学发展观统领青少年体育教育和管理工作全局。同年4月29日，由教育部、体育总局、团中央在京举行了"全国百万学子阳光体育运动"启动仪式，促进了阳光体育运动的广泛深入开展，呼吁学生到操场去，走进自然，在阳光中行走。同年5月7日，中共中央、国务院专门下发《中共中央 国务院关于加强青少年体育增强青少年体质的意见》，该意见中强调了绝大多数青少年身心健康、体魄健壮、意志坚定、朝气蓬勃的重要性，它在无形中反映了一个国家旺盛的生命力，它标志着社会文明的进步，是一个国家综合实力中不可忽视的一个内容。因此，我们一定要对此有一个冷静的认识，就目前我国的学校体育教育情况而言，一方面由于片面追求升学率，社会与学校都有重智育、轻体育的现象，学生课业负担太重，休息与运动的时间严重缺乏；另一方面，因体育设施与条件的不完善，学生的体育课、体育活动很难得到保障。如果不能有效地解决上述问题，会对青少年健康成长造成严重影响，甚至关系到国家、民族的前途与命运。[2]

---

[1] 中共中央 国务院关于深化教育改革全面推进素质教育的决定[J].新华月报，1999，（7）：149-153.

[2] 中共中央 国务院关于加强青少年体育 增强青少年体质的意见[M].北京：人民出版社，2007.

三、学校体育在高等教育中的定位

（一）教育地位

学校体育在高等学校教育系统工程中所占比重较大，在国民体育中亦占有举足轻重的地位，它为社会体育、竞技体育、终身体育奠定了基础，在我国体育发展中具有重要的战略意义。大学生在专业理论知识的学习过程中，若无健壮的身体，便很难胜任沉重的学习任务，也很难在走上社会之后承担起那些比较重要的任务。学校体育是以身体锻炼为手段，以活动为载体，以增强体质为目的，同时也是一个培养学生全面发展的过程，对于塑造一个完善的"人"具有非常重要的意义。这一切都足以说明，体育是训练、培养全面发展的人才必不可少的途径，还表明了学校体育对高等学校教育的重要性。如果想要达到高等教育总体目标，高等学校势必要开展学校体育教学、课外体育活动、业余训练，并以此来完成各项与体育教育有关的教学任务。

（二）开设作用

1. 教育作用

从某种意义上讲，学校体育教育表现为精神文明的建设，精神文明的内容主要是文化建设与思想建设。学校体育作为一种特殊形式的教育方式，其功能不仅表现为培养人的全面发展能力，而且还能通过自身的运动实践活动潜移默化地影响人们的精神世界，在推动精神文明建设方面发挥着积极作用。

就文化建设而言，学校体育既能提供智力开发所需的良好物质基础保证，又能宣传社会文化，提升学生文化素养等。这是由于学校体育内容异常丰富，与此同时，体育知识、技能运动的规则和方法等，是人类在长期体育实践中所总结出来的精神财富，是社会文化中不可分割的组成部分。参加体育教学、体育锻炼等，能把体育相关知识和技能传授给学生，提高体育文化素养。

从思想建设上看，学校体育是向学生传授思想品德的重要途径之一。以"育人"为出发点，发挥学校体育教育功能，渗透思想品德教育，并将其贯穿于学校体育教学始终,能培养学生的爱国主义精神、集体主义精神,以及勇敢、坚韧、隐忍、果断、奋斗、创新、进取的精神。

2. 健康作用

"生命在于运动",深刻地表明运动在身体健康中所发挥的巨大作用。达尔文的"自然选择,适者生存"、拉马克"用进废退"理论,也揭示出运动对于人体健康和生命延续所具有的意义。随着人类社会经济发展水平的不断提高和人口结构变化的加快,人们对自身健康越来越重视。人类健康状态与工作效率,不只是依靠身体的器官、系统功能发挥,还取决于让机体获得适应自然与社会环境的能力。但是人的这种技能的获取,受到很多方面因素的影响,除了受生活环境差异的制约,也与体育锻炼有相当大的关系。相关研究实践表明:科学地进行体育锻炼,可以使中枢神经和内分泌系统产生的良好刺激,这对于促进机体新陈代谢、促进血液循环、增强呼吸功能及推迟有机体适应能力下降等具有重要的影响。

3. 锻炼作用

现实生活中,人们的身体多多少少都会有一些不健康因素。医学统计表明,全球50%~70%的人口出现身体不健康症状,如再做较细致的检验,其数据结果还会更糟。从某种意义上来讲,健康是以体质为基础的,同时相关研究数据证明,科学地进行体育锻炼,对于改造人体各器官及系统具有十分重要的意义,它不但对骨骼、肌肉的增长有好处,还可增强机体对外适应能力,改善血液循环,促进呼吸、消化和其他系统机能的发展,让人身体防卫能力增强,最终实现增强体质。

4. 娱乐作用

在学校体育中,"娱乐身心"是其一项基本的功能。学校体育是竞技性和娱乐性的,通过参加学校举办的各类体育竞赛,学生会在其中经历了赢的喜悦,也积攒了输的经验;经常欣赏体育比赛及演出,能通过运动员的精湛技艺获得美的艺术享受。在这样的环境下,每个人都从融洽的气氛中得到了精神快感,使在学习上引起的精神紧张、脑力疲劳及紊乱等负面情况得到有效的调整,最终感情得到净化，尽情享受人生乐趣。学校体育使学生课余文化生活丰富多彩，拓展并占据学校的文化领域，而对于构建健康、活泼的校园文化，构建良好校风、学风具有不可替代的重要作用。

5. 交流作用

学校体育除担负着在校内外促进群众体育普遍发展的任务外，随着改革开放进一步深化，学校在学术、体育等方面也加强了与国外的交流，正是在这种大环境下学校体育在友好往来、增进友谊这方面的作用也日益明显。

四、高等学校体育的目的和任务

（一）目的

目的就是目标，就是所要实现的效果或者标准。高等学校体育在学校教育中占有举足轻重的地位，它的宗旨要与学校教育总的宗旨保持一致，要充分反映体育的性质，其基本方法是运动与身体练习相结合，增强人类生物潜能和体质，增进身心健康。因此，从整体上看，高等学校体育是以体育为宗旨，以身体练习为基本方法，引导大学生进行科学合理的肌体锻炼，从而不断提升大学生的身心素质，促进大学生的全面发展。

（二）任务

高等学校体育在确立了总体目标后，需经过如下流程才能达到：

1. 维护学生身心健康

健康是一个人最为珍贵的社会财富，它是人类赖以生存和发展的基本要素，离开了健康，什么都不是。健康既是一个生物概念，也是一个心理概念、社会概念。对于一个人而言，健康包含很多方面，具体来讲，一个人只有同时具备躯体健康、心理健康、社会适应能力良好和道德健康这四个方面，才能称之为一个完全健康的人。高等学校体育最重要的任务是增强学生体质，增进学生身心健康，让学生在身材、生理机能、身体素质等方面实现全面发展。

2. 帮助学生掌握体育技能

通过对"三基"的研究与教学，向学生传授科学锻炼身体之道，养成终身从事体育锻炼的爱好与习惯。以科学的锻炼方法为导向，学生可以获得体育知识与技能，进行科学的自我锻炼，不断提高智力水平。一般情况下，大学生在进行锻炼的时候，要经历从知觉到认识的过程，然后进行巩固与运用练习。在实际工作中，最重要的转折点之一就是智力与体力相结合，既体现在身体锻炼之上，同时也体现在其成果之中。高等学校体育要充分体现智力与体力相结合、理论知识与实践能力相结合等。

3. 塑造学生道德意志品质

从体育本身所具有的特点来看，学校体育教育是向学生传授思想品德最为鲜明、生动的一种形式。体育教学要培养学生的共产主义道德品质，并非将体育和身体锻炼同政治口号生硬地组合在一起，因为许多体育活动都是以集体形式或竞赛形式进行的，这样有利于增强学生的组织纪律性，树立集体主义观念，培养吃苦耐劳、团结友善、敢于献身、奋发向上的精神。体育比赛有章可循，对塑造文明行为，规范品德，强化公平竞争意识，具有十分重要的意义。

4. 培养学生审美创造

体育和美的关系从古至今一直是息息相关的。运动是力与智慧的结合，身体锻炼，就是意念与形体的相统一。人们能够利用自己的"造型"展示自己对于客观世界的理解，并且通过"造型"来实现其强化功能。从身体锻炼方面看，学生可以通过韵律体操、竞技体育等，展示"造型"艺术美。美之心灵，美之情操，无不贯穿于美之神态始终。因此，高等学校体育要十分注重对学生崇高情操的培养，使得外在美和内在美得到良好的统一。

5. 发展学生运动水平

高等学校是人才聚集的场所，要发挥高等学校在体育学科上的优势，把普及和提高有机结合起来，以推广为依托，充分考虑大学生的实际情况，着力培养具有体育运动天赋的大学生，着力提高体育运动技术水平，使大学生不仅成为学校体育的带头人，而且成为大学生国际体育比赛的主要力量，把学校体育整体运动水平引向更高境界。

五、高等学校体育的基本途径

（一）制定教学文件

制定教学文件对于完成高校体育的目的与任务具有十分重要的意义，也正是由于这一方面的原因，体育教学大纲、体育教学计划、备课笔记等都是完成高校体育的目的与任务所必需的。

（二）基本途径

1. 体育课

体育课在我国高等学校教学计划中占有举足轻重的地位，它在高校体育教育中处于中心环节，还是高等学校体育教育的基本组织形式。在整个大学阶段，体育课是一门不可缺少的必修课程。高校通过体育课，对学生进行体育教育，使学生不仅形成了正确的体育观，同时也掌握了基本的体育运动知识。此外，也使学生养成持之以恒地进行身体锻炼的习惯，在潜移默化中受到了良好的品德教育。

体育课按任务划分为理论课和实践课。理论课与实践课之间有一定联系，但又不是完全等同的两个课型。研究课型，就是要针对不同课程类型的特点，较好地利用教学原则，安排教法措施，以完成授课任务。针对不同学生，高等学校通常都会设置体育普修课、体育专项课与保健体育课等，而根据每门课的具体作业的不同，体育课又可以分为引导课、新授课和复习课、综合课与考核课等五种；根据教材性质，体育课也可分为单一课与综合课。有的高等学校除设置一年级、二年级体育必修课之外，也为三年级、四年级的学生设置了体育选修课。

2. 课余体育活动

高等学校课余体育活动作为体育课程的继续与补充，在学校体育教育的过程中，它是一个不可缺少的重要环节，为高等学校完成体育教育宗旨与任务，提供了一种重要方式。课外体育教学是学校体育中最基本的一种，它是以增强学生体质为宗旨，养成学生自觉运动的良好习惯，同时能够陶冶学生的情操，丰富学生的文化生活，发展学生的个性，它对完成课程教学任务起着潜移默化的作用。因此，搞好大学生的课余体育教学工作就显得十分重要。我国高等学校非常重视根据自己学校的实际情况及传统特点，开展各种课余体育活动，这在巩固和提升体育课程教学的成效、提高学生体质、提升文化学习质量、充实校园文化生活、提高集体凝聚力等方面发挥了很好的作用。改革开放以来，很多院校都比较注重给课余体育活动带来时代气息，无论是内容还是形式都取得了很大的突破，已取得满意实效。主要表现在如下方面：

第一，早操。早操就是我们通常所说的早晨锻炼，也就是每天早上起来坚持进行室外活动，这是大学生理性作息制度的一个重要内容。大学生坚持早操，不只是磨炼意志、培养良好卫生习惯、增进健康的好举措，还是进行日常脑力劳动的基本准备活动，它可以使人的神经兴奋，激活生理机能，与此同时，养成良好的生理状态。早操的活动量一般在15~20分钟为宜，形式上可将集体组织与个人活动结合起来，一般情况下其内容有健身跑、广播操、打拳、健美操和各项身体素质锻炼等。

第二，课间活动。课间活动，是指文化课课后开展的数分钟的微小体育活动，也可以指两课时之后休息时开展的体育活动。通常情况下，课间活动主要是以活动躯体为宗旨，实行积极性休息，给下节课学习带来更加饱满的活力。课间活动的时间通常在3~10分钟，形式有个人活动和步行，以广播操为主。

第三，课外体育锻炼。课外体育锻炼，是指大学生在学完一天课程之后，合理地使用每天下午的第7、8节课时，开展有目标、有规划的活动。课外体育锻炼，能够强身健体，陶冶情操，丰富学识，完善身心，让精神更加饱满，因此，在高校体育中具有十分重要的意义，同时它更是高校抢占课余思想阵地的需要，是充实校园文化生活、建设精神文明最主要的途径。课外体育锻炼通常约为一小时，一般情况下，主要由班集体、单项体育协会组织，还可与个人的运动相结合，也可以与小范围、多样化竞赛活动相结合。各学校也可根据实际情况，因人因地而异、因时而动。

3. 课余训练与竞赛

课余体育锻炼是指高校在课余时间里，对一些身体素质良好，具有体育专长的大学生所实施的系统训练和专项教育活动，是高校实现体育目标最主要的组织形式，有利于提升我国大学生运动技术水平。体育竞赛对于促进高校体育发展，吸引大多数学生有意识地接受身体锻炼具有重要的意义。各校每学期均制订了与之相适应的学期体育竞赛计划，经常会在校内举办各种运动竞赛，切实提高学生课外体育活动参与的积极性与热情。

4. 对外体育交流

教育部和体育总局于1986年11月联合下发布了《关于开展课余体育训练，提高运动技术水平的规划》，各大学开始尝试高水平运动队的建设，相继成立高水平运动队，并在此基础上举办各类比赛或活动。同时，世界大学生体育运动会培训和组队也是由教育部安排，学校体育在发展过程中，不断被注入新内容。当前，国内许多高校已建立起适合其发展特点的高水平运动队，部分学校还尝试开展传统体育项目比赛，它对于增进对外体育交流，推动学校体育工作进一步开展，发挥着积极的作用。

5. 运动会

《体育法》规定："学校应当组织多种形式的课外体育活动，开展课外训练和体育竞赛，并根据条件每年举行一次体育运动会"[1]，学校举办的运动会所开设的运动项目，多数是学生平时在体育课或者课外活动中学习的项目，体育运动会将学校体育教育推向高潮。运动会这一舞台，为广大师生公平竞争提供了契机，他们通过奋斗，体验到了个人成功，在竞争中，提高了集体凝聚力。与此同时，运动会也成为师生展示自我、相互交流感情、交流信息、学习技术经验、

---

[1] 全国人大常委会办公厅. 中华人民共和国体育法[M]. 北京：中国民主法制出版社，2008.

提高身体素质的极好平台。每次校运会的成功举办，无不为学校各个部门注入新鲜的生机。

六、普通高等学校体育课程目标

（一）总体目标

总体目标是增强体质、促进身心健康，提升体育素养。这里的健康就是指学生身心和谐发展，以体育素养的提升为总目标进行阐述，这表明人们对体育的理解已由以往的"对身体发展进行教育"向"以运动为基础的教育"的过渡。以体育为主线，推动学生对学校体育知识理解的加深，使体育教育范围扩大，内容涉及生物学领域、心理学领域与社会学领域。提升体育素养，其内涵非常丰富，其最高宗旨是育人，在知识技能的引领下，注重培养能力，强调身心发展的和谐统一，与此同时，它也将终身教育作为教育的最终方向。体育素养不是一个孤立的概念，而是与其他学科有着密切的联系。体育素养包括身体、心理上的素质，同时也凸显体育是一种文化。体育素养，作为体育素质或者体育能力的一种，它由认知要素、技能要素、操作要素和情感要素构成。认知要素：掌握一定体育、卫生、环境、保健、营养、养生等方面知识，同时也要掌握一定的体质健康评价常识等内容，对体育比赛具有鉴赏能力；技能要素：健身运动技能、处理运动创伤的能力、生存自救能力等；情感要素：热爱和积极参加体育活动，拥有乐观向上的生活态度；操作要素：养成锻炼身体的好习惯，制订锻炼计划或者运动处方及运动创伤的治疗计划，对体质健康状况的评估与衡量等。在终身体育视野下，培养大学生体育素养，应是体育课程教学的中心任务。

（二）具体目标

在《全国高等学校体育课程教学指导纲要》中，大学体育课程具体目标分为两级目标和五个领域目标。两级目标：一是基本目标，二是发展目标；五个领域目标：体育参与目标、运动技能目标、身体健康目标、心理健康目标、社会适应目标。

从层次目标看，大学体育课程应全面落实素质教育以彰显个性教育为导向的方针，直面学生个体差异，最大程度地在目标设置方面体现科学性。

从领域目标来看，体育课程的目标发生了一定的转变，换句话来讲，体育课程目标有了明显的延伸，这在无形中使得大学体育课程目标更具体、更具操作性。

运动参与目标：养成自觉锻炼习惯和意识，具有体育文化欣赏能力，能够制订个人锻炼计划或者处方。

运动技能目标：熟练掌握两种健身运动基本方法与技巧，并掌握常用运动创伤处理方法。

身体健康目标：能够对体质健康状况进行检测与评估，掌握切实提高身体素质的方法、培养体能的方法；培养良好行为习惯，养成良性生活方式，拥有健康身体。

心理健康目标：依据能力，确立体育学习目标，有意识地通过体育活动来改善心理状态，克服心理障碍等，养成积极向上的生活态度；用合适的办法来调整心情，体验锻炼带来的快乐与成功感。

社会适应目标：展示良好体育道德与合作精神，妥善处理竞争与合作、体育活动人际关系等。

第二节 高校体育教育的基本理论

一、体育教学的主要特征

（一）身体直接参与

体育教学的根本目的是增强学生的体质，其教学本质就是通过肌肉群的运动，促进学生身体机能的发展，从而增强学生的运动技能。这就决定了体育这门课程需要通过反复的教授和实践，让学生掌握锻炼的方法。直观地说，就是通过肌肉的感觉将信息传递到中枢，然后经过反复的条件刺激，建立起条件反射，最终经过分析、总结，使学生达到对某种技能的理性认识，并且掌握某项体育运动的技能。因此，体育教学的特点之一就是身体参与的直接性。身体参与的直接性主要表现在两个方面：一是教师身体参与的直接性，因为有些体育运动需要教师进行示范，这是体育教学中最常见的一种教学方式；二是学生身体参与的直接性，按照教师的示范，通过亲身参与，进行反复尝试和练习。

（二）运动知识传承

体育运动知识指的是身体知识，这一点也是体育运动同其他学科相比最为明显的差异之处。同时也是人们对自然外部知识的追求逐渐向人体内部知识进行转移的结果，更是一种面向人类本体、人类本身与人类自我的挑战。

现阶段，教育界对于学生的主体性地位给予了肯定与重视，而这种对人类自我知识的再度追求，不仅对高校体育教学的特殊性进行了展示，同时还使得高校体育教学具有了传承知识的重要意义。从这个角度上来讲，高校体育教学并不是传统意义上的教学，而是对身体知识的传承，而身体知识是一种能够实现人类自身感觉真正回归的知识，并且也是科学知识的一种，只是人们没有发现与挖掘这种知识的重要性而已。可以想象的是，这类知识在未来肯定会受到人类的广泛认可、关注，并能够在人类身心健康的相关研究中被广泛应用。

（三）定期身体活动

在高校体育教学开展的过程中，教师需要不断对运动项目的动作进行示范、指导与反馈，这主要是因为身体知识来源于身体的不断实践与操作，同时对于学生而言，也需要身体的操作和体验。如果想要学习、掌握运动技能，就需要反复地进行身体的操作和演练。因此，在体育课堂教学开展的过程中，教师和学生的身体活动会比较频繁，学生不仅有身体的强烈活动，还有运动体验带来的欢快情绪。

（四）学生身心合一

体育从本质上来讲，就是改造人自身的过程，在强调生理机能和形态结构统一的同时，还强调身心的和谐发展。高校体育教学活动开展的目的不仅要追求体育文化的传承，还要使学生的身体改造得到一定的促进，同时还要使学生的心理素质与社会适应能力得到强化。高校体育教学开展过程营造了许多生动的情境，这一点也是其同智育教学间的差异之处，为学生心理素质的发展与社会适应能力的提高创造了良好条件。

所以，高校体育教学过程同辩证唯物论的观点是相符的，讲究身心发展的统一性。身体发展是基础，而身体的发展支持了心理发展，同时心理的发展还能够对身体的发展起到促进作用。高校体育教学开展过程中身心合一的统一性，主要体现在以下三个方面：

第一，高校体育教学内容要注重对学生各种能力和素质的培养，注重心理与社会的适应性培养，符合社会学和心理学等方面的要求。

第二，体育教师的教学方法和教学组织必须与学生的身心发展规律相符，在活动与休息的反复交替过程中，使学生的健身目的得以实现。练习活动与休息在一定的范围内合理地交替进行，因此，学生的生理机能变化会以一条波浪式曲线呈现出来。

第三，体育课程教学同学生的年龄特征与心理特征也是相符的。学生在心理活动中表现出的曲线图像是高高低低的，且生理、心理负荷呈波浪式曲线规律变化，这使得高校体育教学具有鲜明的节奏性和身心统一性，彰显了和谐性。

所以，体育教师在对各种教法与组织进行安排的过程中，应该充分考虑学生的心理特征，只有这样才能够使学生的身体发展得到促进，使学生的兴趣爱好与积极性得到有效激发，进而促进高校体育教学功能的有效发挥。

（五）过程直观形象

体育课程教学开展的各个过程，都对鲜明的直观形象进行了体现。例如，对于体育教师而言，其讲解要使用有趣贴切、形象生动的语言，艺术性地加工所要传授的东西，将语言简单化，加深学生对教学内容的感知。同时，体育教师需要应用特殊的演示形式，通过动作示范、优秀学生示范、学生正误对比示范、人体模型、动作图示、教学模具等直观地、形象地进行展示，从而建立清晰正确的运动表象，使学生从感官上对动作进行感知。通过直观的动作演示，学生能够将得到的表象同思维紧密联系在一起，更好地掌握体育知识与体育技能。

（六）合理身体负荷

体育教学中涉及很多的运动和锻炼，这些都是通过肌肉群的运动促进身体机能的变化。从生理角度而言，很多体育运动、活动都会牵涉到身体做功的问题，学生在参与的过程中，可以通过肌肉群的运动促进新陈代谢，增加身体的生理负荷，最终达到强身健体的目的。例如，组织学生参加跑步活动，跑步结束时，学生会感觉到小腿肌肉和大腿内侧的肌肉有酸胀感，同时也会感到身体的劳累，这就说明了体育锻炼具有增加人体的身体生理负荷性的特点。除跑步这项运动之外，跳远、篮球、足球等也能够带动机体肌肉群的运动，都能对机体产生负荷。在进行体育教学的过程中，教师也可通过引导学生反复地进行体育运动的实践，完成教学任务。

(七)体育审美情感

体育课程教学的美,最直观的表现是运动开展过程中教师与学生的人体美与运动美。通过运动塑身,教师和学生身体各部分线条的美与身体比例对称的美得以形成,并且人体运动的美也在这一运动过程中得以实现。上述这些都是外显的内容。在运动开展过程中人体的精神美也会得以实现。例如,在运动开展的过程中,需要克服生理障碍和心理障碍,使高校体育教学目标得以顺利完成,使礼貌、谦让和谦虚等风范得到体现。

高校体育教学活动不仅展示了人体美、运动美和精神美,还使高校体育教学内容的审美性得到体现。每个运动项目都对审美特征和美学符号进行了不同的表述,例如,球类运动项目不仅使个人的运动优势得到展示,也可兼顾到群体互助、协调和合作等人际素养;田径运动不仅使学生个人的运动才能得到表现,同时也展示了永不言败、永不服输的豪气;体操运动项目使人的技艺与灵巧得到展示等。这些都是前人累积的经验总结,教师经过加工后传授给学生,以此让学生去感知,获得身心的全面健康发展。此外,高校体育教学活动作为一种社会活动,具有一定的创造性,教师与学生共同营造的教学情境在精神上能够给人以启迪,令人回味。

(八)外界客观制约

同其他学科教学相比,高校体育教学的另外一个不同之处就是,高校体育教学效果很容易受到外界各方面的影响和实际客观情况的约束。例如,学生的性别、年龄、生理特点、心理特点、体质强弱与运动基础、体育场地、运动设施、客观气候条件等。从高校体育教学对象的层面来说,高校体育教学应该使教育的全面性得以实现,在运动基础方面区别对待不同水平程度的学生,同时还要针对学生的性别、年龄、生理特点、心理特点与体质强弱等方面的实际情况给予区别对待。例如,在机能水平、身体形态、运动功能与运动素质等方面,男女学生存在明显的不同,因此,在教学选择、教学设计和教学组织等方面就应该对性别差异加以考虑。从高校体育教学环境的层面来说,鉴于室外存在较多的影响因素,所以体育课堂教学一般会在室内开展。室外教学,使学生的视野更加开阔,但同时学生的注意力也非常容易分散,如汽车鸣笛声等意外声响的干扰。当然,也有一些不可控因素的存在,比如天气,会干扰到高校体育教学过程。由于体育课程教学在体育场地、器材设施和客观气候条件等方面存在一定的要求,所以体育教师在制订学年高校体育教学计划、课时具体计划、选择教材内容、实施教学组织方法的时候都应该将上述影响因素纳入考虑,尽量减少各种因素的干扰,促进高校体育教学效果与质量的提高。此外,体育教师还应该对酷暑、严寒等自然条件进行利用,使学生适应环境的能力得到培养。

二、体育教学的主要原则

无论是一般的课程教学还是体育教学,其教学原则都由几个乃至几十个构成。体育教学涉及的因素和内容较多,要将它们全部都归纳起来是非常困难的。一般来说,体育教学原则分为教育性原则、科学性原则、锻炼性原则三大类。

体育教学原则是人们在体育教学中对实践经验与规律的归纳与总结,是落实体育教学的根本要求,是维持体育教学的根本要素,是评判体育教学质量高低的根本准则。本书主要讨论一些和体育教学紧密相关的常用原则。

(一)合理安排活动量原则

1. 含义

体育教学的特点是身体活动(身体运动),因此,体育教学要使学生身体所承受的运动负荷有效、合理,以达到锻炼身体、掌握体育技能的目的,这就是体育教学中合理安排身体活动量的原则。

合理安排身体活动量原则是依据体育教学的本质特点和体育教学的运动负荷规律提出来的。一般来讲,运动负荷就是学生做练习时身体所承受的生理负荷量,它由运动强度和运动量构成。运动强度就是单位时间内身体所承受的运动量的大小,运动量就是运动的内容、数量、时间等。在体育教学中,合理地安排身体活动量，使学生都能达到适宜的生理负荷量，才能在锻炼中收到理想效果。

2. 基本要求

（1）身体负荷量的安排要服从教学目标

一堂体育课合理的身体活动量是为实现课程教学目标而确定的，简单来讲就是要根据课程目标、课程类型来安排不同的运动负荷。

（2）要针对学生的特点安排身体活动量

在体育教学过程中，参与学习锻炼的学生存在个体差异，学生的体质不同、性别不同，则身体形态、身体机能、身体素质也不同。因此，一定要根据不同学生的特点安排运动负荷。

（3）运动负荷的调整

运动负荷由运动强度和运动量构成，要使体育教学过程中学生的身体活动量适宜，就必须根据课程目标、教学内容、教学进度、教学设计等来调整运动负荷。

调整方法无外乎调整运动强度和调整运动量两个方面。一般而言，强度大，量就小；反之，强度小，量就大。这是一般的体育教学运动负荷调整原则。在体育教学中一般对运动量进行调整，即调整练习的内容、练习的时间或练习的数量，即可达到适宜要求。

（二）促进运动技能提升原则

体育教学的目的是促进学生技能的提高，因此，在教学的过程中要注重促进学生技能不断提高的教学原则，保证教学目的的实现，提高教学质量。

1. 含义

促进运动技能不断提升的原则是由体育教学的目标、社会的需求和肌体发展的需求三个因素决定的，同时也是实现体育教学终身化的基本前提和条件。

掌握体育教学的运动技能，是通过体育教学提升学生的运动能力、发展学生的运动素质、提升学生运动技能的有效途径，也是让学生体验运动的乐趣、提升体育教学质量的前提，更是判断体育教学目标是否完成、检测教师教学能力高低的标准。

2. 基本要求

促进学生运动技能的不断提升，是体育教学目标的重要组成部分，也是体育教学的意义所在。在制定这一教学原则的时候，应该做到以下几点：

（1）正确认识运动技能在体育学习中的重要意义

在前面关于"促进运动技能不断提升原则的含义"的讲述中，我们已经清楚掌握运动技能是教师教学和学生学习的目的。掌握运动技能可以锻炼学生的身体，提升学生的运动素质，促进教学质量的提高。因此，教师在教学的过程中，要注重提高学生的运动技能。

（2）明确运动技能学习的目的，有层次地掌握运动技能

体育教学要求学生掌握运动技能，就是为了丰富学生的学习生活，增强学生的身体素质，保证学生的健康成长。因此在教学的过程中，开展以"提高运动技能"为目的的教学时，要树立"健康第一"和"终身体育"的思想。对体育教学目标根据教学任务进行阶段的划分，有层次和分门别类地让学生掌握体育教学大纲所要求的运动技能。

（3）要钻研"学理"和"教学"，提高教学质量

要想提高教学质量，应该做到"知己知彼"。因此，要让学生很好地掌握体育运动技能，就必须详细地掌握运动技能的规律，特别是教学环境中的各种运动技能的特点和发展的规律。因为体育教学是一门较为复杂的学科，并且教学的时间相对有限，为了保证体育教学的效率，我们必须研究体育教学技能提高的途径和规律。

（4）要创造提高运动技能的环境和条件

任何一种技能的学习都会受到环境和条件的影响，只有在环境和条件相适宜的情况下，才能最大限度地发挥教学的作用。影响这种环境和条件的因素，不仅包括教师自身的运动技能和水平、教学场地和器材的优化，还包括体育教师对学生学习氛围的营造。

(三)集体教育原则

体育教学侧重集体性,有些活动强调以小组为单位,这有利于在活动进行过程中增强学生的团结意识,提升学生的集体荣誉感。这也是体育教学的目的之一。因此,在集体活动中要注重集体教育原则。

1. 含义

集体教育原则是指在学生进行集体性的学习活动时,要注重对集体荣誉感和团结性等集体活动特性的培养,增强集体的凝聚力,使学生形成正确的集体意识,养成良好的集体行为习惯。在集体活动中落实集体教育原则依赖于组成集体的特点、集体活动的规律、集体运动的发展等。

体育教学活动的特点主要有协同、竞争、表现,这些特点主要是在集体活动形式中得到体现。再加上体育教学侧重于室外教学,受到场地、教学活动范围和教学方式的影响,体育室外教学的开展一般以小组为单位,这使得体育教学具有集体性。因此,在教学过程中要注重集体教育的原则。

2. 基本要求

根据体育集体活动和集体组成的特点,对在体育教学中贯彻集体教育原则的要求如下:

(1)分析、研究和挖掘体育教学中的集体要素

从体育教学的特点可以看出,体育教学中有很多集体性的要素。因此,在进行体育教学的过程中,要注重分析、挖掘具有集体含义的要素,如团队的意识、共同的目标、互帮互助的活动形式等。教师在进行集体教学的过程中,应将这些要素有目的、有意识地融入学生的集体活动和体育学习之中,以便促进对学生团结意识和集体荣誉感的培养。

(2)善于设立集体运动的场景

在体育教学过程中衡量教学活动是否具有集体性的依据是集体是否具有共同目标、是否具有共同的学习平台,因为共同的目标和学习平台是集体运动的重要组成部分。共同的学习目标是每个学生学习的动机和欲望,共同的学习平

台是学习的场所和环境，能够体现集体的存在感。这两个要素能够让学生更好地凝聚在一起，互帮互助，完成共同的目标。因此，教师要贯彻教学中的集体教育原则，就应该善于设立集体运动的场景，如打篮球、进行拔河比赛等。

（3）善于开发有助于集体学习的方法

要合理贯彻集体活动中集体教育原则，就必须建立有助于集体学习的方法，这是促进教学目标实现的重要方法。组织学生进行课堂讨论、分组进行某种运动技能的比赛等，这些教学方法将为体育教学中贯彻集体教育原则提供技术上的保证。

三、高校体育教育的地位与作用

高校体育是高校教育的重要有机组成部分。它同德育、智育密不可分，都承担着为国家培养德、智、体、美、劳综合发展的高素质人才的重大责任。从全局来看，高校体育作为全民体育不可分割的一部分，为社会体育、竞技体育和终身体育奠定了基础，也因此成为我国体育事业的一个战略发展方向。所以，在综合型高素质人才培养方面，在全国体育事业繁荣昌盛方面，高校体育的作用无可替代。

（一）促进全面发展

全面发展教育是指在包括德育、智育、体育、美育、劳育等多方面促进学生全面发展的一种教育形式。因此，高校体育无可替代地被纳入了全面发展教育中。高校体育的功能和作用决定了它在综合型高素质人才教育中的战略地位。高校体育和高校教育二者不仅是简单的包含关系，更是实现教育目的主要方式。

在19世纪，马克思首次提出了人的全面发展理论，他说："我们把教育理解为以下三种东西：第一，智育。第二，体育。第三，技术教育。"[1] 在《资本论》中，他谈道："未来教育对所有已满一定年龄的儿童来说，就是生产劳动同智育和体育相结合，他不仅是提高社会生产力的一种方法，而且是造就全面发展的人的唯一方法。"[2]

---

[1] 宋萌荣. 人的全面发展 理论分析与现实趋势 [M]. 北京：中国社会科学出版社，2006.
[2] 马克思. 资本论 [M]. 中共中央马克思恩格斯列宁斯大林著作编译局，译. 北京：经济科学出版社，1987.

高校体育在学校教育中的基础性、无可替代性地位，不仅体现在它是德育和智育的物质基础，更体现在它可以加速德育、智育、美育的进步，与德育、智育、美育有着不可分割的联系。

1. 高校体育与德育

高校体育教育可以促进身体健康，促进心理素质提高，更可以提升道德情操。学校通过教学大纲、体育培养方案进行体育教育，开展体育活动，可以增强学生的爱国主义使命感、集体主义荣誉感和社会主义认同感，培养学生关爱同学、爱护集体、帮助他人、团结友爱、比学赶超、公平竞争、坚韧不拔、拼搏奋进等优秀品质，促进学生健全的人格发展和思想道德水平的提升。

2. 高校体育与智育

高校体育为智力开发提供良好的物质基础，是智力增长的重要途径。人的智力发育离不开大脑这个物质基础。已有的研究表明，人的智力水平和大脑的物质结构以及人的技能状况紧密联系。长期从事体育运动，能使大脑获得持续的氧气及能源物质的供给，大脑中的神经细胞也由此得以迅速而健康地成长。大脑皮层细胞活动加强，均衡性、灵活性、综合分析能力等各个方面都在无形中得到增强，而这些都为大学生创造有利的生理条件，以利于智力发展。人们曾对少年乒乓球运动员进行观察，发现那些从小就开始系统练习乒乓球的学员，在运动速度、应激反应能力、智商指数方面，都明显强于其他学生。而且，合理、科学地开展体育运动，能不断地培养大学生的思维能力与想象力，使学生可以敏锐地感知周围事物、用心观察，还能促进学生用脑时思路清晰，长时间注意力集中，从而提高学习效率，事半功倍。所以，高校体育对智力发展作用巨大。

3. 高校体育与美育

高校体育又是向学生实施美育的一种重要方式。学校开展体育活动，能让学生全身各部位骨骼肌肉均衡协调地发育，从而通过体育教学活动使学生塑造完美的身体形态，并使学生拥有高尚的情操，除此之外，还可以提高学生创造美、欣赏美、表现美的能力。因此，体育能使美育对学生身心的促进作用得到充分发挥，取得美育身心的成效。

综上所述，高校体育和德育、智育、美育等密不可分，四者相互促进，协调发展。体育对学生综合素质全面发展具有重要作用，是培育新时代思想积极、品德优良、才智卓越的优秀学子最有效、最成功的手段。

学校教育的最终目标就是为社会发展进步培养优秀人才。德育和智育是重要的，德才兼备，品学兼优，既有责任感又有真才实学，才能服务人民，报效国家，为社会主义现代化事业作出更大贡献。体育同样也是重要的。有了身体的强壮、健康，才能完成艰难繁重的学业，把对知识的渴求转化为孜孜以求的行动，最终成为社会主义事业的有用人才。所以，在学校的各项教育中，体育和智育、德育、美育等都要紧密配合，一起服务于培养全能型综合高素质学生的目标。

（二）构建全民健身

高校体育对全民族体质的增强、全民族素质的提高具有重要意义。目前，全球各国都在进行综合国力的竞争，抢占新科技革命技术制高点。一国国民的体质是民族竞争力的重要组成部分。不管是国民体质，还是全民族的素质，无不关系到一个民族和国家的未来、命运。青少年身体素质关系着一个民族身体素质的高低。他们在校期间，正值身体生长发育成熟完善时期，体育锻炼对学生身体的生长发育和完善有着重要的影响。为此，高校应当加强对体育教育工作的重视，尽最大可能积极引导学生参与体育活动，这不仅有利于增强学生体质，促进学生身体发育成熟，还能培养他们热爱体育锻炼的意识，养成运动习惯，提高运动技能，为终身运动、健康工作做好保障。

做好高校体育工作，能扩大我国体育锻炼人口规模，掀起体育社会化风潮。可见，高校体育是我国体育事业的重要组成。做好高校体育工作，学生就能得到良好的体育练习，他们将来更容易脱颖而出，做出一番事业。

（三）鼓励终身体育

进入20世纪后半期，社会革命、新科学技术革命，都推动着人民生产生活水平不断提高。一方面，人们对于身体素质的要求不断提高，追求快乐和文明，人们对健康休闲生活的需求也在不断提升；另一方面，现代社会快节奏、高强度的工作环境也给人体健康带来了损害。为了积极应对来自社会进步的压力和挑战，终身教育、终身体育锻炼理念被人们传播开来。

显然，终身体育不仅仅是指高校体育，还包括学前体育、高校体育和学后体育。所有的社会成员都要接受学校教育，而学校教育是终身体育的基础，起到承前启后的作用，是终身体育的关键组成部分。

首先，高校体育要为终身体育打好体质基础。高校体育必须满足学生发展的需要，尊重学生心理、身体素质特点，因材施教，有的放矢，促进学生身体茁壮成长，健康成长，高质量发展。这有利于他们全身心投入繁重的学习思考活动中，为他们将来的人生打下坚实的身体基础。

其次，高校体育应养成学生终身体育意识与能力。所谓终身体育意识，一般指大学生对终身体育的认识，大学生只有在意识到终身体育所具有的价值时，才会自发形成锻炼运动的行为。终身体育的习惯是指在正确认识指引下，坚持体育锻炼，并发展为爱好，进而成为一种好习惯，这样就能长期坚持下去。高校体育就是一个有目的、有计划的体育教育过程。体育学科的各项知识技能和科学训练原理与方法都通过学习系统掌握，这样就能促进体质健康，培养其终身体育的意识、习惯和能力。

终身体育的能力可以理解为终身体育的技能，有这样的能力，才会更好地进行终身体育锻炼。一般情况下，终身体育的能力主要由自学、自练、自评和创造等各个方面的能力构成。自学，就是学生的自主学习，积极主动地学习知识技能的能力。所谓自练与自评能力，泛指学生参加体育锻炼时，能够根据自己的情况和实际情况，做到有计划、有布置、有组织。创造能力是指学生创造性运用所学知识解决实际问题的能力。这些技能并非孤立存在，这些能力共同构成了终身体育能力。它是通过长期锻炼形成的一种综合素质能力。学生掌握并应用这一技能，能够长期获益。

第三节 高校体育教学的基础内容

体育教学内容有着悠久的发展历史，并且随着时代的不断发展和进步，发生了一定的改变。因此，要充分了解和认识体育教学内容，并且在此基础上对其发展进行深入分析，同时要与普通高校体育教学的实际情况有机结合起来，有针对性和目的性地进行改革，进而促进普通高校体育教学内容的优化，为取得理想教学效果奠定良好的基础。

一、内容概述

体育教学内容是体育教学工作者在进行体育教学时的主要参考，因此，体育教学内容在体育教学中占据非常重要的地位。再加上体育教学内容所涉及的知识点较为繁杂、宽泛，因此，对于体育教学工作者而言，体育教学工作必须建立在对体育教学内容充分了解的基础上。

（一）基本概念

1. 与一般教育内容的区别

首先，根据体育教学目标，精选体育教学内容，在目标的设定上，充分考虑学生身心发展的需求、教学的实际条件及其他因素。其次，体育教学内容是以身体活动为基本手段来进行的教育，以身体锻炼、身体练习、运动技术与技能学习和教学比赛等组织形式为主的教学形式，而语文、数学、英语等学科则是以理性知识传授为主的教育。

2. 与竞技体育的区别

竞技运动中的训练也有育人功能，与体育教学类似，体育教学和竞技运动的内容都是运动项目而且大部分相同，但二者的目的和对运动项目的运用都有很大差异：体育教学以培养健康的合格公民为目的；竞技运动以培养高水平运动员和评出优异运动成绩为终极目标；体育教学内容需要根据社会发展进行必要的改造、组织和加工，而竞技运动内容不必和不允许进行改造。即使相同的运动项目，二者对受教育（训练）者在体能发展的水平和动作技能的标准化程度等方面的要求也迥然不同。

由于体育教学内容在形式、性质和功能上的多样性，体育教学内容在选择、加工、组织和教学过程控制中变得更加复杂。

（二）主体特点

1. 实践性

体育教学内容以身体锻炼、身体练习、运动技术与技能学习、教学比赛等组织形式为主，身体活动是这些教学内容的共同特征。身体运动的实践性是体育教学内容最突出的特点之一。这里的实践性是指体育教学内容绝大部分都与由骨骼支持的身体运动实践紧密相关，受教育者本人必须在亲身参与这种以肌肉运动为特点的运动时才可能学会这些教学内容。体育教学内容中的知识学习和道德培养，也必须通过运动过程和体育学习情境以及运动中的本体肌肉感觉和情感体验才能最终获得，这是其与其他学科教育内容最根本的区别。

2. 健身性

由于体育教学内容以身体活动为基本手段，体育教学必然会对身体形成一定的运动负荷。因此，在运动方法和运动负荷合理的情况下，体育学习和练习自然会对身体产生锻炼的作用与效果。虽然由于教学时间的安排，运动负荷的大小、多少和学习目标的优先级等各种因素而经常处于非自觉状态，但只要在选择、分析和设计体育教学内容时根据受教育者不同的身心特点将这些健身性的内容进行科学的设计和控制，在体育教学中将以锻炼身体不同部位为主的内容进行搭配，在教学过程中对运动负荷大小进行合理安排，对每个教育内容的健身效果进行评价并反馈改进教学，就可以最大限度地发挥体育教学的健身作用。

3. 娱乐性

由于体育教学内容大多是竞技性的运动项目，参加者在这些运动过程中的学习、竞争、协同、挑战、表现、战胜、超越等心理体验和成就感、卓越感等，都会让人产生愉悦的审美体验。当学生在教学过程中真正感受到这种愉快的体验时，就会强化在体育教学中对运动乐趣的追求动机，这也是体育教学内容与其他文化课内容的重要区别。

4. 层次性

体育教学内容具有鲜明的层次性。体育教学内容的层次性表现在：其一，体育教学内容内在的层次性，即体育运动的内在规律使体育教学内容的技术与战术之间、内容与内容之间存在着由简单到复杂、由易到难的递进式的层次性，这种内在层次性可以相互联系和相互制约，如篮球运动中的运球、传球等基本技术是篮球战术学习的基础，田径教学中的短跑教学内容是跨栏跑教学内容的基础等。体育教学内容的内在层次性是我们编制体育教学内容的依据。其二，体育教学内容的外在层次性，即学生的生理、心理和社会特点等外在因素也具有递进式的层次性，这使得体育教学内容的安排应具备系统性、逻辑性，并与以上层次性因素相适应。

5. 开放性

体育教学内容大多是以集体活动形式进行的运动学习和运动竞赛，这种集体活动又多是以队形变化、分组学习、分组练习来组织进行的。在运动学习、练习和比赛中教师与学生、学生与学生可以自由地相互交流，互动频繁。具体以分组形式学习，要求"角色扮演"分工明确，在体育学习中的"社会角色"变化远远多于其他学科的学习。所以，体现出体育教学对学生集体主义精神、竞争意识、协同能力培养的独特功能。

6. 约定性

体育运动项目或身体练习方式是在一定的时间、场地、空间或在专门器械上，按照约定的规则和程序进行的，如"田径""郊游""沙滩排球""户外运动""沙地网球""平衡木""撑杆跳"等。也就是说，如果这些项目离开了特定时空的制约，其内容和形式就会发生质的变化，甚至内容本身就不存在了。由于体育教学内容的时空约定性，体育教学内容对运动的时空有很大的依赖性，也使场地、器材、规则本身成为体育教学内容的制约因素。

二、目标与要求

体育教学的内容来源于人类发展的各个时期，其教学内容的目标和要求都具有很强的时代性。这主要是因为体育教学内容由当地民众的文化水平、地域气候条件、社会政治经济发展状况、生产力水平、科学技术水平等因素决定。

（一）目标和要求

传统性体育教学内容主要是指运用传统的教育方法对学生进行体育运动技能培训的一种形式，是体育教学内容中一直存在的锻炼项目。虽然体育教学内容随着时代的不断更迭而持续变化，但是传统性体育教学内容因其积极的教育作用仍然在教育界中占据很重要的地位。下面将对一部分传统性体育教学内容的目标和要求进行简单叙述。

1. 体育保健

体育保健教学内容的目标：通过体育保健基本知识和原理的传授，首先让学生深刻地认识到体育教学在人的成长过程中的重要作用，了解体育运动对国家、社会的重要作用，从而激发学生对体育锻炼的使命感，使他们自觉地参加体育锻炼。除此之外，通过体育保健基本知识和原理的学习，学生能够了解一些体育学习的必要知识，形成对体育教学的正确认识。

体育保健教学内容的要求：体育保健教学内容的编写应该结合当前社会的状况、学生的实际需求等方面进行，并且精选一些对学生的实际生活和成长有较重要影响的体育运动项目，保证内容的真实性和目的性。同时，教师在对这类内容进行教学的过程中，要结合实际操作进行演示，有益于学生掌握和接受。

2. 田径运动

田径运动是常见的运动项目，主要包括跑步、跳高、跳远、投掷等内容。田径运动教学内容的目标：通过这项运动，学生能够了解田径运动的一般规律和基本知识，清楚地认识到田径运动对他们成长过程中身体素质培养的重要意义，掌握一些田径运动相关的基本原理和方法，掌握一些基本的田径运动技能，通过不断练习，达到增强学生体质的目的。

田径运动教学内容的要求：在设计田径运动教学内容的时候，不应该单单从竞技类运动的角度划分，分析田径运动的教学内容和作用，还应该从文化、运动特点、技能作用等多方面进行教学内容的设计和组织，这样才能让学生更科学地掌握田径运动的基本知识，并且将获得的田径运动知识和技能正确地应用到健身实践中去。由于田径运动会使肌体产生一定的负荷，负荷强度太高会对肌体造成一定的损害，强度太低则达不到运动的效果，所以在教学过程中，应该根据学生的身体特点灵活教学。

3. 体操运动

体操运动是体育教学中的重要组成部分，由于其对人体的平衡和形体的训练有着非常积极的作用，体操这一运动颇受广大高校学生的喜爱。体操运动教学内容的目标：第一，在教师的指导下，让学生充分地了解体操运动文化，了解体操运动对人体健康的作用；第二，让学生掌握一些基本的体操运动技能和方法，使学生能够在日常生活中使用体操来锻炼身体；第三，让学生能够安全地从事体操运动，并且掌握一些体操比赛的基本常识和技巧。

体操运动教学内容的要求：体操不仅能锻炼人体的平衡性、协调性和灵活性，而且能对学生进行心理方面的积极引导和教育。因此，要从竞技、心理和生理等多视角来对体操教学内容进行分析。在教学内容的编排上要保证一定的层次性，不能总是停留在低水平的层次上。在教学过程中，要根据学生的身体特点，开展合理的训练，如有些平衡能力较弱的学生，应该对其进行更多有关平衡能力的练习，做到因材施教，这样才能保证教学质量的提高。

4. 球类运动

球类运动是一种常见运动，其主要包括足球、篮球、乒乓球等运动。由于球类运动是一项充满活力和竞技趣味的运动，因此很受当今高校学生喜爱。球类运动教学内容的目标：第一，让学生充分地了解球类运动的基本概念和球类运动中的一些比赛规则；第二，使学生能够掌握一些球类运动的技能和技巧，以及参加球类运动比赛的基本技能和常识性知识。

球类运动教学内容的要求：球类运动虽然是一项群众性的运动，但其技巧和方法较为复杂，因此在筛选教学内容的时候不能只对球类的单个技能进行教学，而忽视其与比赛之间的联系，否则就会失去球类运动的基本特性，同时还要注意教学内容选择的顺序性与实战性之间的联系。在教学过程中，要注重对技能的训练和对学生团队合作精神的培养。

5. 韵律运动

韵律运动其实就是一些类似于舞蹈、健美操、体操等的运动项目，韵律运动与其他运动最大的区别就是将舞蹈与运动相结合，在音乐节奏的作用下，实现了两者的完美结合，因此，韵律运动是当今女性尤其喜爱的一种运动。韵律运动教学内容的目标：让学生了解韵律运动的基本特征，了解从事这一项运动应该遵循的基本原则和规律，掌握一些基本的技巧和套路。除此之外，还可以通过此课程，塑造学生优美的形体。

韵律运动教学内容的要求：因为韵律运动是一项表现运动，同时又是一项塑造形体的运动，不仅涉及音乐、艺术方面的因素，还涉及美学方面的知识，因此，韵律运动教学内容应该从学生审美观的培养、对舞蹈音乐的了解和掌握等全面地、多角度地加以考虑。韵律运动教学内容还要强调对学生创新能力的培养。

6. 民族项目

民族体育项目是一个民族精神和文化的代表，反映着一个民族的发展历史。通过对民族传统体育的了解和研究，将其教学内容的目标确定如下：第一，借助这些民族传统体育的讲授，让学生对民族文化有更深的了解；第二，使学生学到一些民族传统体育的技能，既可以防身又可以继承和弘扬民族文化，如中国武术。

民族体育项目教学内容的要求：在编排内容时，不仅要结合学生的特点以及现代人的生活方式，而且要强调内容的文化性和实用性，特别是对民族传统体育文化背景和意义的介绍和揣摩。在教学过程中，要注意对学生兴趣的培养。

（二）新兴体育教学内容

随着社会的不断发展，人们生活水平日益提升，科技不断进步，促进了各国政治、经济、文化的迅速创新和发展。在这种社会背景下，新的体育运动项目也逐渐兴起。研究新兴的体育教学内容有助于优化体育教学的结构。我们通过对体育教学内容的不断研究和分析，将新兴体育教学内容总结如下：

1. 乡土体育

近几年来，教育改革的不断深入、教育内容的不断创新、课程资源的不断开发，引起了广大体育教学研究者的重视，一些具有积极锻炼意义、散发着浓烈的乡土气息的运动项目重新登上体育教育的舞台。这类乡土体育运动教学内容的目标是，让学生对民间体育和民俗风情有更深的了解，使学生掌握一些具有地区特色的民俗体育知识和技能，促进当地传统文化的继承和传播。

乡土体育教学内容的要求：由于这类体育项目来自民间，具有对民俗文化的传播作用，因此，要注重其内容的文化性、安全性、锻炼性和规范性，同时剔除一些不利于文化传播或是正能量传播的因素，摒除一些错误的实践。

2. 体适能与身体锻炼

随着社会对学生的身心健康全面发展要求的不断提高，一些针对性较强的体育锻炼作为培养学生身体健康的运动被正式带进课堂。这些内容与教师对此运动的实践技能的传授相结合，共同发挥着提高学生的身体素质和运动素质的作用。体适能与身体锻炼教学内容的目标：体育教师应该通过这一部分教学内容有效地锻炼学生的身体，让学生掌握更多实践锻炼和运动的原则和方法，帮助他们更好地提升运动技能。

体适能与身体锻炼教学内容的要求：由于这是对学生体适能的锻炼，因此要结合学生身体素质的状况，遵循体育锻炼时的基本规律，要注意锻炼的针对性、科学性和时效性，同时注意教学内容应该符合国家规定的关于学生体质健康的实行标准。

3. 新兴项目

由于新兴体育运动教学的内容具有时代性，因此，教师在教学时要注意对体育教学内容目标的掌握，现经过分析和研究，将新兴体育教学内容的教育目标总结如下：使学生掌握一些比较流行的体育运动文化，提高学生对新兴体育运动教学内容的兴趣，同时提高体育教学在终身教育方面的实用性，从而提高体育教学的质量。

新兴体育运动教学内容的要求：由于是一种新兴的体育教学内容，所以在选用这种教学内容时，首先要保证其符合教学条件的基本要求，其次要注意体育教学内容的文化性、教育性、安全性和实践性，同时注意对教育内容的筛选，杜绝不利于学生成长的体育教学内容。

4.巩固和应用类课程

巩固和应用类课程的基本教学内容是新课标要求下的一种教学内容，而且是随着活动课程的发展而不断形成的，其教学内容的目标是，通过此类教学内容的教学，巩固学生有关体育教学的基本知识和技能，并能够将其与运动实践相结合，借此提高学生的体育锻炼技能以及在参加体育活动方面的能力。

巩固和应用类课程的基本教学内容的要求：在选用教学内容时，应该注意将其与学科内容和体育教学内容完美地融合，同时注意对内容的延展性和应用性的掌握，注意对学生在体育教学活动中的创新能力和创新意识的培养，使学生能够进一步拓展所学习到的知识和技术。

三、内容编排与选择

（一）内容的编排

1.编排模式

在对体育教学的课程内容进行排列组合时应坚持一定的策略，目前，体育教学内容的主要编排方式包括螺旋式排列和直线式排列，同时还包括将以上两者综合在一起而得到的混合型排列方式。这里重点对螺旋式排列和直线式排列这两种体育教学内容编排模式进行详细分析。

（1）螺旋式排列

体育教学内容的螺旋式是当某项运动项目的教学内容的有关方面在不同年级重复出现时，逐步提高教学要求的一种排列方法。

在历来的教学大纲当中，只模糊地说明一些锻炼身体作用大的教材是适合用螺旋式排列来进行编排的，事实上，并不仅仅是锻炼身体作用大的教材才适合于螺旋式排列的编排方式。这是由于一些兼具难度和深度的教学内容，总是要求学生熟练掌握运动技能，这些教学内容更加适合用螺旋式排列方式。

（2）直线式排列

与螺旋式教学内容的排列方式不同，直线式教学内容的排列意味着，学习了某一体育运动项目和身体练习之后，相同的内容基本上不再重复出现。

体育教学的发展，要求更加科学地对体育教学内容进行编排，以实现更好的教学效果，因此要求体育教学工作者在对体育教学内容进行安排时，要重视对体育教学内容循环周期现象的思考。

安排体育教学内容时，有一个循环周期。这个循环就是指，相同的教学内容下，不同学段、学年等范围中进行的反复的重复安排就是循环周期现象。我国体育教学学者根据不同的内容性质而将体育教学内容的编排分为以下四类：

"精学类"教学内容——充实螺旋式。

"粗学类"教学内容——充实直线式。

"介绍类"教学内容——单薄直线式。

"锻炼类"教学内容——单薄螺旋式。

以上四种体育教学内容编排方式很好地满足了新课程标准中对体育教学内容的要求，并根据体育教学内容中的理论，结合当前体育教学内容中的各种情况，创新地将各个方面的内容合理编排在体育教学中，所以，在体育教学的发展改革中，上述几种编排方式都非常适用，有利于体育教学目标的实现。

2. 编排方法

（1）简化的教材化方法

简化的教材化方法具体是指将各种高水平、正规的竞技运动项目在各方面（包括竞赛的规则、技术、器材和场地等）进行简化，从而使其能够更好地适应体育教学活动的开展。这种方法是现代体育教学中，对教学内容进行教材化最为常用的一种方法。简化教材法可使教学内容和学校条件、学生能力和需要、教学的目的和教师在教学方面的能力等诸方面相适应，让教学更具有操作性。

（2）理性化的教材化方法

理性化的教材化方法主要对各种运动项目所包含的各种运动原理和知识等方面进行充分的挖掘，并将其组织安排在教学过程中的一种教材化方法。这种教材化的方法适用于具有一定体育基础的学生的体育教学。

（3）实用化、生活化、野外化、冒险运动化的教材化方法

实用化就是使得教学内容与实用技能相结合；生活化则是教学内容与日常生活相结合；野外化则是将正规的场地变为野外的非正规场地，或将各种场地运动转变为各种野外运动；冒险运动化就是增加一定的惊险性，激发学生的学习兴趣。这些方法能够与现实生活各种需求相结合，增加教学内容的趣味性，提高学生的学习兴趣。

（4）游戏化的教材化方法

很多体育教学内容都比较枯燥，如跑、跳、投、体操、游泳等运动项目，因此，我们在选择好教学内容后还需要对其进行一定的改造，而常用的方法就是游戏化的教材化方法。这种方法是将这些单调的运动用"情节"串联成游戏，提高参加者的兴趣，而同时又不会在很大程度上改变练习的性质，依然可以很好地达到增强练习效果的目的。

（5）运动处方式的教材化方法

运动处方式教材化方法指按照运动的原则，对于锻炼的力度、重复次数、速率和其他要素进行组合排列，并且基于学生的不同需求，形成个性化的处方，用于体育锻炼与教学。在体育教育中，教师可采用这种方法指导学生练习或上课，也可以让学生自己设计运动处方来达到健身目的。这是教材化方法中必不可少的方法，因为这对于教学生使用运动处方来锻炼身体是十分有益的。

3. 注意事项

（1）注意学生基础和教学实际

体育教学内容的编排应符合学生的实际需求，促进体育教学质量的不断提高，应使得体育教学的内容与学生的实际情况和实际需求相适应。具体而言，

在进行体育教学时，教师应在考虑体育运动和身体练习本身的难易程度的基础上，依据学生的实际需要、学生的体能和运动技能基础以及其发展的阶段特征等方面，合理安排体育课程内容。

（2）突出不同体育运动和身体练习特征

体育教学内容丰富，在对体育教学的内容进行编排时，应注重各种运动技能的学习、改进、巩固、提高和运用。应该认识到，体育教学不仅要使学生了解相应体育知识和技能，还应该使学生能在日常体育锻炼中灵活运用这些知识和技能。这就要求教师在对不同体育教学内容进行编排时，突出不同运动项目的特色和技法特点。

（二）内容的选择

1. 选择依据

（1）体育课程目标

体育课程内容在实现体育课程目标的过程中，是作为手段而不是目的存在的。体育课程目标存在多元性的特征，体育运动项目和身体练习也具备可替代性的特征，这都使体育教学内容的选择变得更加多样。所以，选择体育教学内容时必须有可以依据的标准。

体育课程的目标是对教学内容进行选择的重要依据，这是由于，体育课程目标在体育课程编制的过程中，在每一个阶段内都作为教学内容的先导和方向，所以它经过了多方专家的合理思考验证，其对各个方面的影响都经过了认真合理的验证。因此，在进行体育教学内容选择时，目标是必须遵循的，相应的体育课程目标对应着相应的体育课程内容。

（2）学生的需要及身心发展规律

选择体育教学内容时，学生的需要是必须要考虑的。体育教学以促进学生身心发展为目的，所以对体育教学内容进行选择的一个必要的因素就是学生对于体育的需要和兴趣，这对于有效的学习是非常重要的。学习需要学生的主动参与，也就是说，学生自身积极性和努力是必不可少的。通常学生面对感兴趣的事情，参与的动力就会大大增加，学习的效率也将倍增。这非常符合一些学者所提出的观点：如果学习是被迫的而不是学生出于兴趣进行的，那么学习在某种意义上来讲是无效的。调查结果也非常符合这一说法，那就是如今学生虽然非常喜欢参与课外体育课程，但对于体育课却是兴味索然，最重要的因素就是教学内容缺乏趣味性。

学生对教学内容的接受程度取决于其身心发展规律以及特点，因此，体育教育的内容必须以学生为主体，考虑学生的接受程度，进一步激发学生的兴趣。在选择体育教学内容时，不能忽略学生的实际情况，需要结合学生的特点来决定教学内容的各项要素。

（3）社会发展的需要

学生的个体发展无法脱离社会的发展。因此，体育教学能够在健康方面为学生打下良好的基础，所以在进行体育教学的内容选择时，除了考虑学生本身的需求，社会现实发展的需求也必须考虑进去。体育内容在选择方面不能够忽视学生走入社会后发展所必需的体育素质，所以体育教学内容必须能够满足学生走入社会后各方面的需要。除此之外，体育教学内容必须做到与社会生活和学生生活联系在一起，这样才能让学生体会到它的作用，其功能才能得以实现，因此，体育教学内容的选择与社会实际相符是非常重要的。

（4）体育教学素材的特性

在体育教学内容的选择上，最重要的要素就是体育教学素材，而它最大的特性就是并没有非常强的内在逻辑关系性，这种特性使得体育教学内容的选择无法完全按照难易程度和学生素质来进行。因此，体育教学内容往往只是按照运动项目来进行划分，但各个教材内容之间的关系是平行和并列的，如篮球和足球、体操和武术。表面上看似有联系，但这种联系并非非常清晰，而且没有先后顺序，无法判断谁是谁的基础。所以在这里是无法确定教学内容内部的规定性和顺序性的。

体育教学素材的另一个特性是具有一项多能和多项一能的特点。一项多能就是指通过一个运动项目，能够实现非常多的体育目的，这就是说在这个项目中有着目标多指向性的特点。以健美操为例，有人用这个项目来锻炼身体，有人用这个项目进行娱乐，同时这个项目还有表演的作用。在很多情况下，进行健美操运动往往能实现多个功能，学生掌握了一项运动之后，就能够实现多种目的。多项一能则突出了体育教学内容之间具备相互的可替代性。比如，想从事投掷练习，可以扔沙袋、投小垒球，也可以推实心球，还可以推铅球。想通过体育运动得到娱乐放松，可以踢足球，可以打排球，还可以打篮球、打网球。这就是说，想达到目的并非只能通过一个项目来实现，不同的项目也同样能够达到。正是这个特性的存在，使得在体育教学内容中没有无可或缺的项目，所以体育教学内容并不具备强烈的规定性。

体育教学素材还有第三个特性，那就是它拥有庞大的数量。庞大的数量使得其内容相当庞杂，并且在归类上存在一定的难度。人类文明自诞生以来，创造出的体育运动项目数不胜数，并且每一个运动的技能对于练习者的身体素质有着各种各样的要求。鉴于这个原因，没有哪个体育教师能够精通全部的体育项目，所以体育教师的培养才要求一专多能，体育课程的设计者也很难将最合理的运动组合运用到体育教学内容当中，同时也几乎不可能编写出适合所有地区和教学条件的教材。

体育教学素材的第四个特性就是，在每个运动项目中，其乐趣的关注点都是各不相同的。以篮球和足球为例，其乐趣就是在激烈的直接对抗中，通过娴熟的技术和精妙的战术配合而得分。再如，在隔网类运动中，其乐趣则是双方队员在各自的场地中通过巧妙的配合，将球击到对方场地而得分。因此，体育运动都有各自乐趣的特性，使得它在体育教学内容的选择上是无法忽略的，这同时是快乐体育理论存在的事实依据，并且是这一理论在体育改革进程中有着关键影响的原因。

2.选择原则

（1）教育性原则

在选择体育教学内容时，首先应从教育的基本观点出发对体育教学素材进行选择，分析其是否与教育的原则相符，是否与社会的固有价值观同步。要明确分析它是否有利于学生的身心发展和身体锻炼。

选择的体育教学内容必须与体育课程的主要目标相匹配，确立"健康第一"的指导思想，并将其作为体育教学内容选择中最基本的出发点，同时看重其中的文化内涵，使学生在学习体育技能的同时更能深刻体会到体育文化修养带来的益处。学校体育在培养学生时首先考虑对学生的品德、智力、体质等方面的全面发展，将理论与实践结合起来，使学生了解人体科学知识的同时真正锻炼身体，还要从思想文化等方面下功夫，使学生在多方面同时发展。体育教学内容的选择对于不同学段学生的发展特点和规律都要充分考虑到，其个体差异与不同需求将会在其中起到很大的作用，所以充分考虑能够确保让每一位学生都受益。在进行体育教学内容的选择时，还要符合各个方面的实际并以此来确保选择时有足够的空间和灵活性。

（2）科学性原则

选择体育教学内容要遵循科学性原则，而科学性主要有以下三层含义：

我们在选择教学内容的时候，势必要充分考虑学生的身心健康发展，从而促进学生全面发展。要注意，一些内容虽然有利于学生身体健康，但对于学生的心理健康并不合适。所以，选择的教学内容一定要让学生在参与体育活动的时候感受到快乐，同时还要最大限度地提升学生的身体健康水平。

教学内容还要让学生从本质上深刻地理解科学锻炼原理与方法，这一认识能提高学生进行体育锻炼的自觉性、积极性。

教学内容本身具有科学性，因此必须注意防止一些科学性不够强的体育项目作为教学内容进入课堂。

（3）趣味性原则

俗话说，兴趣是最好的教师。学生感兴趣，他们就会积极地参与其中，所以，教学内容要注重学习的兴趣点，选择他们喜欢的、有兴致的，并且当前比较流行、受欢迎度比较高的内容。在日常教学工作中，若教师把更多的关注点放到教学体系的完整性方面，日常教学采用培养专业运动员的方法，最终会导致学生产生抵触情绪，出现适得其反的效果。

（4）实效性原则

实效性，顾名思义，就是考虑教材的实用程度，是否有利于学生的健康发展，使用起来是否简便。我们国家针对教材改革也出台了相应的文件，文件中强调，教材内容要与社会进步相融合，添加新鲜的东西，吸引学生的兴趣，教材讲授的知识一定要有助于学生终身学习。因此，教材选择方面一定要尽量添加一些学生感兴趣的、受欢迎程度比较高、符合时代发展的内容，与此同时，还要特别注重乐趣，为健康体育、快乐体育、终身体育做好铺垫工作。

四、体育教材化

（一）基本概念

体育教材化就是根据体育教学目的及学生发展需要，根据教学条件对体育教学素材进行处理，使之转化为教学内容。对体育教材化的概念进一步理解和认识，具体可以从以下几个方面入手：

第一，所谓体育教材化，就是把体育中的一些素材加工为体育教学内容。

第二，体育教材化是一个加工的过程，这一过程的结果便是体育教学内容。

第三，在这一过程中，体育教学目标与学生发展的需求是主要基础，当然我们也不能忽视体育教学条件，它同样是体育教材化的重要依据。

第四，教材化的内容主要涉及教学内容的选择、加工、编排和媒介化等方面。

（二）实施意义

体育教材化具有十分重要的意义与功能，具体而言，表现在以下几方面：

一是体育教材化可以把最能满足体育教学目标及学生发展需求的部分精心挑选出来，并将其作为教学内容，这样就使得体育教学内容庞杂，选择时没有目的性等问题得以有效避免。

二是体育教材化经合理地加工、处理，能让运动的素材更符合运动教学的要求，这样才能有效地消除体育素材和体育教学内容的差异性。

三是体育教材化可通过编排、配伍等程序，使原本杂乱无章的体育教学内容变得系统化，同时彰显出整体性特点，这样才能使体育教学内容教育作用得到较好的发挥。

四是体育教材化可借助物质化工作，通过编辑加工，使抽象的体育教学内容贴近教学情境，贴近学生生活，让体育教学内容更能成为体育教学鲜活的载体。

（三）工作内容

1.教学改造

（1）简化的教材化方法

简化的教材化方法是指将各种高水平、正规的竞技运动项目在各方面（包括竞赛的规则、技术、器材和场地等）进行简化，从而使其能够更好地适应体育教学活动的开展。这种方法是现代体育教学中对教学内容进行教材化最为常用的一种方法。采用这种方法，能够使教学内容与学校的条件、学生的能力与需求、教学的目标以及教师的教学能力等各方面相适应，更容易进行教学操作。

（2）文化化的教材化方法

文化化的教材化方法就是要使学生通过多种文化性元素来体会运动文化的意境，该方法适合作为一种技能辅助教学内容，对学生体会、认识体育化性质更有帮助。这种教材化方法对高中和大学的学生是较为适用的。

（3）变形化的教材化方法

变形化的教材化方法在基本结构上对原有的运动进行了改造，把它变成了一项新兴的项目。适应教学的需要和学生的特点是这种教材化方法的主要目的。目前的"新的体育运动项目"即此类项目，这种教材化方法，对于那些难度较大的项目，或者受到场地器材限制较多的项目，常常能达到较为理想的教材化效果。

（4）动作教育的教材化方法

动作教育是体育教育思想与体育教材方法论的一种，它最早产生于欧美。

动作教育教材化方法具有较显著特征，主要体现在把某些竞技体育运动建立在人体运动原理基础之上，进行分类划分，并建议为少年设计教材，其中较为典型的是教育性舞蹈和教育性体操。

（5）游戏化的教材化方法

通过一定的"情节"对各种单调的教学内容进行丰富和拓展，使其具有一定的游戏化成分，使各种教学内容能够在轻松愉悦的氛围中被学生接受。这种方式能够改变教学内容单一枯燥的特点，增强学习的效果。

2. 教学媒介化

体育教学内容媒介化是体育教材化过程中的终极任务。体育教学过程中所选用的内容都可以作为一种媒介来呈现给学生，从而使教师与学生之间形成一定的互动。把经过挑选、编辑、加工、转化的体育教学内容，转化为承载于一定媒介的教材形式，这便是体育教学内容媒介化。

体育教学内容媒介化的工作表现形式是多种多样的，其中比较重要的是教科书（收录了学生使用的体育教材，体育教学指导用书等）、音像教材、挂图、多媒体课件、黑板板书和学习卡片。这里重点对多媒体课件和体育学习卡片进行分析和阐述。

（1）多媒体课件

教师以体育教学的需要为主要依据，将体育教学内容编辑成计算机演示的系列材料，就是所谓的多媒体课件。当前，多媒体课件是体育教师常用的工具，计算机课件依靠计算机来演示动作，在速度调整、观看细节、多次重复播放以及视觉、听觉的艺术效果等方面都具有教师的讲解、示范所无法达到的教学效果。

（2）体育学习卡片

体育学习卡片是体育教材的另一种载体形式。学生在体育课中使用的一种辅助性学习材料，就是所谓的体育学习卡片。这种形式比较适合体育教学特点。

体育学习卡片的作用和运用目的不同，其运用形式也会有所不同，其中较为主要的有以下几种：

第一，在体育教学中向学生提供学习信息。以教学的内容为主要依据，教师要将动作的图示、有关的要领、技术的重点、难点和辅助练习的做法等一些必要的信息补充给学生。教师在教学的过程中，通过使用这些辅助工具，可以在最大程度上帮助学生掌握快速掌握技术动作。

第二，在体育教学中对学生思索问题起到积极的促进作用，可以把合力、力矩、向心力、离心力、抛物线等一些概念性的问题通过公式、范例等形式展示给学生。通常来说，这些问题在体育教科书上是没有的，如果采用语言教学法，往往会出现词不达意的现象，这时候运用体育学习卡片就能够方便学生理解。

第三，在体育教学中对学生的互相交流有所帮助。就体育教学而言，教师会要求学生在学习卡片上将自己在学习中的问题和进步以及对本班或本小组同学的情况分析写在卡片上的表格中，这不仅对提高学生技术动作观察能力有积极作用，也有利于学生情感交流，从而更有利于学生团队意识、责任意识的形成。

第四，有利于学生的自我评价。在进行体育教学时，教师就会让学生把自己当时学习的心情、体会写在卡片上，这样就能使学生在课后也能通过卡片对自己课上学习情况进行总结，并进行比较客观的评价，把上一节课与下一节课有机联系在一起，增加单元教学过程的完整性。

第五，有助于师生进行交流。学生对教师上课情况的看法和建议以及存在的问题、疑问、发现，也写在学习卡片上，这样做能够使教师对教学情况有一个充分的了解。以此为依据，教师可以适当调整教学形式或者方法，从而使教学效果得到有效的提高。同时，也会进一步增进师生之间的感情，有利于今后的学习。

第四节 高校体育教学的育人模式与理念

一、高校体育教学育人模式

（一）高校体育教学模式概述

1. 基本内涵

（1）体育教学模式的概念界定

①教学模式

所谓教学模式，就是根据一定的原则设计出来的，是一种有其相应的结构与作用的教学活动模式。这样的教学模式从理论构想、应用技术等各方面进行了充分的考虑，是一套完整的策略与方法，属于设计、组织与规范教学活动方法论体系。

教学模式在前人成果的基础上将会有新的发展。教学模式一词最早是由美国学者乔伊斯和韦尔提出的，他们认为教学模式是"试图系统地探讨教育目的、教学策略、课程设计和教材以及社会和心理理论之间的相互影响，以设法考察一系列可以使教师行为模式化的各种可供选择的范型"[①]。

目前国内的观点大体如下：一是结构论，二是过程论，三是策略论，四是方法论。不管这些观点如何，它们之间有一个相同点，即均指出教学模式具有稳定性的特征，它们之间的不同在于，一种界定决定了教学模式具有一定的"结构"，一种把它看成是某种"方法"的东西。

所以，我们揭示教学模式的实质，必须从它的上位概念——"模式"说起。模式这一概念涵盖了人两个层面上的行为，一是关于事物稳定性的了解，二是

---

① 布鲁斯·乔伊斯，玛莎·韦尔.教学模式[M].兰英，译.北京：中国人民大学出版社，2014.

关于事物稳定的操作，其中前者行为形成了认识模式，后者形成了方法模式。因此，认识模式与方法模式应成为教学模式的两个基本内涵。这说明教学模式是教学形式和教学方法的统一体。

②体育教学模式

我们对体育教学模式这一概念进行了界定：体育教学模式就是包含着具体的体育教学思想，在具体的教学环境中，为实现自身具体功能而进行的一种高效的教学活动结构与框架。它是一个开放的体系，包括教师、学生、教材等要素及其相互关系，并具有一定的规律性。教学模式就是对教学经验进行归纳与系统整理，教学实践是教学模式的生成基础，但是教学模式并非现有单个教学经验的简单展现。同时，我们通常也认为教学模式是理论和实践之间的一座桥梁，它不仅可以用于指导教学实践，而且还可以支持新教学理论的产生与发展，它对二者起着中介作用。在理解教学模式基础上，相对于其他学科教学而言，体育教学属于较为复杂的教学过程。一般情况下，体育教学与很多方面都有紧密的联系，如学习过程、训练过程等，所以，在开展体育教学的过程中，我们应当遵循诸多规律，如技能形成规律、竞赛规律、身体锻炼规律等，而体育教学模式一定要体现出这几个特征。

（2）体育教学模式的构成要素

①教学思想

教学思想是构成教学模式的核心因素，也是其灵魂所在，体育教学模式构建时所应具备的理论和思想就是教学思想，也可以理解为，教学模式是需要把教学思想作为理论支撑，不同的教学思想会构建不同的教学模式。比如，1980年我国构建的愉快教学模式就是以同时期学生的实际需求为基础的，提高了学生的参与度，激发了他们的参与热情，与此同时，还有助于他们养成终身体育的良好习惯。

②教学目标

体育教学模式的存在意义在于促使教学目标得以实现。体育教学模式是否具有合理性，直接决定着教师能否有效地开展课堂教学活动。如果教学目标不存在的话，那么，体育教学模式的存在也毫无意义可言。体育教学模式能取得的教学效果，就是体育教师对于某一项教学活动会给学生带来什么影响的一种预测。体育教学主题的具体编写就是教学目标，教学模式是围绕教学目标存在的，同时，教学目标也会对教学模式的其他构成要素起到限制的作用。

③操作程序

操作程序就是教学活动中的环节和流程。在体育教学工作中，按照时间顺序逐次进行的逻辑步骤以及各个步骤的具体执行方法就是操作程序。不管采用何种教学模式，操作程序都具有独特性。此外，操作程序并不是固定存在、毫无变化的，但总体而言，它具有相对稳定性。

④实现条件

实现条件是对操作程序的补充，它主要就是教学模式中具体使用的方法和策略。实现条件主要有人力、物力、财力三方面。进一步来说，也可以理解为教师与学校、教学内容与时空以及学校所具备的设施设备等。

⑤评价方式

不同的教学模式适应不同的教学目标，并且在使用的程序和条件方面也是不尽相同的。所以，每一种教学模式都有与之相对应的评估准则和方法，并且相对应的评估准则和方法都是独立存在的。在实际的教学过程中，是不会采用完全相同的评判准则的，因为会造成评估结果缺乏合理性和科学性。

2.教学特点

（1）整体性

具体来讲，体育教学模式由很多方面组成，如教学目标、教学思想、评价共同体等，这些共同构成一个完整的教学模式。

将体育教学模式落实到体育教学实践当中，对于体育教学效果而言，就是教学模式整体效应，而不是教学模式系统内特定系统要素起作用。体育教学模式诸要素在结构组织上存在差异，教学模式种类繁多，教学作用各异。

教学模式的应用所解决的主要问题是体育教学的整个教学任务的完成问题，对教学过程中的微小细节问题不能一一照顾到。在体育教学活动开展期间，对于体育教学模式的选择必然是从教学宏观角度出发的，在教学过程中，教师解决问题时应着眼于整体的角度，而不能为了教学中的一个细小问题选择不合适的教学模式。

（2）简明性

体育教学模式为体育教学的开展提供了一个整体框架，使得体育教学设计能在框架基础上做到有的放矢。简单来说，教学模式是简化了的教学结构理论模型，它是从理论高度简明、系统地对凌乱纷繁的实际教学经验的理论化概括，是简单、易理解的教学模型，对体育教学具有提纲挈领的指导作用。

（3）稳定性

体育教学模式在体育教学实践过程中得到了高度的总结，这种概括性、教学过程描述的简明性，决定着体育教学模式的稳定性。体育教学模式在构建之后，其结构是稳定的，体育教学模式适用于一定的体育教学思想，适用于多种教学内容、教学对象，不同教学模式在教学操作程序、教学目标实现方面有所不同，可以很好地适应体育教学实践，能够结合具体的教学情况，解决不同的体育教学问题。自体育教学模式出现到发展至今，常用的总是几个经典的体育教学模式，有多个教学模式历经几十年依然在使用，在以后相当长的一段时间内，该教学模式还会长期使用，这充分体现了体育教学模式的稳定性。

（4）针对性

体育教学模式的针对性主要表现在其选择依据方面，教学模式的选择不是随意的，必须是科学的，与体育教学目标和教学对象相符的。

一是针对不同的体育教学目标，有不同的体育教学模式。如旨在促进学生自主学习能力的发展，发展学生的探索意识和能力，多采取探究式教学模式。

二是针对不同的教学对象，体育教学模式不同。例如，情境教学模式，通过故事形式，开展体育教学活动，适用于理解能力较差、体育基础不够的学生；快乐体育教学模式适用于一些简单、趣味教学内容的展示，更适用于年龄小和刚接触体育教学的学生。

（5）开放性

从某种意义上讲，体育教学活动的开放性，直接决定体育教学模式的开放性，其具体体现在如下三个方面：

第一，体育教学模式结构稳定，但系统内部的各要素的情况是可以发生变化的，并且在体育教学模式的实施过程中，体育教学方法、手段等都具有多样性，可以随着教学需要的发展不断丰富化。

第二，体育教学模式程序固定，体育教学模式在结构上、程序上是基本固定的，而且教学程序是不可逆转的，但不同体育教学活动之间的内容比例、时间比例是可以灵活调节的。其中某些内容可以根据教学实际进行压缩、省略和重叠。

第三，体育教学模式的开放性更多地表现为结合体育教学需要的局部调整，体育教学模式在本质上是不会改变的，对体育教学模式整体或者细节进行规范，能够使得体育教学模式更符合体育教学的实际情况。

（6）操作性

教学模式操作性强，任何体育教学模式，必须能够运用到体育教学的实践之中，否则，无论多么优秀的体育教学模式，如果只能停留在理论阶段，都只是空谈。通过对体育教学模式的实施，体育教师非常清楚地知道在教学中应该先做什么，再做什么，最后做什么，并为体育教学模式的实施创造必要的教学环境与条件，使体育教学模式具有可操作性。

3. 模式建构

（1）新型体育教学模式的理论基础

①新型体育教学模式的现代课程论基础

教学是课程中的一环，因此，教学模式的确立，必须有一定的课程理论作为依据。现代体育课程的理论基础大致分为如下两点：

第一，体育课程目标要多元化。体育课程目标将增强体质作为第一目的，并重视学生的体育文化素养的培养，在注重学生个性与创造力发展的前提下，提倡与体育课程内容特点相结合，将道德教育与合作精神培养整合到体育教学的过程之中。从时间上看，体育课程不仅要完成学生在校体育知识传授、技能训练学习的任务，还要不断提升学生的体育学习能力、兴趣和习惯，为他们终身从事体育活动奠定基础。

第二，课程内容关注学校体育主体的需要。伴随着社会的进步，学生体育需求呈现出多元化趋势。课程内容唯有符合学生的需求，才能最大限度地激发学生对体育的学习兴趣，从而形成一种稳定心理状态，达到终身体育的目的。从具体上讲，要重视有关终身体育知识的教育，例如，体育基础知识、保健知识等；其次是加强有关竞技体育运动项目的优化，将其融入体育教材之中。

②新型体育教学模式的现代教学论基础

教学论的学派有很多，例如，探索发现教学理论、认知教学理论等。现就构建新的体育教学模式略列几点看法，以供参考。在建构主义教学观下，教学以充分发挥学生主动性、自主性与创新性为宗旨，教学目标之一是培养"能够在现实的生活世界中应用知识的能力"。用通俗的话说，就是学会学习，并能调控自己的学习。相对于过去教学理论而言，建构主义更突出地表现在三个重心转移上：由注重外在输入转向注重内在生成，由"个体户"型学习向"社会化"学习转变，由"去情境"学习向情景化学习转变。从整体上看，无论是哪个教学理论流派，它们的共同点都是对"主体性"的追求。其中学生自主性主要是指其自我意识和自我能力，包括学生自尊、自爱、自信、自决等。创造性体现了学生主动性、自主性的高级阶段，它包含着创作的自觉、创造的思维与动手实践。教师教是外因，学生学习是内因，外因是通过内因而发挥作用的。教学尊重差异，为了让教育恰如其分地作用到每个学生的身上，我们应当充分发挥学生主体作用。

（2）新型体育教学模式的性质与设计

①体育教学模式的基本属性

在总结各类先行研究的基础上，本书提出了体育教学模式应具备的一些基本性质，具体来讲，主要包含以下四个方面：理论性、稳定性、直观性、可评价性。

理论性：凡是较为成熟的体育教学模式，一定体现着一定的体育教学指导思想，均为反映某一教学过程的理论教学程序。

稳定性：一个体育教学模式的确立实际上是一个新型的体育教学过程结构

的确立，由于它是一种结构，所以不可避免地具有相对稳定性。

直观性：通常情况下，我们也可以将直观性称为可操作性，任何新体育教学模式确立，均与过去一切体育教学模式有所不同。这使得人们能够根据自己具体的教学环节，以及特殊的教程安排，判断是否属于这种教学模式。

可评价性：任何教学模式如果想要变得成熟，并得到人们的认可，必须有一套与其全过程相对应的评价方法。因此，无论哪种教学模式，都要能给实施该模式的教师以清晰的教学评价，这一评价并不只是对于老师关于教学模式认识的高低的一种评价，同时又有对教师的介入、认识与学习能力的系统评估。

②新型体育教学模式的特征

新的体育教学模式应该具有以下几个特点：一是从教学指导思想看，将把社会需要的体育和高校学生需要的体育结合起来，使体育教学达到适应社会需要和促进学生个性发展相协调。二是从教学目标来看，它将着眼于培养面向21世纪人才的需要，并在此基础上结合高校学生的生理、心理特点，不断强化学生能力培养。三是在教学程序上，逐渐融入运动目的论理念，使学生在运动学习中充分感受到快乐；指导学生全面了解并参与学习过程；改变过去教师划一化、统一化、被动性、机械性的做法。四是就教学方法而言，在主体性教学观的视域下，提供个别化、个性化教学方法。

（3）体育教学模式整体优化研究

①体育教学模式整体优化的原理和原则

系统科学整体优化的原理：根据系统科学理论，万事万物都不是孤立存在的，通常情况下，它是由多个不同的部分构成的符合一定规律的有机体，并且其整体功能大于各个组成部分功能的总和。

体育教学模式整体优化原则主要有以下两个方面：一是整体性原则。它是指从教育系统的宏观角度来分析和研究体育模式，从整体角度审视体育教学模式，帮助我们科学掌握体育教学模式与教学实践活动环节结构。二是综合性原则。体育教学内容实施与体育教学目标达成，都是以首选体育教学模式为前提来实现。

②体育教学模式整体优化的内容

体育教学模式结构有多种影响因素，它包括教学思想、教学内容、教学程序、教学方法等，可以选取教学内容为逻辑起点和突破口，优化多元体育教学模式。

第一，针对不同的教学思想，对体育教学模式进行优化：体育教学思想在体育教学模式制定中具有灵魂意义，不同体育教学思想使特定的教学模式焕发生命力，让教学模式定位清晰，最后达到其期望的目的。以实现教学思想的条理化、明确化，使其在总体上与学校体育指导思想总方向相一致，针对教材内容性质，将其归类成两种类型：一是精细教学型内容，二是介绍型内容。因此，体育教学模式应该是情感体验类模式与体能训练类模式并重，使学生处于一个没有技术难度的轻松环境中，一方面，增强身体素质，增加运动负荷，可以选用训练式教学模式、自练式教学模式等；另一方面，通过愉快的学习及成功的学习，让学生感受运动带来的快乐，可以选择快乐体育教学模式、成功体育教学模式等。

第二，针对单元教学的不同环节，对体育教学模式进行优化：就精细教学类的内容而言，大纲对每项内容的学时进行了明确的规定，从而保证各运动项目、各单元的教学任务顺利完成，并且让学生熟练掌握若干运动技能。在进行到单元练习的尾声时，由于学生已经基本掌握所学的运动技能，要进一步反复练习，巩固效果，并且要关注行动中的细节，因而在此阶段应以能力培养模式为主。

第三，针对学生的基础，优化体育教学模式：在教学活动中，教师处于主导地位，在教学活动中，学生处于主体地位，在体育教学活动中，主导和主体因素是最重要的要素，因而在选用教学模式时，应充分考虑教师和学生的具体条件和特点。

（二）常见的高校体育教学模式

1. 快乐体育

（1）快乐体育教学模式概述

①快乐体育的定义

快乐体育教学模式是指以体育为主线，教学人员运用恰当的教学方法，一方面，提高学生体能，另一方面，让学生通过体育学习获得乐趣的一种体育教学模式。该模式将体育运动与游戏结合起来，并通过多种教学方式和手段来激发学生参与体育锻炼的积极性。它的指导思想就是要使学生参与到教学的过程中来，学生不但可以学到运动技能，锻炼身体，也能完全体会快乐，进而形成终身从事体育的意识和能力。

快乐体育教学，通常把游戏、竞赛夹杂于教学工作之中，采取初步体验，挑战学习，创造快乐的方式开展教学，其教学方式并非一成不变，往往因教学人员和学生的不同而异，但是，它们的终极目标是一致的，是使学生在愉快的体育实践中，达到生理和心理全方位锻炼。人是构成国家的根本，所以国民身体素质关系到一个国家的发展，唯有国民身体素质过硬，人们才能更好地投身于祖国建设，而快乐体育则是使国民感到快乐的体育，也正是这样，在快乐体育氛围下，人们会积极参加体育实践，因此，快乐体育是我国社会主义建设中不可或缺的一种体育教学模式。

②快乐体育的起源

快乐体育思想源自日本和德国，具有十分明显的时代特征。快乐体育作为一种新型的体育运动模式，其内涵十分丰富。在德国和日本快乐体育影响下，我们国家体育教学模式也在不断完善，快乐体育教育理念对我国人民产生了十分深远的影响，同时我国体育教育工作者也将大部分的精力放在快乐体育的理论与实践研究之中，并结合我国体育教学的实际情况，创造了中国特色的快乐体育教学模式。在这样的体育教学模式影响下，我国体育教学也发生了明显的变化，即由之前以教师为主导的体育教学模式，转变为以学生为主体的体育教学模式。快乐体育模式注重学生的参与意识和主动性，强调教师要充分尊重学生，让每一个学生都能感受到体育运动的乐趣，从而促进他们全面发展。目前，快乐体育教学模式已在各地区的学校中形成一股热潮，既体现着对传统体育教学体制和模式的变革，也体现了我国对于体育锻炼的再认识。快乐体育是一种新型的教学方式，它具有积极健康和阳光向上等特点，快乐体育产生的基本宗旨是，通过调动体育教学过程中学生主观能动性，促进学生积极参加体育实践，让学生在体育实践中得到愉悦，以及养成终身锻炼观念。

（2）快乐体育教学模式的特点

快乐体育教学与传统体育教学模式相比较，有其独到之处，具有一整套思想体系，指导体育教学工作。以实施情感教学为前提，对学生进行各种形式的教育，如人格教育、身体教育等，并在教学过程中注重体育给学生带来的快乐，全面调动学生学习积极性。

①全面加强的素质教育

第一，开展快乐体育可以在无形中丰富体育教学内容，使学生不仅仅是进行机械的体育锻炼，同时也是在快乐的氛围中感受体育运动。第二，快乐体育教学模式有利于学生借助体育锻炼的方式，发展自身的智力，从而形成某种体育能力。第三，快乐体育教学模式也有利于对学生素质的全方面发展，比如审美能力、道德品质和个性发展。

②主观能动性的培养

在快乐体育的教学环境下，教学主体已经发生了变化，其不再是之前的体育教学人员，而成了学生，学生同时也是体育教学工作的服务对象，因此，要充分尊重学生主体地位。教师应该以平等、民主的态度对待每一个学生，给每个学生创造机会，让学生主动地参与到体育运动中来。传统体育教学模式过于机械，在这样的教学模式下，人们往往忽视学生主观能动性的发挥，他们总是被动地接受。通常来讲，任何一个学生都有其独立的思想，快乐体育教学使学生处于愉快的氛围之中，它有利于发挥学生的主观能动性，促进思维发展。另外，快乐体育的教学也相对更加灵活多样，正是因为这样，学生的培养目标也呈多样化的特点，教学工作人员将针对每个学生的特点和优势，因材施教，让每一个学生都能在参加体育锻炼时，获得自己的满足感，在基本素质充分发展的情况下，让学生个性获得发展。

③主动积极地学习

主动积极地学习，是指激发学生的学习热情，使之由厌学走向乐学，这是快乐体育的教学目的之一。主动和被动是有本质区别的，学生在被动地接受事物的过程中，情绪往往不是很好，时常觉得很郁闷；在积极接受事物的过程中，学生就会产生愉悦、兴奋的情绪。快乐体育教学便具有这样的魅力，它从根本上挖掘幸福，从被动到主动，充分激发学生主动学习的热情。快乐体育教学模式仅仅是其中一种教学，快乐体育教学可推广到其他课程教学的工作中，只有让学生积极主动地去学，才能使受教育的过程变得愉快。

④相辅相成的教学

体育教学和其他科目教学相辅相成。快乐体育教学，可以在很大程度上帮助学生拥有健康的身心，有助于他们进行其他知识的学习。快乐体育教学以体育课堂为主，以课间操等课外体育活动为辅助，学生在体育活动中感受到乐趣后，就更乐于主动学习其他的课程。

（3）快乐体育教学模式的优势

①快乐体育是迈向终身体育的有效途径

快乐体育，就是教师恰当地使用教学方法手段，创设和谐、平等的课堂教学氛围，并借助这样的课堂教学氛围来拉近教师与学生之间的距离，最大限度地调动学生学习的积极性，让他们能积极行动起来，主动出击，愉快地参与体育教学活动，让他们产生成功、愉快的感觉，从而实现促进学生身心和谐发展等教学目的。所以快乐体育最本质的是寓教于乐。

21世纪初，我国学校体育教学与过去相比，虽在形式上有所改善，但是，从整体上看，它的核心思想还是以传统"注入式"为特征，由此产生"貌合神离"之怪现象。部分学校高举"快乐体育""健康体育"及"终生体育"旗帜，却继续走在传统教学的老路上。究其原因主要是：一方面，是因为许多体育工作者对快乐体育，甚至终身体育的含义还未真正理解；另一方面，要把快乐体育这一本质融于多种复杂教学环境之中，还面临许多现实困境。快乐体育重在关注学生的体育需求、情感需要与人格需要，并将这些作为体育教学的切入点，与此同时，快乐体育也着重指出，学生学习动机应以自身需要为基础，以社会责任感为导向，指出学生应采用恰当的方式规范自己的学习活动，强调要将学习成功的经验、运动时的快乐当作追求的目标，从而真正创造出和谐的教学氛围，进而培养学生的优秀品质。在学校体育各项条件逐渐完善的今天，我国体育工作者对于"快乐体育"的理性认知也在不断增强，快乐体育一定会在学校体育教学中占据主导地位，还必然成为一座通往终身体育之桥。

②快乐体育教育思想方法培养学生终身体育观

事实上，快乐体育的思想早在20世纪五六十年代就已提出，经教学实践，尽管仍有争议，但是，有一点可以肯定，愉快的体育课堂教学，可以使学生较好地获得体育运动技术、技巧。但是，快乐体育不是教学方法，而是教育思想。快乐体育指导思想，倡导把全面育人作为教育的起点与终点，以终身教育为导向，从情感教育出发，注重乐学和好学结合、育体和育心结合，让学生与学生、教师与学生在和谐愉悦的氛围里，锻炼体魄、磨炼意志、陶冶情操，使其身心得到全面、和谐发展。所以，既要在理论教学中用体育锻炼的功能和方法来引导学生，更要从体育实践中努力将理论和实践有效地结合起来。比如，每上一节体育课之前，老师都会讲述一至两个知识点，并向学生讲明增长力量最好的办法，就是隔日训练，以及每一次选择的重量和组数等。如果学生按照教师传授的方法进行训练，并获得较好的训练效果之后，会在无形中激发兴趣，养成勤运动的好习惯。若学生具有较丰富的体育理论知识，不但可以增强体育锻炼自信，加强运动能力的训练，又可以对于自身健康状况、体育锻炼的效果进行自我评价，从而提高体育锻炼兴趣，他们也会随着环境和时间的变化，最终成为终身体育的受益者。

③快乐体育顺应现代体育教学改革模式

在教育理论方面，快乐体育把情感看作知识转化为智力的一种动力，是教师与学生之间的一座桥梁，它是人格发展过程中的一个组成部分。马克思主义认为"体育是满足人类个体及社会的物质需要和精神需要的实践活动"。所以，体育教学一定要以学生的自主学习为前提，真正把学生培养成课堂上的主人，教师应该尊重每一位学生，对每一个学生都应该做到公平，使每个学生都能得到充分发展。在教学中，要善于激发和引导学生，实现以学生为主体和以教师为主导的紧密结合。通过师生之间平等互动、共同合作来完成教学活动。这种新的教学关系，是顺应时代发展的需要，给体育课教学提出了全新的思路。

"快乐体育"重视体育教学的过程，运用各种方法和灵活手段，启发、指导学生，让学生从被动接受走向主动追求，这可以通过讨论或者游戏竞赛等形式来实现，使学生在洋溢着快乐与愉悦的课堂氛围中掌握课堂教学内容。从某种角度上说，它不仅能满足学生锻炼的愿望，使学生知识技能得到巩固，也可以使知识从以前的"单项传递"转变到今天的"多项传递"，从而达到了"寓教于乐"的目的，将被动体育转化为主动体育，有助于学生逐渐形成自学、自练的能力，做一个真正终身体育者。

④快乐体育教学思想寓教于乐实现玩中有学

快乐体育教学手段注重教法的灵活多样性和学法的实用有效性，寓"玩"于体育课堂之中，通过"玩"来激发学生对体育课的热爱之情。通常来讲，大部分的学生都喜欢玩，这是他们的本性，大学生具有广泛的兴趣和好奇心，往往是在直接兴趣的驱使下参加体育活动，它需要体育教学更多地从学生兴趣特点入手，采用灵活多变的形式，这样不仅能增强学生对体育活动的参与性，还可以使体育教学内容重复于娱乐之中，达到体育教学的目的，完成学业。可见，寓"玩"于课堂之中，已经成为提高体育教学质量行之有效的方法之一。学生眼中的教师形象很高大，他们敬重爱戴教师，因而教师应主动与学生建立深厚的感情，多与学生活动玩耍。

（4）快乐体育教学模式的实施

①强调快乐体育的重要性

从传统观念上讲，体育课仅仅起着锻炼身体的作用，甚至有些教师认为体育课要减少，学生要以文化课的学习为主。因此，要想真正落实快乐体育教学模式，让它发挥应有的作用，需做好以下几个方面的工作：第一，在校期间培训全体教师，使教师认识到快乐体育的重要性；第二，学校管理人员对课程设置需进行调整，从过去一周1节体育课，改为一周2节以上；第三，严格筛选体育教学工作人员，招聘体育专业人才，评价其各项品质，使之对体育教学工作起到积极的导向作用；第四，积极举办学校运动会，并融入快乐体育的理念，积极激励学生参与。

②强调快乐体育教学工作中的主体

传统体育教学模式突出了教师对教学过程的支配作用，学生仅仅是被动地接受，这势必造成学生失去学习主动性和积极性，一旦失去学习兴趣，将造成学习效率的降低。但快乐体育教学区别于传统教学的最大特点，是改变体育教学人员身份，增强学生作为教学过程主体的地位。只有被教育对象从根本上了解并接受这种教学模式，他们才可以在教学中获取乐趣，从而无形中提升教学质量。并且，每个学生进行体育学习的基础、目标和学习方式都不一样，教学工作人员应结合学生实际情况与需要，因材施教，鼓励和指导学生，进而达到更好的教学效果。

③建立和谐的师生关系

体育教学，是一项比较复杂的活动，需要我们在开展教学工作的过程中不仅要对学生进行身体素质训练，又要培养学生的思维。就传统体育教学而言，教师为主体，对教学工作起到了至关重要的作用，学生在崇敬教师的同时，甚至出现害怕的现象。但快乐体育教学强调教学工作中要建立融洽的师生关系，这是教学的重点。构建和谐的师生关系，是快乐体育教学的关键一步。第一，体育老师要利用好的思想品德、精湛的运动技巧、风趣幽默的教学风格，感化学生。第二，在开展快乐体育教学时，教师和学生之间也需要建立亦师亦友关系，使学生感受到课堂教育的轻松愉快，真正实现在乐趣中学到知识。第三，在体育课上，教师应积极地和学生进行情感交流，使其感受到教师对他的关心和爱护，形成师生之间的有效互动。也需要针对不同学生性格特点，开展个性化教育，鼓励学生各抒己见，激发其体育学习兴趣等，对终身体育实践活动的开展有帮助。

④发掘学生的个性

传统体育教学模式更加注重体育提高学生身体素质，而快乐教学模式在此基础上，又能因材施教，张扬学生个性，有助于发掘学生某一项目的潜力。快乐体育这一教学模式，可以培养学生独立创造能力，丰富他们的精神生活，推动其全面发展。

2. 合作学习

（1）合作学习教学模式概述

①概念

合作教学是相对于传统教学观而言的崭新教学观，它的突出特点：以尊重学生个性和人格为起点，构建新型师生关系，把游戏中学生与生俱来的自由选择、全身心投入等心理状态移植到教学过程中来，从而使教师与学生精诚合作，共同完成教学目的。

体育合作学习模式是从教学理论与实践中不断发展起来的、用于组织实施特定教学过程的一套比较系统稳定的策略或者方法。体育教学模式就是要反映一定的教学思想。所谓合作学习，是指两个或两个以上的个体为达到共同教学目标所进行的联合学习，小集体范围的思维碰撞，互相质疑、讨论，从而达成共识，获取知识，发展思维。体育合作学习教学模式，即教师引导，学生参与，用锻炼的方式，使用合适的方法，营造更加复杂的运动环境，让学生在个人努力下或者在同伴的配合下学会克服困难、完成学业，促使学生交流和协作意识发展的教学形式。

②基本原理

教学过程的发展性原理：合作教学认为，每个学生都具有无限的潜力和可塑性，教学与教师又能最大限度地发挥学生的潜能。

教学过程的人性化原理：合作教学提出教师要做到以下三方面，以保证人性化原则的贯彻与实施：第一，热爱学生；第二，使学生的生活环境合乎人性；第三，在学生身上重温自己的青春。

教学过程的整体化原理：教学过程就是要发挥学生的自然力与生命力。

教学过程的合作化原理：在现实社会中，常常会发生学生希望成长，但也想玩；愿意学习，但不想失去自由的现象，因此，教师就要做到与学生合作并从学生的立场出发组织教学。

③方法

合作教学需要有一种能激发学生兴趣的师生关系和一套能鼓励学生自愿参

加教学活动的方法。具体方法如下：第一，教会学生思考。在教学中，教师可以在学生面前一边出声地思考，一边解题，让学生耳闻目睹教师的思考和解题过程；或教师应该鼓励学生怀疑、反驳、论证此课题。第二，让学生学会"夺取"知识。合作教学认为，教师不应把知识填入学生的头脑，而应当让学生与教师"夺取"知识，并在这种"搏斗"中体会成功的快乐。第三，充分利用黑板。合作教学认为板书是师生双方交流的主要手段。第四，让学生学习书面语言。第五，说悄悄话。说悄悄话是课堂提问的一种特殊方法。答案对与错，均由教师给予奖励、安慰等评语，有利于保护学生的积极性与自尊心。第六，由学生当老师。合作教学认为，教师应当像演员一样，在教学中与学生一起做游戏，使学生感到自己从事的是自己愿意干的重要事情。

④体育合作学习的心理分析

在体育合作学习中，每一位学生都扮演着学习者的角色，教师的角色是让每一个学生的能力都能在这一过程中得到展示，然后使学生的个人成就感与表现欲获得一定的满足。因此，在合作学习时，学生的情绪是愉悦而积极的，他们对新知识、新技能的接受更快。这种好的学习体验，就产生了好的心理感应，更进一步激发学生学习兴趣，增强求知欲望，并从中增强了组内凝聚力，在组内学生之间形成热情参与的协作行为。这也正是新课程理念所提倡的"自主、探究与合作"的教学模式所具有的主要特征之一。就学生体育学习心理而言，多数学生都喜欢处于宽松的状态，有秩序地开展体育活动等，在体育教学中，要尊重学生的这种心理特征，并且给学生的自主学习营造了一种轻松的氛围、自由学习环境，以期在体育学习中发展学生的组织能力，从而实现由"要我学"到"我要学"的转变。

⑤体育合作学习模式的误区

无论哪种体育合作学习教学模式，都有其特定的表现形式及个人教学目标，均以实现集体与个人需求为目标，亦皆围绕各种目标之实现。一些教师认为，体育合作学习的教学模式只是区别于传统教学的教学形式，体育合作学习教学模式只是对学生进行了重新安排，将学生分为几个组，再将原全班体育教学变成小组体育教学罢了。实际上，这样的教学方式只是简单地改变了课堂教学模式，并没有真正实现对体育合作学习教学模式的优化设计和有效实施。这种简单化思想，往往使一些教师按照原有方法开展体育教学，这成为体育合作学习教学模式流于形式的一个主要原因。

（2）合作教学模式的理论依据

人本主义的教育思想是一种全新的教育观和方法论。以马斯洛思想为代表的人本主义心理学倡导的教育思想，在当代学校教育中有着广泛影响。它强调"以人为本""以学生发展为中心"，关注人们个性需要，从满足主体生存需要的角度出发，来开发学生潜能。

人本主义教育观反映到学科教学上，是主体性教学思想，发挥教学过程中学生的主体作用等，最大限度地激发学生学习的自觉性、积极性和创造性。体育是"人"的体育，是人类文化的积淀，也是人类精神的乐园。体育学习就是学习者了解自我这一主体，特别是自我身体运动，主动变革其身心的特殊的认识和实践过程。

学校体育对于学生终身体育思想的形成具有十分重要的意义。这一理念强调学校体育应为人的终身体育服务，应为终身体育奠定良好的体魄、技能以及兴趣、习惯等的基础，学生通过自主学习，不断形成自主锻炼、自主评价等各个方面的能力。通常情况下，运动兴趣与习惯是推动学生自主学习体育、终身坚持体育锻炼的根本，体育教学要以参与者的需求、兴趣等内容为教学的依据。因此，培养学生的自我体育意识是实现终身体育的核心问题。不管是否得到别人帮助，一人或者多人能够积极诊断学习需求，确立学习目标，明确接下来学习所需的各种资源，并评价学习成果，这种方式便是自主学习。

（3）合作体育教学模式运用与检验

自主—合作体育教学模式要求学生自我控制，自我管理，本书从体育教学应符合学生生理、心理发展的规律出发，对高校公共体育课与中学体育课的教学作了一些分析，最终得出结果，即自主—合作体育教学模式的最适范围为高中生与大学生体育课。

（4）运用合作体育教学模式应注意的问题

注重学生原有体验，注重设置问题情境，引导学生自主参与到教学活动中来。在自主合作学习过程中，学生原有的体验是最主要的影响因素。教师要充分地挖掘和利用学生现有的生活经历、知识基础以及对周围事物的认识来组织教学。通常情况下，在课堂一开始就应该设置一些接近学生原有经验的"问题"或者"情境"，贴近学生，做些比较简单的身体活动、思维活动，使"问题"继续向纵深发展，督促学生边练边想。

对教材内容进行选择与转化，激发学生的学习兴趣。怎样选择并转化教材内容，激发学生的兴趣，要求任课教师要下一番苦功夫钻研。

学会主动观望，在恰当的时候对学生活动进行恰当的干预。让学生真正成为课堂活动中的主体。自主合作体育教学模式，强调学生要自主、合作地学习，但是"自主"并不等于教师没有指导、没有参与。那么，教师怎样成为主动"观望者"呢？在恰当的时候对学生活动进行恰当的干预与引导，既要不对学生学习过程造成过多干扰，还要能够在学生需要引导与帮助的时候起到一定的作用，这对学生自主学习具有十分重要的意义。

（5）合作体育教学模式的意义

第一，"合作学习的教学模式"是在尊重教育理念指导下提出的，与现代教学理论基本要求相一致，它是以时代特征为基础，以学生为主体，有其现实意义。第二，"合作学习的教学模式"有效利用了系统内的交互，使得教学资源的开发利用成为可能，学生参与意识得到增强。第三，"合作学习模式"注重发挥教师的主导作用，充分发挥学生的主体作用，有利于激发学生的积极性、主动性。"合作学习的教学模式"促使学生共同实现目标，增加学生间交流，有效地运用竞争和合作的手段，培养学生的集体责任感、荣誉感。

3.俱乐部体育

（1）体育俱乐部教学模式的概念

体育俱乐部教学就是让学生自己挑选老师，同时，结合教学条件设置了相应的体育教学项目，并在此基础上系统地研究、学习该项目的原理和方法，从而使学生真正掌握1~2个终身参加体育锻炼运动项目的教学模式。体育俱乐部作为高校体育课改革的新尝试之一，它打破了单一的教学方式，把课堂上老师所教授的内容延伸到课外。体育俱乐部教学强调对学生体育兴趣的培养，提升学生体育能力等。将体育游戏融入课堂之中，形成一个完整的体育教育体系，能促进学生全面素质的提高。此教学法强调知识性与趣味性，理论联系实际，充分发挥学生主观能动性、创造性，使学生主动参与，让学生感受体育锻炼的快乐和成就，实现了对学生体育锻炼参与意识的培养，增强学生运动能力。学校体育的俱乐部式教学模式，旨在培养学生的终身体育意识，并且最终使得高校体育朝着终身化的方向迈进。

（2）体育俱乐部教学模式的内涵

体育俱乐部教学就是与现代课程理念相契合的新型教学模式之一，课程设置中强调过程结构稳定，教学方法合理。俱乐部教学思想从20世纪80年代开始传入我国，各院校都开始了积极的探索，并且部分重点学校逐渐开始实践这项新的体育教学模式。21世纪以后，为推动高校体育教学改革，教育部也颁布了纲要性文件，即《全国普通高等学校体育课程教学指导纲要》，该纲要着重指出学校体育课程的实施，应采用俱乐部形式，学校应向学生提供各种俱乐部的课程，学生有更多自由选择权而不受年级、系别及班级等因素的限制，完全根据个人需求与兴趣来挑选学习项目与教师，有些学校为了确保学生体育学习，连学习进度都没有限制，但是各门课的教和学都应符合教和学一般规律。[1] 课余时间各俱乐部可自行安排学习、竞赛和其他活动，一方面，它与体育课相辅相成，另一方面，它能够丰富大学生课余生活。体育俱乐部教学强调培养学生体育兴趣，掌握运动技能，学生是学习过程的主体，能充分发挥主观能动性，学生也能主动参与到教学过程中，在教师的引导下，更好地学习体育技能；它使学生的主动性得到充分发挥。同时该教学模式强调理论联系实际，让学生在进行体育锻炼的同时，多了解一些生活常识，让学校教育和社会教育融为一体；

---

[1] 全国普通高等学校体育课程教学指导纲要[J].中国学校体育，2002（6）：5-7.

体育俱乐部教学更多地能让学生感受体育学习的乐趣与成就感，培养其终身体育意识。

（3）高校体育俱乐部教学模式的特点

①参与的自愿性

很多学生都喜欢高校体育俱乐部的教学模式，在他们看来，这一教学模式在最大程度上尊重了他们个人的发展愿望与兴趣，学习过程积极性能被充分调动起来，教学手段与管理更加开放。同时，在开展体育俱乐部的教学工作中，学生也能得到充分展示自己的机会，在体育学习与活动中，每一个学生都有维护集体利益这一观念，这有助于提高学生的学习积极性、主动性。

②目的的多样性

参与目的的多样性是体育俱乐部教学又一主要特点。许多学生之所以积极参与俱乐部教学模式，主要是为了满足他们的爱好，并能进一步提升运动技能；有的则是为减轻日常学习中的紧张情绪，抚慰身心；有的以增强自己沟通交往能力为目的，也有部分学生将参与体育俱乐部教学这一学习过程视为增强自身适应社会能力的良机。另外，在不同类型的俱乐部中，学生可以通过选择适合自己的教学内容以及教学方法等来获得一定程度上的自主发展空间。简单地说，体育俱乐部教学模式给每个学生搭建了一个锻炼、提高自我的舞台。

③内容的丰富性

各院校体育俱乐部教学中开设有很多项目，如足球、篮球、排球、乒乓球、网球、羽毛球等，同时也有部分高校开设了民族传统体育项目，有些院校甚至会根据本地自然地理环境开设一些地方特色项目，如攀岩和龙舟。体育俱乐部在传统体育教学中进行了突破与革新，使传统体育教学内容得到拓展与充实，最大限度地调动了学生学习的积极性与热情，从而也就更加有利于学生身心发展水平的提升，推动高校体育教学改革。

（4）高校体育俱乐部教学模式的优势

①有助于调动教师的教学积极性，提高其教学水平

体育俱乐部教学模式打破课时局限，开展开放与互动的教学，且较好引入

竞争机制，把学生放在主体的位置，学生可独立选择喜爱的体育运动项目，当然，在这种教学模式下，学生也可以自主选择授课教师。另外，在这样的教学模式下教师的教学更加轻松愉快，讲课更加生动活泼。这样无形中激发了教师的教学热情，提高了他们的教学水平，实现了预期的教学目的。

②有助于实现体育教学的教学目标

随着社会经济的不断发展以及人们对精神文化需求水平的逐步提高，体育也逐渐成了一种时尚的运动形式。体育俱乐部正在向"快乐化""生活化""终身化"的方向迈进，在对学生进行体育知识教学时，尊重学生个性，提高其体育技能等，这恰恰是目前在素质教育的大环境下积极提倡的。体育俱乐部教学模式在高校体育教学中的运用，更加有助于实现健康、娱乐等目标。

③有助于提高学生的运动技能水平，帮助学生确立健康体育的思想

体育俱乐部教学模式不仅传授学生体育知识，而且传授他们体育运动技能，学生的健康运动、终身体育等理念得到了很好的发展。学校体育与社会体育接轨，使高校大学生能够更好地适应现代生活方式，成为具有良好心理素质的高素质人才。体育俱乐部作为一种群体性活动，主要由学生参与，身处同一俱乐部的学生，有共同爱好，共同利益，通过组织形式多样的体育竞赛，开展趣味活动，通过交流，提高自己的运动技能，扩大知识面，树立健康体育的意识、终身体育的理念。

④有利于校园文化的建设

体育俱乐部属于校园体育文化新活动，适应素质教育要求，又契合目前高校实际需要，逐渐得到广大高校师生的认可，也成了高校校园文化中的一个热门话题。体育俱乐部作为一种全新的组织形式和教育手段，对促进学校精神文明建设有着重要意义。成立体育俱乐部，无疑为校园文化增添了浓重的色彩，它把众多有共同爱好的学生整合到了一起，融娱乐与健身、竞赛为一体，使高校体育活动出现了勃勃生机。

⑤激发学生对体育的兴趣，促进其个性发展

体育俱乐部教学模式使学生可以自由选择体育教师与体育项目，这样就能

最大限度地调动学生学习体育的积极性，而体育俱乐部教学模式充分体现出素质教育张扬学生个性的宗旨，将教学中的选择权给予学生，使学生择其善者，学其能者，展其所长，让学生性格、智慧、需要与自我价值这样的个性获得了充分的发挥。

二、高校体育教学育人理念

（一）"健康第一"教育理念

1. 理念起源

中华人民共和国成立初期，党和国家高度重视青少年学生的身体健康。国民素质教育、国民体质教育、青少年健康教育是当时体育发展的首要问题。20世纪90年代的"健康第一"指导思想与20世纪50年代的"健康第一"教育思想有着本质的不同，这一时期的"健康第一"主要是对"素质教育"的诉求，是一种多样化与复合型的新型体育思想，强调体育教学的"以学生为本"理念。

进入21世纪后，我国对学生在体育教学中的全面发展投入了更多注意力，教育部和体育部在2006年共同出台了《关于进一步加强学校体育工作，切实提高学生健康素质的意见》，中共中央也颁布了《关于开展全国亿万学生阳光体育运动的决定》。在现阶段，我国学校体育的指导思想应当是"健身育人"。当"健身"和"育人"被有机结合到一起后，方可把体育的教育本质表现出来，方可让学校体育与学校的其他课程一同系统地、全面地实现学校教育"健康第一"的目标。

2. 理念支持

（1）健康教学思想符合世界发展潮流

为了与世界卫生组织提出的健康指导思想保持一致，我国也提出了"健康第一"的体育教学思想。1990年6月，我国教育部和卫健委首次联合颁发了《学校卫生工作条例》，正式借助法律形式把健康教育纳入学校教学计划中，为体育教育与健康教育的改革和发展做出了尝试，打破了以往单一的竞技体育与单方面追求金牌的模式，使群众性体育活动得以拓展，采取多种方式吸引学生自觉参与体育锻炼以及多种类型的健身活动，密切关注学生的生理健康和心理健康，使得健康教育的发展速度更快、整体发展情况更平衡。第三次全国教育工作会议明确指出，青少年为祖国、为人民服务的基本前提是拥有良好的身体素质。如今，体育课程深受重视，中小学基础教育阶段和高等学校教育的体育教育工作都对此做出了相应调整，不管是哪类学校，都要求严格遵循"健康第一"的教学思想的指导作用，认真分析学生身心健康与世界体育教学的发展走向是否吻合。

（2）健康教学思想适应了社会发展的需求

在社会大力培养和发展人才、社会不断影响人们日常生活的背景下，人们对于健康教育的思考和认识更为深刻，越来越多的人开始关注"健康第一"。

一方面，当今社会的持续进步不只是向人们提供了很多便利，对人们的日常生活也产生了潜移默化的影响。因此，重视对学生的体育教学、改善学生体质是一个重要的社会课题。学校要总结经验与教训，全面贯彻党的教育方针，加大学校体育工作的力度，普及全民健身和卫生保健等科普知识，广泛关注学生健康及体育卫生。众多实践证实，学生主动参与体育健身活动在强身健体的同时，能够增强抵抗力，抵御各种疾病，而且对学生智力的发展也起着一定的促进作用，对人民群众的身体健康和国家发展都有着积极影响。

另一方面，伴随着社会科学技术的高速发展，各国间综合国力竞争加剧，它从根本上说，就是人才的较量、劳动者素质的较量，在此情况下，对于教育而言，既是机遇也是挑战。我国要想在国家综合实力的竞争中占据优势，就需要培养出一大批优秀的专门人才。而培养出的专门人才不仅要有正确的政治思想，还要拥有稳固的科学知识基础及其运用能力，还一定要拥有良好的身体素质。

针对以上两个方面，为了更好地促进学生的健康发展，学校在教育过程中应当密切关注学生的生理健康情况和心理健康情况，树立与当今社会要求相吻合的"健康第一"思想。

3. 体育健康教育

（1）落实体育健康教育标准

在体育教学的所有环节都应当贯彻并落实健康标准，教师应调整体育教学的各项内容，向学生传授科学的锻炼知识，最终使学生的身体素质得到质的飞跃，使学生终身健康的意识和行为得到升华。同时，体育教学也应当依据新的学生体质健康测试标准，根据本地区气候、资源以及学校自身的教学特点来进行适度的调整；应允许学生根据自己的爱好和特点自由选择体育项目，让他们参与到自己真正感兴趣的活动中，从而熟练掌握适合自己的健身方法；不应再强调各项目的达标与否，而应在培养学生的终身锻炼意识方面下功夫。

（2）完善体育与健康教育体系

体育拥有多元教育价值，体育本身就具备十分宽泛的知识面以及深厚的文化底蕴。在体育教学的各个环节，教师应当科学渗透体育人文学、运动人体学、健康教育学等多方面的内容，促使体育锻炼的科学性特征和人文性特征更加显著，激发学生对体育课的兴趣，促使学生自觉探究体育课的深远意义，并适当增添保证学生身心健康发展的常识性内容，让学生逐步形成健康的作息习惯和心理状态。

（3）转变体育教学工作重心

在不断变化的社会背景下，体育教学工作应当把强身健体当成重要基础，推动学生在体质、心理、社会适应等方面都能得到健康发展。

①体育教育应当把学生体质健康当成服务目标

在三维的健康观中，体质健康从很早开始就是颇受关注的内容。贯彻落实"健康第一"的指导思想，要求体育教学和健康教育都应当把促使学生身心健康、提高学生身体素质、培养均衡发展人才当成重要目标。运动技术是学生锻炼身体的有效措施，学生还应全面掌握体育和保健方面的知识，形成健康向上的锻炼习惯。

②在重视学生体质发展的基础上，重视学生的全面健康发展

我们必须贯彻"学校教育要树立健康第一"的指导思想。当前，知识的更

新和边缘学科的发展状况史无前例，社会上各种竞争也日趋激烈，而仅仅依靠强壮的身体、优良的体质、丰富的知识是不能适应这种变化的。在这样的时代背景下，国务院适时提出了"健康第一"的指导思想，对学校体育教育提出了更高要求，即培养身体健康、心理稳定、拼搏竞争、团结协作的新型高素质人才。一方面，关注学生的心理健康。社会主义市场经济的发展带来的竞争越来越激烈，来自社会各方面的因素，如学习、生活、升学、就业等对学生的心理都有极大的影响，一些学生存在着不同程度的心理问题。由此可知，体育教学应当把学生心理健康教育摆到重要位置，促使学生的心理健康水平得到大幅度提升。对于学校体育的组织形式来说，应当与学生的实际需求密切联系起来，定位体育活动的目标时应保证有针对性，立足于多个方面来评价学生的体育能力，由此使学生的心理素质得到大幅度提升。另一方面，把提高学生的社会适应能力摆在重要位置。体育是一种特殊的教育形式，在遵守特定规则的情况下，开展公平、公正、公开的体育竞赛，对创造和谐的人际关系以及培育学生顽强的意志品质、集体协作精神、自我心理调节能力都有很大的积极影响，也能促使学生形成良好的社会公德和责任感，认真遵循各方面的社会规范，更好地适应社会环境。

4. 教学应用

在现代体育教学中，要严格落实"健康第一"指导思想，并在体育教学工作中渗透这一思想，使学生有一个良好的身体，为终身体育奠定基础，这是体育教育工作者应履行的一项重要使命，更是21世纪我国学校体育工作者应该着力探讨的一个新问题。贯彻"健康第一"教学思想需要达到的要求包括以下几方面：

（1）提高体育教师的综合素质

在体育教育逐步发展的背景下，现代体育教育要求教师不能只采取以往知识培养的单一教学模式，体育教师还需要具备较高的科研探索水平。针对这两方面要求，体育教师需要掌握科学与人文两方面的基本知识以及扎实的体育基本功。

第一，体育教师要熟知信息科学、生命科学、环境科学等基础知识，了解体育教育的人文价值，掌握学生素质发展的规律性，努力提高自身的综合素养。

第二，体育教师还要树立终身学习的思想，适应不断发展与变化着的社会。体育教师也需要与任课教师、学生、家长等有关人员加强合作，以产生协调效应。

第三，体育教师应当不断地积累教学经验，主动参与各类体育科研活动，自觉在体育教学过程中发现问题、探索问题、解决问题，使自己逐步发展成为具备探索能力和创造能力的科研型教师。

除此之外，21世纪的体育教学把教师教学的能力摆到了重要位置，而这也是体育教育教学活动的核心要素。体育教师的教学能力具体包括对教学活动的决策与设计能力，课堂组织能力和管理能力，评估学生知识、技能的能力等。

（2）在体育教育中加强体育、卫生、美育的有机结合

学生在参与体育活动和体育锻炼时，一定要保证摄入身体所必需的营养，养成讲究卫生的良好习惯。所以，应当把身体健康和卫生保健密切联系在一起。对于体育教学来说，学校应当适当增强对学生的营养指导，高效地向学生传授与营养和卫生保健有关的知识。

实践表明，广泛开展群众性的体育活动，可以使校园文化建设丰富多彩，使学生的体育生活充满生机。美育既可以提高学生修养，也有利于其智力发展。体育教学在传授知识的同时，也应该注重培养和发展学生的审美观念和审美情趣。体育是健和美的有机结合，我们将美育融入体育教学之中，可以让体育的内容和形式富有美的体验，增强学生体育学习兴趣，提高他们的运动质量，充实学生审美体验，增强学生的创造美。

就目前阶段而言，学校体育和卫生保健紧密结合，已形成一个良好的开端，并取得较满意的结果，但是仍然没有形成一个完整的系统。它需要紧密联系学生生长发育和生活实际情况，进行健康教育，让学生学会保护自己，防患于未然，对学生进行青春期教育、心理健康教育，使之成为健康教育中的重要组成部分。加强学生的多元体育教育，应引起体育教学工作者的高度重视。

（3）培养学生的健康意识和行为

在体育教学的各个环节，教师均应采取多种方式把教学活动和学生生活实践联系起来，促使学生逐步形成健康意识并主动做出健康行为，努力让学生把

所学知识转变成自觉行为。具体来说，学校和体育教师在培养学生健康意识与行为时，需要完成以下几方面工作：

第一，结合学生的具体实际，编制适合学生发展的体育教材，组织好学生参加体育运动锻炼。

第二，在上体育课时应注意适量，不应矫枉过正。

第三，在体育课外活动中应加强体育教师的指导作用。

第四，开展多种形式的体育比赛。

第五，有针对性地加强营养学、心理学、保健学、环保学、身心健康等方面的知识教育。

（4）不断提高学生参与体育的能力

在体育教学过程中，教师应当高效地向学生传授健康知识与锻炼手段，把开展体育运动项目与社会体育资源密切联系起来，让学生参与体育的运动水平得到大幅度提升。健康知识与健康手段对于所有体育锻炼的参与者都至关重要。学生只有全面掌握了健康知识与锻炼手段之后，才不至于漫无目的地参与体育锻炼活动，才能更加客观地评价自身的实际情况与锻炼效果。学校开展运动项目往往只把场地器材、教师情况、学生情况视为应考虑的重要内容，而没有对学生对所学运动项目在其步入社会后能否继续坚持进行全面的考虑。现阶段，学校体育教学各项工作的开展应充分立足学校，放眼社会，多开设社会体育设施建设较好的项目，为终身体育的开展创造条件。各项运动项目是参与者参与体育运动的重要媒介，良好的运动技术可以激发学生对运动锻炼的积极性，从而逐步形成良好的运动习惯。所以，在体育教学中应坚持以运动技术为主，注重培养学生广泛的体育兴趣，使学生一专多能，同时更加重视健康知识和健身方法的传授，使学生在学校之外也能科学参与体育锻炼。

（二）"以人为本"教育理念

1. 理念内涵

我国早在商周时期就意识到人民是整个国家的重要基础，提出了民本思想，但当时的这种"以人为本"的思想,并没有形成系统化的理论体系。到了春秋时期,儒家倡导"仁者爱人"的思想,齐国管仲提出"以人为本"的治国思想,再到后来孟子的"以民为国家之本"等思想,都与"以人为本"教学思想有着密切关系。毋庸置疑的是,我国古代传统的民本思想和现阶段的"以人为本"思想有着很多不同之处。

在西方,古希腊时期就出现了"以人为本"的理念与思想,而其正式形成则在文艺复兴时期。19世纪初,哲学家费尔巴哈第一次提出了"人本主义"的口号。发展至今,很多人本主义哲学家选用非理性主义手段,使得人本主义体系更为完善。在人本主义思想的长期作用下,西方教学思想在教育观念、教育目标、教育内容、教育手段等方面都进行了大幅度调整,其对现代体育教学的发展起到了很大的推动作用。

截至目前,"以人为本"的体育教学思想已经演变成了中西方体育教学的关键性教学思想。我国现阶段"以人为本"思想得以建立的重要基础是马克思主义和与个体全面发展相关的理论,同时密切联系我国的具体情况,最终产生了科学、完善的教育价值取向。在体育教学中贯彻和落实"以人为本"的教学思想,不仅对我国落实科教兴国战略有着深远意义,还对我国实现中华民族伟大复兴有着深远意义。

2. 理念意义

进入21世纪之后,人们对人才是社会发展的核心要素有了越来越深入的认识,我国一定要在实施科教兴国战略的前提条件下持续加深学校教育的改革深度,保证人与社会的全面发展。在现代社会不断发展的背景下,各级学校应坚持"以人为本"的教学思想,这是体育课程改革的必然要求。在新的时代背景下,贯彻"以人为本"的教育理念对学校体育教育的发展和青少年的身心健康成长都具有重要的意义。

近些年来,在改革深度和发展深度不断加深的背景下,我国学校教育的发展成效十分显著,体育教育同样在积极顺应时代发展的主要趋势,大力更新各项教学观念,采取科学、人性化的教学思想为体育教学发展提供指导。学生在终身体育理念的科学引导下，在落实"以人为本"过程中实现了发展。当前，"以人为本"的教育理念对我国体育教学的发展具有重要的指导意义。"以人为本"中的"人"既是个体，又是群体，既具有自然属性，又拥有社会属性。现代体育教学要建立在以人为本的基础上，坚定不移地实施科教兴国战略和人才强国战略，不断满足大众日益增长的教育需要。

3. 教学应用

在教学中贯彻以人为本教学思想是新课程改革的必然要求。与此同时，我国现阶段的体育教学还面临很多需要解决的问题，表现出了一些不足之处。针对各方面的问题，在学校教育中发挥重要作用的体育教学应当在教育目标方面落实"以人为本"的教学思想，具体应当从以下两个方面着手：

（1）以学生为本

学生是体育教学的主体，同时也以独立生命个体的形式存在着，有资格获得认可与尊重，所以参与体育教学活动的教师应当树立"以人为本"的观念。在以学生为本的教学过程中，应当进一步丰富办学资源，尽全力为学生创造有利的学习条件和教学环境，进一步充实教师队伍；本着对学生高度负责的原则，提供充足的教育教学资源，并保证向他们提供其发展所需的知识、技能等教学内容；尊重学生的个体差异，促进学生个性化发展；完善培养方案，建构科学的课程体系；重视改变教学方式，增强教学的感染力、吸引力，激发学生的学习动机，调动其学习积极性。在体育教学中贯彻"以人为本"的思想，就要关注学生的利益，树立为学生服务的观念，使学生获得全面而又不失个性的发展。

进入21世纪以来，我国学校教育以惊人的速度不断发展，体育教育也要适应新时代的发展潮流，不断革新观念，以科学的、合理的、人性化的教学思想促进学校体育的发展，让学生在"健康第一"思想的指导下获得身心的全面健康发展。简单来说，现阶段的体育教育应当把保障学生身心健康当成基本原则和开展多种体育活动的立足点。应采取多种方式提高学生的主体地位，培养学生主动参加体育锻炼的意识。教育工作者应本着尊重学生、信任学生的原则，促进学生身心的健康发展。具体来说，要做到以下几点：

第一，尊重学生。教师应当树立以学生为中心的教育理念，在教育过程中严格遵循学生的身体发展特征和具体规律，同时对学生的个性特征予以尊重及肯定，贯彻并落实因材施教的原则。

第二，宽容学生。推动学生健康成长是教师所有工作的根本目的，教师要想顺利达到这个目标，就必须对学习中存在问题的学生进行密切关注。学生难免会存在差异，所有学生都有着各自的优势和劣势，教师应当正视这种差异，对学生的优势进行积极肯定，对学生的劣势多多包容。参与体育教学的教师必须明确的一点是，体育课上不存在差生。在具体的教学工作中，教师在管理学困生时，更需要付出一定的情感，多下功夫，对他们的错误给予宽容与理解，从而使学生的思想负担减轻，使其树立自信，将内在的精神力量激发出来，使其自觉改正错误、实现自我发展，这才是对"以人为本"的教育思想的真正贯彻落实。

第三，丰富教学形式。在体育教学中应努力彰显学生的主体地位，推动学生成为学习的主人，促使学生将体育学习融入情感和行动两个方面。所以，体育教师应当采取多元化的教学形式，从而科学组织体育教学。现代课堂就是教师和学生共同探讨问题的重要阵地，在课堂教学中应运用多种形式开展教学活动。具体的教学形式有群体训练、小组合作练习、个人自觉练习等，这些都彰显出体育教学中贯彻"以人为本"理念的情况，有助于激发学生的内在需求，并推动学生不断进步。

第四，科学评价学生。体育教学评价的全面性很重要，全面评价需遵循"以人为本"的原则，对学生的全面发展充分重视起来，力求通过全面评价充分了解学生对体育学科的态度、参与体育锻炼的情况以及对体育技能的掌握和运用情况，从而有针对性地调整课程教学方案，使学生在现有的基础上实现更大的进步。在体育教学过程中，要注重对学生体育学习情况的评价。一般来说，体育教学评价主要是对学生的平时表现、素质达标、技术技能运用等内容进行评价。然而，由于每个学生的学习能力存在着差异，容易出现能力强的学生得高分，能力弱的学生付诸行动但很难得高分的情况，这种评价将无法客观反映学生的体育锻炼情况，同时也不利于增加学生的学习动力。所以，教师在选用评价方式时应当密切联系学生的实际情况，从而推动所有学生的健康成长。

第五，建构和谐师生关系。体育教学的基本立足点是关爱学生生命，尊重学生人格和权益。教师对学生之间的差异性应予以认可，对学生的独立性、个体性应予以尊重，与学生建构起平等和谐的师生关系。具体来说，在体育课堂教学中，教师要善于采用鼓励性的话语来激励学生、安抚学生。鼓励的话语可以给学生带来莫大的安慰与动力，可以使学生变得更勇敢、更自信。这样往往能够取得良好的课堂教学效果。

（2）以教师为本

因为教师的"教"是学校培养学生和推动学生发展的手段，所以体育教学要以教师为本。学校需要完成的工作包括以下几个方面：

第一，向体育教师提供积极向上的工作环境和工作氛围，针对教师的工作量制定出合理标准，客观评估教师的教学，积极奖励表现突出的教师。

第二，时刻关注教师的发展情况，教师也需要随时代的变化而持续发展。在体育教师管理方面，严禁把防范性和强制性摆在重要位置，应当把人性化贯彻于各个环节，促使体育教师积极履行个人义务并承担相应的责任。

第三，给予体育教师应有的尊重与信任，避免提出过多要求，限制体育教师的自由，避免束缚体育教师的行为。

（三）"终身体育"教育理念

1. 理念基础

"终身体育"是指在人的一生中都要进行身体锻炼和接受体育教育与指导，它是终身教育的重要组成部分。

在理解"终身体育"时，可以从几个方面进行分析：一是在时间上，"终身体育"贯穿于人的整个生命过程；二是在活动内容上，"终身体育"运动项目包括多方面内容，在选择时可以结合自身的兴趣；三是在人员上，"终身体育"面向的对象是社会中的全体公民，特别是面向全体青少年学生；四是在教育上，

"终身体育"有助于提升全民的总体素质，是实现富国强民的重要方式。

"终身体育"就是思想意识和行为倾向有机地结合，体育意识为"终身体育"提供了思想基础。在高校开展"终身体育"教育，必须重视大学生体育意识的培养。体育意识是直接影响到人们"终身体育"观念的产生。"终身体育"，强调体育锻炼贯穿于生命的全过程。"终身体育"贯穿于人的一生，对社会而言是全体国民的体育，二者的统一是"终身体育"追求的最高目标。

随着发展时间的推移，"终身体育"思想在体育教育中的作用越来越重要，已经逐步发展成为当今十分先进的体育教学思想。"终身体育"思想由相互联系、相互作用的学校体育、社区体育以及家庭体育组成，从而共同影响个体。此外，还要求学校、家庭、社区积极开展各类体育活动，努力增加各类群体参与体育活动的机会。

2. 主体特征

（1）终身性

"终身体育"是先进的教育思想，因为其彻底打破了以往体育教学目标过度重视学习和掌握运动技能的观念，发展并延续了学校体育教育。分析传统体育教学观念可知，它是把个体接受教育的时间定位于在校期间，把学习及掌握体育理论知识和运动技能设定为体育锻炼的重要内容。然而，"终身体育"是在密切联系个体生长发育、发展以及衰退规律与阶段性特点的基础上组织个体参与身体锻炼，倡导体育锻炼对人们的整个生命历程都有积极作用，因此有必要进行终身参与。

（2）全民性

全民性是终身体育锻炼的一个重要特点，它是指接受"终身体育"教育的对象包括儿童、青少年、成人与老年人；从范围来看，包括学校体育，家庭体育和社会体育。在"终身体育"的引领下，深入开展全民健身运动，它的实质就是要进一步推广和发展群众体育，以期达到广泛普及化的目的。因此，终身体育不仅是一种健身方式，更是一项重要的社会活动。体育作为一种手段和方法，对人类生存有着不可替代的作用。因为生存与发展才是时代发展的主流，为了生存，就要会学，还要懂得运动锻炼与保健，人想要过上好日子，就要将体育和生活密切联系起来，让他们在参加体育活动的过程中受益终身。

（3）实效性

终身体育锻炼应当确定清晰明了的目标，换句话说，就是体育一定要推动人们实现均衡发展与终身发展。维持并提高人们的生活水平、提高人们的身体素质、延长人们的寿命是"终身体育"的终极目标。

"终身体育"的根本着眼点是更好地适应个体发展与社会发展。学生往往会结合自身的情况来选择最佳的体育方式，其表现出的针对性特征和实效性特征都十分显著。从整体来看，终身体育锻炼应当设置明确目标，推动学生实现均衡发展与终身发展。

3. 教学应用

（1）培养学生的终身体育意识

"终身体育"教育理念指导下的体育教学不仅是追求学生掌握某一特定的运动技能和运动的熟练程度，而是更为重视学生学会身体锻炼与综合的运动实践能力，注重对学生的体育爱好和兴趣的重点培养，使学生养成良好的身体锻炼习惯。而学校在开展终身体育教育过程中，就应当致力于强化学生的体育意识，其具体措施有以下三点：

一是重视体育兴趣引导。心理学的有关理论证明，行为是在认识事物的前提下，在引发动机和兴趣的基础之上产生的。在体育教学中，教师应当指导学生端正体育学习态度，制定适宜的体育目标，逐步形成持久的学习动机，调动学生掌握体育锻炼与卫生保健两方面的知识和技能的积极性。除此之外，体育教师应当密切关注理论教学的实际效果，不断增强学生的终身体育意识，顺利实现体育的价值。

二是重视体育习惯培养。体育教师应当指导与带动学生把体育锻炼习惯延续到校园生活以外，这不但有助于我国全民健身的发展，而且有助于实现"终身体育"的社会价值。

三是重视体育素质培养。在体育教学过程中，体育教师应当制定使学生终身受益的目标，对每次课以及所有课外活动都要提出针对性的要求，将健身设定为目标，把素质、技能、知识、能力等方面的教育内容都渗透到培养学生终身体育意识的过程中。

（2）重视学生自我发展与社会需要的结合

"终身体育"着眼于人一生中各个不同的年龄阶段、不同的生活环境、不同的职业特点从而选择相应的锻炼方法和内容，进行不同形式的身体锻炼，以保证终身受益。学校体育教学正是为未来扮演不同社会角色的学生提供了一个良好的参与体育锻炼的契机，指导其参与体育锻炼，以便其进入社会后可以更好地适应社会。因此，"终身体育"不仅要促进学生在学校的发展，还要充分满足社会发展对学生未来的发展需求，这就要求体育教育应重视学生的当前发展和长远发展。具体来说，在体育教学过程中，应实现学生终身体育发展与社会需求二者的结合，具体应该重点做好以下几方面工作：

第一，明确学生需要与社会需要的彼此地位。这是正确处理学校体育发展与社会需要适配性的关键。

第二，明确学生需求和社会需求之间的联系。学生需求是促进学校体育文化发展的重要动力，社会需求是体育运动发展的外在要求。

第三，体育教学应当以学生为主体并努力让学生的学习需求和发展需求都能够获得满足。

第四，对学生发展和社会需要在各个发展阶段的矛盾进行灵活有效的处理。尽管社会需要和主体需要在终极目标上应当维持统一，但并不是说之前的其他过程就不存在不同之处了，学生的终身体育发展为社会在人才方面的实际需求的满足打下了基础，但学校体育教学涉及方方面面的内容，不可以只把社会需求发展当成服务对象，也需要把"以人为本""健康第一"考虑进来。

第五，重视与培养学生掌握系统的体育基础理论知识、科学的身体锻炼方法，以及检查评定的方法，促使学生形成从事"终身体育"的能力。

第六，校园体育教学应时刻注重对学生的生理、心理、行为模式、思想意识等方面的调查与研究，同时以社会需要为基础，以"是否符合社会发展需要"

作为衡量学校体育教学合理与成功与否的重要评价标准。

（3）拓展和丰富体育教学内容

分析我国当前的学校体育改革目标可知，学校体育教学主要定位于让个体在有限的学生阶段掌握体育基础知识与基本技能，在未来可以独立自觉地继续进行身体锻炼并接受体育教育，密切衔接终身体育。学校体育在现阶段的重要任务是培养并增强学生的"终身体育"观念，适度增加体育课程内容使其更加多元化，具体有如下几点：

第一，在体育教学中积极开展学生乐于接受的体育项目。

第二，适当组织各类运动的赛事，如篮球运动赛事、足球运动赛事、健美操运动赛事等。

第三，在体育教学中适当安排耐久跑等锻炼内容，同时结合季节特征做出相应安排。

第四，指导学生密切关注体育界的最新动态，向学生传授体育竞技规则与裁判的基础知识，详细解说某些大型体育赛事的技巧。

第五，支持学生自行组织比赛，全面培养学生的自我组织能力和参与意识。

第六，体育课内外教学相结合对于终身体育思想的发展也是有积极意义的，高校开设体育选修课可以让学生选择自己感兴趣的体育项目来学习，从而发挥自己的体育特长，养成良好的体育习惯，为终身体育锻炼习惯的形成打下坚实基础。

（4）不断提升教师的综合素质

教师最基础和最核心的工作就是教学，体育教师应当通过多种方式提高教学能力，提升教学质量。教师的教学能力对体育教学质量有着举足轻重的作用。

教师应树立起重视体育教学的思想和意识，并在教学过程中积极贯彻落实。教育直接关系民族的兴亡，健康、健美的人才才是祖国未来需要的人才。所以，体育教师需要时刻考虑如何将祖国未来的希望——学生培养成全面发展的新型人才。

在体育课程教学中，针对特殊情况和事先未能考虑到的情况，教师可以对课程进行适度的调整,这是体育课中比较常见的情况。体育教师不应当只囿于提前设计好的方案上,应当用不断变化的视角来实施课程方案。体育教师应当结合实际情况对做好的课程设计进行合理调整,从而对学生的体育学习与体育锻炼发挥出更大的积极作用。

体育教师应当积极适应时代发展的实际需求,在体育教学过程中积极进行自我更新与自我优化,树立崭新的教育观念,选用切实可行、创新性高的教学手段开展各项教学活动,促使学生参与体育运动的主动性被有效激发出来,增加学生参与体育活动的兴趣,使其在参与过程中形成良好的体育锻炼习惯。

(四)其他体育教育理念

1. 创新理念

(1)创新理念的内涵

所谓的创新教育,就是指通过教育,培养创新意识,提高创新能力,推动学生全面发展,发扬人的主体精神的教育活动。它不仅包括传授科学文化知识和技能,更重要的是注重培养学生的创新思维和能力,使之成为具有创造性人格的一代新人。创新教育,实质上是素质教育的有机构成部分,是深化教育改革之举措。它对传统的应试教育进行了突破,使我们能够从更深更广阔的层面认识到体育教学中开展创新教育的重要意义。一方面,创新教育是一种综合性教育观念,注重理论联系实际,课内外知识结合,在创新教育中,每一位学生都可以享受体育教育带来的收获;另一方面,创新教育不仅仅包括实践创新,也包括理论创新。从这两个方面来分析创新教育的内涵,创新教育理念以学生为本,其主旨在于提升学生综合能力与心理素质。

(2)创新理念下体育教学实施策略

第一,加强对新式教学方法的应用。以创新理念为指导,更要在实践中吸取经验教训,探索适合学生学习的教学方法,以及传统教学方法的融合、革新、优化,提高学生学习积极性,使其充分体会到体育给自己带来的乐趣与发展。

第二,优化体育课程。开设体育课程,必须把学生作为主体,充分利用现代高科技教学手段，并在教学中将引起学生注意、激发学生兴趣当作主要的教学目的，使学生对教学过程兴趣盎然，充分发挥自主创造性，确保课程的顺利实施。

第三，充分运用成功教学法。因为只有这样才能够更好地调动学生参与体育运动的积极性，促进学生身心健康发展。与其他课程相比较，体育课堂应成为学生休闲的地方。因此，在创新教育的理念之下，应该使学生的体育课堂更加轻松愉快。所以在具体教学的过程当中，教师可充分运用成功教学法，针对学校具体情况，适当降低运动难度等，因材施教，使学生从运动中感受快乐，提高学生学习兴趣等，让课堂气氛更热闹。学校教师要加强指导，帮助学生正确地认识生活中各种挫折，让他们知道，人生并不事事顺风顺水，在体育锻炼过程中，使学生领悟到"胜败乃兵家常事"的道理。

第四，增强教学方法娱乐性。在游戏过程中，体育教师能够不自觉地实现课堂上设定的教学目标，使学生在体育课得到全面锻炼，才能够使学生在运动锻炼过程中真正体会到运动的宗旨，学习时注意力更集中，提升学习效率。

第五，严格要求体育教师更新教学方法。学校一定要加强体育课监督，鼓励教师在教学中多多总结经验，积极参加课题研究，运用现代教学技术手段，不断更新教学方法，不断提升教学技能，指导学生主动学习体育知识，加强体育锻炼，真正破解创新教育理念在体育教学中遇到的尴尬局面。

2. 个性化理念

（1）个性化理念内涵

个性化教育是尊重个人独特性和差异性的教育，根据这些差异性，采用不同教育手段，让每一个人生命潜能都能得到充分发挥，推动个体生命的自由发展。个性化教育，体现了学生主体地位，对学生个性特点给予充分尊重。它最重要的特征是强调个体之间的差异性，这种差异性包括个人的生理、心理、品质等遗传因素，还包括个人后天受教育、环境等因素影响而形成的水平差异。教师要根据个体的个性差异进行针对性教学，满足学生学习兴趣，提高学习效果，实现个性化教育。以此为基础，采用不同的方法，调动个人主观能动性，激发个体积极性，以获取知识，提高能力，促进个体发展。

由于教育的对象是人，而人又是一个有独特性格的生命体，所以，教育一定要关注人的个性发展，改革教学目的与策略，让其更具有个性化，才能真正达到"为每一位学生的成长"之目的，也就是推行个性化教育，促进个性的发展。推行个性化教育，是时代的要求，在当前知识经济全球化信息时代，人才在知识运用、技术创新等方面都起着关键作用，而人才，特别是高级专门人才，又要靠高等教育来培养。高等教育个性化发展的趋势，是教育与社会发展的需要。高校应积极推进以人才培养为中心的教学改革，努力探索出一条适应素质教育的个性化教学模式，从而达到全面提高大学生素质的目标。推行个性化教育，是顺应学生个性全面发展之要求，能够全方位地反映出我国以德智体美全面发展为导向的人才培养目标。

高等教育以学生全面发展为宗旨，这一过程要通过各种教育手段才能完成。其中个性化教育是一种重要而有效的方法和途径，它可以使每一个人都能得到充分的发展，实现个人潜能的最大化发挥。个性化教育把学生置于教育活动主体地位，督促学生主动学习，充分挖掘自身潜能，使每一个学生都能在自己原有的基础之上得到最佳的发展；激励学生充分发挥自身的才能；应密切注意每个学生的独特性，但必须确保每个学生都参加集体活动。

（2）个性化理念的目标

个性化教育所指向的教育目标，应该是具体针对个人的，就是把教育目标内化、具体化到个人，也就是要充分挖掘学生的个性潜能，使其得到充分的发展，因此个性化教育的主要任务是促进人自由而全面地发展。高等教育是建立在学生全面发展基础之上的，发展学生创造力，提高学生的独立性。高校作为人才培养基地，承担着培育创新精神、促进创造性思维形成与发展、推动社会进步的重任。因此，学校应该对学生个性特征和发展需求给予充分的肯定，向学生提供与其成长相适应的教育内容与教学方式，旨在培养创新型的人才，促进了学生自身素质的提高，使学生个性得到充分发展。个体是教育目标的承担者，教育目标不能游离于个体之外。个性化教育强调创新型人才的培养，因此，培养学生的创新能力是个性化教育中的焦点，它主张学生要学会自我发现、自我认识，倡导学生挖掘自我潜能。个体个性自由全面发展，才能够更好地适应社会的需要，才能使个人价值得到真正体现。从马克思角度看，自由而全面地发展，是人类个性的最高形式。个体只有在这种状态下才能获得全面发展，成为一个完整、独立、健全的个人。所以，实现个体个性的自由而全面发展，也正是个性化教育所追求的终极目标。

目前各国教育界都在追求的目标，是创新型和开拓型的人才，创新性并不仅仅是个人价值的彰显，同时，它还是一个国家繁荣的象征。因此，对学生进行创新教育以及个性发展教育已经成为当下我国各大高校关注的焦点问题之一。创新包括事物变化过程和事物变化结果两部分，一些个性化的教育教学活动，能够培养出一些具有创新能力的人才，就此而言，个性化教育和创新教育具有共同的含义，即时刻致力于富有创新意识人才的养成。对高等教育而言，素质教育与个性化教育，对于创新人才的培养一样，都可画龙点睛，不相上下。素质教育大环境，势必要求创新型人才培养应逐渐突出个性能力的培养，个性能力的根本特征是有主观创造性。重视个性化教育这一理念，应渗透在当今高校教育理念中，通过不同教育手段，实现人本思想在教学功能上的传承与发展。将教育者主导地位与受教育者主体地位显现出来，是教育者目前的首要职责。个性化教育就是个性的全面发展，在当今高等教育中，要重视学生学习兴趣和积极性的调动，使之主动参与到教学活动中来，从而激发学生内在潜能。对传统教育教学模式进行改革，是对学生进行创新能力培养的一种有效手段。

（3）个性化教育的原则

①适应性原则

适应性原则是个性化教育原则之一，是一条有指导意义的方针。个性化教育反对同质教育，前者采取个性化教育手段，推动个人个性化发展，后者则忽略了个体差异性，以同样的标准去度量一切生命体。对于每一个人而言，唯有能激发其潜能的教育，才能称之为真正的个性化教育。个性化教育强调个性，重视个体差异，尊重学生独特需求，关注每一位学生的全面发展。教育实践活动具有适应性,这就决定了教学必须与学生差异相适应,给予学生一个与他们原有知识基础相一致的教学内容,并且采取与每个学生发展状况相一致的考核方式。个性化教育的中心是人,要求教育必须与个体发展规律相适应,需要教师与学生相适应,帮助学生成长。个性教育就是要以尊重、理解和宽容的态度对待每一个个体。现实生命个体,就是生活于社会之中的个体,并非单纯存在物,个人的社会活动及其社会关系,构成其社会性实质。教育作为一种特殊形式的社会交往行为,它既关注个人的个性成长,又注重群体的整体进步与和谐,更关心个体生存状态的改善以及整个社会文明程度的提高。所以,个性化教育不能否定教育的生命发展诉求。当今社会需求日益多元,社会多样化还需要人才多样化,以适应社会发展。尊重个人独特性,适应个体多样性发展要求,推动个人个性化、全面化发展,是社会发展的需要。

②独特性的原则

个性化教育的原则不仅指向个人个性化,也指向学校个性化发展,既要尊重个人之独特性,还需要办学特色化。在个性化教育中,个性与共性是相互统一和相互作用的。两者互为补充,互相促进,个人个性化发展要求学校开展个性化教育,反过来,学校特色办学也可以促进个人个性化发展。因此,要实施个性化教育,就必须在坚持个性与共性相统一的基础上,注重对学生个性特点和能力的培养。遵循独特性的原则,强调因人而异,因材施教,是教育个性化的客观需要。

③自主性的原则

在现代社会中,人具有了自我决定自我命运的意识和独立于他人之外的自由意志,这正是主体性的重要内涵。自主性与主体性是一对相互对立又相互依存的概念。自主性存在于生活中,它并非由教育所造就,即便如此,自主性,还需要个人充分具备发展主动性,教育不能束缚这种主动性。教育作为一种特殊形式的社会实践活动,具有鲜明的主体性特征。从这个意义上说,教育的目的在于帮助人们获得自我发展所必需的知识与技能,培养其独立意识和独立思考的能力。因而,教育必须扭转以教师为中心的教育模式,确立以学生为本教育理念，让学生学会自我教育。

（4）个性化教育的特点

①个性化教育是创造性的教育

在当代教育思想中，每一个人，都是独一无二的，各有其特色和天赋，发挥专长，张扬个性，终究会成才的。因此，在教学中必须重视对学生创新意识和创新能力的培养，使他们成为具有创造性思维品质的人才。当今社会呼唤创造型人才，创造力最初来自思维的技能，而思之能，源于学。但学习能力并不等于知识接受程度，应指人的认知能力，所谓认知就是对客观事物或现象的感知和理解。知识具有固定性、既存性、经验性和静态性等特点。认知与知识之间有一定的联系，但不是相互独立的，而是相辅相成、相互促进的。认知尽管也受所学内容的影响，但是这并不影响认知推动知识的产生。因为认知具有能动性、创造性、灵活性等特点，它不仅能帮助人们认识客观世界，而且还有助于改造主观世界，使之成为我们所需要的东西。每一个人在性格上都有一个强大的认知能力，这种认知能力能促使个体对某一领域具有比任何一个方面都更强的主动性与求知欲。所以，在性格中无不蕴含着无穷的创造性，这种创造性是由主动性、求知欲所推动的，成了个性发展之本。有了这种内在动力，才可能产生出具有独特风格的人才来。如果没有了这两方面的积极性，个体是不能获得自由而全面发展的。若能充分张扬个性，便可以开发出个人的创造力，从而切实推动其全面发展。

②个性化教育是适应性的教育

个性化教育所具有的适应性，需要尊重学生的差异性，采用与学生相适应的教育方式、方法，让这一特殊的教育行为渗透于学生的整个学习过程，在这一过程中，学习动机就包含了选择学习内容、执行学习行为等环节。适应性教育就是根据学生个性、人格及兴趣进行教育，对学生进行恰当的教育。它不仅注重知识技能的传授，更关注学生潜能开发，帮助学生建立自信心。适应性教育还强调了人类发展的需要，注重学习过程，通过引起学生兴趣，提高学生学习积极性，以推动学生身心的全面发展。

③个性化教育是独特性的教育

个性化教育是对学生独特性、差异性的全面尊重，就是在道德与人格之外，直击人生写照，这是"以学生为主体"教育理念的体现。第一，尊重个人的人格。每个学生都有自己独特的气质、性格和能力，他们在许多方面都存在着差异，但又有着内在一致性，这就决定了每个人都具有一定的个性特点，因此教育应尊重个性的发展，从本质上承认发展个体个性的意义。第二，尊重个人需求。教育要关注每个学生的个性发展，尊重学生不同层次的需要。个性化教育不仅应该尊重学生需求，让学生享受到属于他们特有的教育和学习方法，满足了学生个性化学习权利的需要，还要对学生进行指导，使之朝着有利于个人和社会的方向前进。第三，关注个体差异。每一个学生，都是一个独特的生命个体，他们有区别，这一区别既有先天因素，也有后天发展因素。人的生理条件、智力水平和心理状态等方面的差异性，使得每个人所具有的个性各不相同。先天因素不同，造成一些学习能力也不相同，后天学习风格及能力亦因先天及后天因素而不同，因此，教育就应该针对这些区别，采用不同的教学策略与方法。

④个性化教育是全面性的教育

个性化教育抛弃平均发展，注重各方和谐发展。它主张以学生个体和社会需要为基础来培养学生个性，使每个学生都能得到全面发展。在个性化教育看来，只有给学生最好的教育，学生才能把自身的长处发挥得淋漓尽致，实现自我突破。人类诸要素间存在着协调、相互作用关系，在某一方面取得突出成绩，将对其他领域起到积极带动作用。因此，我们从两方面来认识和把握个性化教育的内涵。第一，从质量和数量上讲，人的全面发展是第一位的，个性的总体由诸因素的协调组成的，它们的和谐发展才是高质量发展；第二，个性化教育的全面性也就是指教育对象的全面性，面向全体学生、一切生命个体，针对每一个人的不同特点实施教育，因此，一定要以学生为本。从前者来看，教育应该以育人为本，培养德、智、体、美、劳全面发展的人才。从后者来看，个性化教育有别于精英教育，不以少数尖子生为对象，但强调每一个学生的成长必须达到最高境界，这也体现了教育由面向少数人，向面向所有人的方向发展，由精英教育到全民教育。

⑤个性化教育是渗透性的教育

个性化教育的对象是学生,关注学生需要,指导学生自主学习,认识自我,通过调动同学们的主动性,启发其创造性,在潜移默化中推动学生全面发展。个性化教育既贯穿于学生每天学习的整个过程,也贯穿于教师教学全过程之中,在教学内容、教学方法上给学生以重要的影响,让学生通过了解自己、研究自己、总结自己等途径来提高自身素质,最终达到全面发展的目的。

第二章　心理育人视野下的高校体育教学创新

高校体育与心理健康教育关系密切。高校体育促进学校心理健康教育，而学校心理健康教育又为高校体育工作的开展打下良好的心理基础。本章主题为心理育人视野下的高校体育教学创新，共分为大学生体育锻炼与心理健康关系、大学生体育锻炼与心理健康效应、心理育人视野下的高校体育教学策略三节。

第一节　大学生体育锻炼与心理健康关系

一、锻炼心理学

（一）理论概述

1. 基础定义

（1）我国学者对锻炼心理学的定义

季浏在其《体育锻炼与心理健康》一书中对锻炼心理学作了以下阐述：

首先，锻炼心理学所研究的主要问题是锻炼行为前、后以及锻炼行为期间生理、心理上的改变，其重点在于：锻炼者通过运动在肌肉力量、肌肉耐力、柔韧性以及心肺耐力等方面出现真正的改变的时候，所导致的认知、情绪和行为的变化；锻炼者主观感觉到自己由此产生的认识、情感与行为改变；锻炼者在自身肌肉力量、肌肉耐力、柔韧性等方面发生明显的变化，从而引起的认识、情感、行为等方面的改变。

其次，锻炼心理学十分强调心理学原理的应用，它是一门将心理学有关研究成果运用于锻炼实践的应用型学科。由于锻炼行为是从认知与行为、情感与动机、态度与信念等多因素模型中唤起的，因此很容易就显示出心理学研究理论和干预策略的重要性。

再次，锻炼心理学不仅研究运动时心理、生理上的改变，还进一步探讨锻炼行为影响人们生理和心理的深层次机制。

最后，锻炼心理学非常注重对个体锻炼能力的训练与提升，增强个体锻炼能力，起到预防疾病作用，使人们拥有一个健康的身体，还关系到能否形成良好的生活方式。而且，锻炼心理学研究面对的是广泛的社会人群，因此有必要针对不同的人群，研究适合他们特点的锻炼处方和干预手段。

（2）国外学者对锻炼心理学的定义

1988年，在美国心理学会前主席马特兰佐的领导下，瑞杰斯基和布朗利提出，锻炼心理学是集教育心理学、科学心理学与职业心理学于一身，旨在增进、阐释、维护健康。它既不同于医学心理学、运动医学或体育教育学的研究对象，也有别于一般意义上的健身心理学或健康心理学。瑞杰斯基和其他人认为，身体锻炼心理学应该包含三个层面的内涵：身体锻炼的心理学与教育心理学密不可分；身体锻炼过程中，无不蕴含着认知、情感和行为构成要素；身体锻炼行为涉及多种和力量、耐力、心肺功能等方面相关的活动方式。[①]

2. 产生与发展

从19世纪末最早的锻炼心理学研究出现一直到20世纪60年代，锻炼心理学的研究进展非常缓慢。这首先与人们对体育锻炼的态度有关，因为步入20世纪以后，西方社会已走上迅猛发展的道路，在许多人眼里，靠体力劳动的年代一去不复返了，代之以机器生产。这样就使当时社会一般重视智力，轻视体力，许多人觉得身体活动远没有智力活动那么重要，因而体育锻炼被社会忽视，很显然，锻炼心理学在其发展过程中，也丧失了社会应用价值。锻炼心理学研究在生物医学领域受到大脑机体二元论视角的强烈影响，这种看法认为身体与心理是彼此割裂的，一切疾病以及身体不适，无不与解剖结构改变、生理过程紊乱等因素有关，和大脑没有什么联系。直到1986年，尽管已经涌现了大量的关于心身医学、行为医学与健康心理学研究内容，但泰勒认为，生物医学模式仍是当前研究的主流。他所倡导的"躯体—精神"二元分离模式对体育运动与心理健康之间的联系产生了很大的冲击。所以这种生理和心理分割的思想也不同程度地妨碍着体育锻炼和心理健康之间关系的研究。

进入20世纪70年代后，运动心理学家们开始把目光从对运动员心理状态的研究转向对一般人体育锻炼心理状态的研究，锻炼心理学快速发展，成为体育锻炼心理学家、运动心理学家、健康心理学家与医学心理学家普遍关注的一

---

① 徐彬.锻炼心理学[M].北京：科学出版社，2017.

个重要研究方向。造成这种现象的主要原因之一，就是都市环境发展所带来的生活方式改变，其中，运动不足或者身体活动太少，对人的健康所造成的损害特别值得重视。人类的健康行为成为预防疾病、提高生活质量的重点，人们已经开始重视疾病的防治和健康生活方式的塑造，因此，锻炼心理学已引起人们的普遍重视。

促使锻炼心理学发展的其他原因是医疗费用上升、余暇时间有所增加、传统疾病治疗手段的局限性以及其他多种因素的存在。显然，体育锻炼是一种经济实惠的健康行为，从长远看，它能改变人的生活方式、提高体能、防治疾病。因而，体育锻炼开始受到人们的欢迎，各种形式的体育锻炼纷纷涌现出来，而锻炼心理学也因此寻回了其存在的社会价值。

与此同时，过去那种身心分割的观念也逐渐被取代，出现了对健康和疾病的全新的理解，健康不再被看作仅仅是没有疾病，而是被看作一种良好状态的存在。越来越多的学者认为，生物、心理和社会因素这三者之间是相互依存、相互联系的，健康和疾病是生物、心理、社会相互作用的结果。这些观点为锻炼心理学的进一步发展打下了良好的理论基础，锻炼心理学正是按照这样的模式来揭示体育锻炼与心理健康之间的复杂关系的。

20世纪80年代末90年代初，有关锻炼心理学研究的期刊、论文、著作等不断涌现，这一时期是锻炼心理学发展最快的时期之一。1988年，《国际运动心理学杂志》更名为《国际运动和体育锻炼心理学杂志》。该刊是目前唯一专门报道体育领域中有关心理方面问题的综合性学术期刊。之后，国外又陆续出现了数部影响较大的作品，如《锻炼坚持性对健康的作用》《身体活动心理学》《体育锻炼心理学：体育锻炼对心理过程的影响》等，这些研究都反映了当时锻炼心理学的研究和发展趋势。

总的来说，20世纪80年代和90年代初，锻炼心理学的研究开始出现了多样化的趋势。

一方面，一些学者认为，体育锻炼作为增进健康的一种有效途径，还必将增进心理健康。这一观点来自身心交互作用论，认为心理与躯体是相互影响的，它在同一体系中占主导地位，心理具有使身体状态发生变化的能力，身体状态发生变化，同样也能引起心理活动发生改变。因此体育锻炼的心理健康效应逐渐成为研究的热点，很多学者认为，积极科学的体育锻炼对情绪状态、自我概念、应激反应、认知过程、主观幸福感等具有良好的心理效应。

另一方面，第二次世界大战以后，面对着一大批身患多种心理疾病的老兵，美国政府确定了发展临床心理学的政策，耗费大量的人力物力，筹备临床心理学机构，临床心理学人才培养等，因此临床心理学获得了较快的发展。临床心理学从一开始就以医学化和生物化为追求的目标，这在一定程度上对锻炼心理学产生了很大的影响，一些锻炼心理学研究者开始关注作为心理治疗手段的体育锻炼的作用。20世纪80年代以来，运动的心理疗效研究应运而生，其中有许多与心理疾病或心理障碍有关的锻炼疗法。第一个用实验性运动疗法治疗临床抑郁症患者的是格里斯特（Greist）在1979年所进行的研究，他发现运动的抗抑郁作用与有时限的心理治疗作用相同，并优于非时限的心理治疗。[1] 此后，对体育锻炼心理治疗效应的研究在1983—1990年间不断出现，在这些研究之中，其中有23项研究以运动抗抑郁效能为目标，另有42篇研究以焦虑为对象展开研究。这类对抑郁群体的研究大约增加了40%。除此之外，还有一些研究是对抑郁、焦虑以及自我概念等所进行的元分析。[2] 之后研究者们从锻炼运动处方、锻炼动机、锻炼人群和锻炼干预方面做了更多的研究。

很久以来，体育锻炼对健康的影响已引起我国学者的普遍重视，而体育锻炼在心理健康方面的作用却没有引起人们的足够重视。近年来，随着社会经济文化的发展和人民生活水平的提高，人们对于体育的需求不断增加，这就为研究体育运动与心理健康之间的关系提供了一个很好的契机。尽管近年来，关于体育锻炼对心理健康的影响研究也在逐步增加，但是，从健康心理学的角度来看，医学心理学领域仍然是运动心理学的范畴，该领域的研究仍显得薄弱。

---

[1] 刘微娜. 抑郁症的运动干预[M]. 北京：知识产权出版社，2017.
[2] 萨库索，临床心理学[M]. 卡普兰. 黄蘅玉，译. 北京：科学技术文献出版社，1991.

（二）身体锻炼的积极心理效益

健康是百姓生活的热点话题，也是人们持续关注的焦点，从而引起人们对于健康心理学以及其分支——锻炼心理学进行研究。锻炼心理学研究人在体育运动中心理与行为的发展规律，旨在通过身体锻炼，增进个体身心健康，塑造良好身心状态，让个人在情绪及人格上获得较大的收益。因此，锻炼心理学研究的主要内容是：研究个体参与或退出身体锻炼的心理前因以及锻炼方式，用以帮助个体启动、增加、建立良好的锻炼行为；对身体锻炼心理效应进行研究，这些因素包括一次性身体锻炼对于心理状态所产生的作用、长期身体锻炼对于健康人心理特征及对于心理疾病患者治疗的作用、身体锻炼增进心理健康作用机理研究。锻炼心理学还讨论了身体锻炼过程中可能出现的心理负效应，并且获得一些研究成果。

纵观锻炼心理学的发展历史，尽管成果丰硕，但是关于身体锻炼心理功效的研究，目前还主要是关于身体锻炼对于抑郁、焦虑等心理的作用问题的讨论。美国"积极心理学之父"马丁·塞利格曼（Martin Seligan）提出，心理科学在研究问题心理的同时，应该着力挖掘人的心理潜能，发展人们积极的心理品质，并且把积极心理学界定为一门应用科学，揭示人的优点，促进人的积极机能，同时，构建积极心理学学科框架，即注重对人类幸福的考察，具有积极的情感、积极的人格特质、积极社会组织系统。在塞利格曼看来，人类快乐的三要素是乐趣、投入、意义。其中乐趣就是心情的外化，和个人主观感受有关，个人的快乐与他们对待家庭和工作的态度，与他们在爱情和业余爱好上的投入水平是成正比的，而现实中的快乐，是心灵对于行为或者事件深层次的认知，并且通过潜能的开发来超越自己，亦称自我实现。

作为心理学的一个分支，锻炼心理学的发展和创新，有赖于心理学理论与方法的发展和创新，而且积极心理学的发展，必然会影响并改变锻炼心理学的方向和发展。尽管国内外心理学家都曾提出过积极的心理健康标准，然而，令人遗憾的是，大多数关于身体锻炼和心理健康之间关系的研究，仍然从心理健康的消极方面来开展研究，鲜有研究者遵循积极心理健康标准，检测心理健康结构及身体锻炼对心理的积极作用。所以本书从积极心理学视域出发，结合现有锻炼心理学研究结果，剖析了锻炼心理学在研究上的缺陷和积极心理学可能给锻炼心理学的发展带来的启示，以期给今后心理学的研究思路、研究方法等的确定提供借鉴。

1. 理论基础

（1）身体锻炼和积极情绪的研究进展

积极情绪指个体对有意义的事物所做出的一种独特而即时的反应，就是个体因身体内外的刺激而形成的愉快感觉的情绪。研究发现，具有积极情绪体验的个体，比具有消极情绪体验的个体在实际生活中做得更好，此外，身体锻炼帮助个体生成顺畅的体验、产生愉悦情绪，且不容易出现焦虑、疲劳，更容易带来积极的情绪效益，也可以减弱消极情绪诱发。启动身体锻炼和积极情感的联结，会促使锻炼行为增加。

（2）身体锻炼和幸福感的研究进展

在我国，幸福感被定义为"一种人的生活质量或幸福程度"，并成为评价个人生活状态、健康状况及其发展变化情况的重要标志之一。幸福感研究有助于了解心理健康，为寻找心理障碍影响机制，提供一种新思路、新途径。分析研究结果发现：身体锻炼和主观幸福感之间存在显著的正相关，身体锻炼能够通过身体自尊、人际关系、人格等中介变量对主观幸福感产生影响，实验结果还显示，身体锻炼能显著提升个体主观幸福感水平。有学者以身体锻炼和心理幸福感为对象进行了研究，结果表明，身体锻炼在增强心理幸福感方面具有重要的价值。

（3）身体锻炼与乐商研究进展

乐商就是一个人乐观向上的能力，既有个体幸福的阈限值，又有品味能力，还包括个体在经历消极事件时获得积极成分、影响或者传染别人变得乐观的能力。国外研究人员发现，乐商与个人经济效益、社会表现、学业成绩、健康状况等息息相关。当前，由于乐商概念定义不清、评价系统还不够健全、测量工具简单，因此对于体育和个体乐商的研究并不是很多，但是以乐商为主要构成要素的"乐观"，长期以来一直受到国内外运动心理学学者们的重视。国外的研究表明，身体锻炼和个体乐观之间呈显著正相关，参加体育锻炼者乐观程度更高。国内的研究也验证了这样的发现，同时，研究发现，身体锻炼能够通过中介变量间接影响乐观。尽管在已有的研究中，有关身体锻炼和个人在经历消极事件时获得积极成分能力的研究不多，但从身体锻炼在塑造个体积极人格方面的作用中，我们不难发现，身体锻炼在个体乐商培育与提升方面有一定积极作用，体育锻炼必将对个体乐商发展起到巨大作用。

（4）身体锻炼和积极心理品质的研究进展

积极心理品质在当代积极心理学中具有基础性的意义。积极心理品质具有自我效能感水平高、情绪体验积极乐观、社会适应性强以及人际和谐度高等特征。发展积极心理品质，能让个体在劳动、生活、学习中，都拥有满满的正能量，帮助个体改善心理问题及心理疾病，防治多种心理疾病。所以，近年来国内外研究者都致力于研究个体与群体的积极心理品质，并且通过多种测量方法，找出个体与群体中最为显著的积极心理品质以及它们之间存在的差异，同时，提出了在不同年龄段应该着重发展的积极心理品质及其方式。研究显示：身体锻炼和个体许多积极心理品质之间有着密切的联系，而锻炼能强健或者增强人大脑及神经系统功能。

（5）身体锻炼和成功老龄化的进展

成功老龄化也是当前积极心理学关注的焦点之一。成功老龄化指老年人在一生中，能够适应社会环境变化并获得较好发展的状态。研究人员将成功的老龄化分为三个部分：一是避免生病，二是投入生活，三是维持身体机能与认知机能。所以成功老龄化是指到了老年之后避免生病，积极生活，并维持较高认知及身体机能水平的生活方式。相关研究表明：身体锻炼不仅能有效地提高老年人的神经电生理指标，减轻生理功能衰退，而且中等程度的有氧运动能调节老年人脑内脑源性神经营养因子含量，保持并提高老年人认知功能。此外，身体锻炼也能显著增加老年人的心理健康指数，增强其幸福感。同时，身体锻炼对防止老年人肥胖也有一定的帮助,能够预防心血管疾病,减少慢性疾病的发生及降低功能状态的出现频率等。此外,身体锻炼也能带来积极情绪体验,获得良好人际关系与社会支持,提高老年人的生活质量。这说明身体锻炼对于成功老龄化有积极价值和效果,由此我们可以预见,它一定会是今后锻炼心理学关注的焦点之一。

2. 未来发展趋势

(1) 锻炼心理学研究中的三个问题

①基本概念的定义含糊不清,缺乏测评工具

综观前人的研究,积极心理学学者们对于"积极情绪""幸福感""积极心理健康""乐商"这些基本概念给出的定义是模糊的,在学术界并未形成共识,另外,测量工具跨文化、跨样本等问题,虽然已经引起了研究者们的重视,但是,还需要做很多验证与改进。因此,积极心理学理论构建过程中存在着许多亟待解决的问题,也正是由于这些因素,积极心理学的研究极为丰富,从而造成对基本概念的定义不够一致,测量工具种类繁多,不够完善,使得测评的结果既相对独立,也互相吻合,研究结果存在较大误差,可信度不高,难以使同一类问题获得丰富和深刻的研究成果。

②研究对象集中,缺乏普适性

以往的研究多关注中学生与老年人这两大群体,但是对学龄前儿童、成人、妇女、特殊人群的研究很少。就调查人数与实验被试人数而言,样本量一般较小,抽样缺乏科学性,另外,关于跨地域、跨文化的研究也十分少见,使得研究结果外推力偏低且普适性不强。

③研究范式陈旧,缺乏因果关系研究设计

当前研究结果表明,多数研究仍以传统问卷调查为主,还有少量自然实验及准实验设计,但是缺少对实验中附加变量的调控,且能体现因果关系的实验设计较少见。此外,横向研究居多,纵向研究、个案研究和元分析研究都比较缺乏。

（2）锻炼心理学研究的未来发展趋势

①积极心理效益研究——未来锻炼心理学研究新趋势

因为积极心理学的发展，对身体锻炼和积极心理的研究，必然是今后锻炼心理学研究的重点方向。今后锻炼心理学不仅需要注意身体锻炼对于抑郁和焦虑等负面情绪的影响，更应该注重对身体锻炼积极心理效益的研究。比如身体锻炼会影响主观幸福感、生活满意感等。

②理论机制研究——未来锻炼心理学研究新方向

随着对心理学母学科的深入研究，研究方法不断提炼和神经科学技术、虚拟现实技术等高科技技术逐渐被应用于心理研究。在这样的大环境下，运动认知神经科学的研究，将是运动心理学在21世纪的一个新发展方向，而且它还会给锻炼心理学研究者在未来EEG、ERP、TMS、FMRI等技术的运用上带来独特的启示，这些技术有助于对身体锻炼正面心理效果的神经机制与心理机制进行深层次的探索，这将是今后锻炼心理学的一个重点研究领域。

③运动处方研究——未来锻炼心理学研究新领域

随着一些先进测试手段与分析方法的使用，运动处方研究水平得到全面提升，已经由单一体育锻炼方法上升为对许多疾病进行非药物治疗，并且进入非随机对照试验及RCT的研究。这些新技术、新理论的运用不仅拓宽了运动处方的应用领域，而且也促进了体育科学在临床领域中的进一步发展。很可惜的是，尽管很多运动心理学家、心理医生都指出体育锻炼能够促进个体心理健康，它是解决心理问题、心理疾病的一个重要途径，但是以个体心理健康为目标的运动处方的研究还很少见，尤其以个体积极心理品质发展为目标的运动处方研究更为少见。伴随着社会对于个体心理健康问题的关注，积极心理学也在社会各方面产生了进一步的影响，研究运动处方中个体的积极心理品质，一定会引起锻炼心理工作者们的注意与重视。

④本土化研究——未来锻炼心理学研究新视角

我国民族传统体育项目是我国体育领域的重要组成部分，它展示着我们民族精神与传统文化，融"天人合一"东方哲学思想于体育运动之中，具有深刻的东方养生智慧。随着时代发展，人们对健身娱乐需求的提高，以及体育运动本身所具有的独特魅力，使越来越多的人开始关注体育锻炼的意义及其价值所在。同西方体育对比而言，我国民族体育项目更加重视身体锻炼养心、养神作用。所以，我们锻炼心理学工作者应该更重视对身体锻炼所带来的正面心理效益进行本土化研究，挖掘民族传统体育项目对发展个体良好心理品质的积极作用。

积极心理学已经成为心理学研究新动向，锻炼心理学对身体锻炼和积极心理也有研究结果。未来锻炼心理学研究除了关注身体锻炼对焦虑、抑郁、应激反应、心境状态、自尊和认知功能的影响，还应重视身体锻炼的积极心理效益、积极心理品质的运动处方以及身体锻炼积极心理功效的神经机制和心理机制等问题，在研究中更应注重概念和测量工具的本土化及研究范式的创新与融合。

二、大学生体育锻炼与心理健康的关系辨析

（一）目标的重叠

体育学科的设置目的，一是运动参与，通过传授体育运动与卫生保健知识，深化学生对体育运动的认识，使其养成参与体育活动的态度和行为；二是掌握体育运动技能，获得锻炼身体的基本知识与基本技能；三是养成运动习惯，达到增强体质、增进健康、促进身体发育的目标；四是开展心理健康教育，强化意志品质培养，增强学生的抗挫折能力；五是通过体育教学活动、学校的竞技体育活动和课外体育锻炼，指导学生构建融洽人际关系，形成良好竞争意识、合作精神以及拼搏精神。

以上体育学科知识的获得，运动技能、行为习惯、意志品质和竞争意识的培养，同时也是心理健康教育工作的使命。而体育活动对学生心理发展具有积极影响。相关研究发现：定期安排适度体育活动，不但可以让青少年学生强健身体，也有利于改善学生心理功能，促进心理健康。所以将心理健康教育纳入到体育教学中很自然。

从另一个角度讲，心理健康教育又是我国学校体育课程教育对象中的一个主要方面。学校体育在增进学生心理健康方面具有积极作用，它可以有效调节学生的生理和心理矛盾，缓解学生的心理压力，让学生呈现出一种积极向上的心境状态，排除紧张情绪，促进学生心理健康，增强学生的心理素质。与此同时，体育也在潜移默化中影响着学生主体意识和健康意识以及敢于实践的精神的形成，此外，体育也有助于学生养成刚毅的意志品质，并全面开发学生智力。因此，从这个角度讲，学校心理健康教育是以体育为载体来实现其价值的。这就是两者在职能与目标之间的紧密联系。

（二）内容的重叠

体育工作的重要目标之一是锻炼身体，增强体质，提高健康水平。随着心理生理医学（psychosomatic medicine，又称心身医学）研究的迅猛发展，人们已经发现，人不是一个简单的、孤立的不受外界环境影响而进行特定的新陈代谢过程的生物体，而是不断与身体环境和社会环境相互作用的实体。人类为更好地适应环境的变化，在人的一生中，一定会不断选择性地接受各种各样的环境刺激，并据此做出种种生理、心理上的反应。这种变化不仅反映在行为上，而且还表现为意识方面。也就是说，在实际工作中大家渐渐意识到了，人是生物机能与心理的有机整体。也就是说，对于一个身心统一体的人来说，其身体（生理）与精神（心理）如同一张纸的正反两面，是互为依存的。

此外，人们生理健康和心理健康之间存在着交互影响。人的生理健康状况如何，直接影响到人们对外界事物的认知水平和反应能力，从而间接地制约着人的心理状况。健康心理寓于健康生理之中，生理有缺陷，有病，常使人形成苦恼、不安的不良心态，影响着他们的情绪、意志和个性等，形成种种异常心理，继而影响他们的心理健康；而且心理长期严重不健康，如悲观、生气等，往往会引起生理异常而发病。所以说，通过体育来实现学生体质的增强，不能不谈怎样通过心理健康教育解决学生心理健康问题。没有给学生打下一个心理健康的基础，而去奢谈学生的身体健康，结果可能不尽如人意。

(三)条件的重叠

体育课程的主要目标之一就是培养学生的运动技能。运动技能或称动作技能，亦称心因性运动技能，英文为 psychomotor，包括 psycho 与 motor 两部分，意指此处的行为并非单纯外显反应，它受控于内部心理过程。心理学家们普遍认为，动作技能具有习得性，就是按照一定的技术要求进行，经过实践得到的快速、准确、顺畅而熟练的身体运动能力。正因为这样，不少研究者都认为提高动作技能水平，发挥人的身体潜能，必须依赖于良好心理素质的形成。如T.M.费茨（T.M.Fitts，1965）曾调查了40名教练员和体育教师，尽管这些人教授与训练的运动项目范围颇广，种类繁多，但他们一致认为，运动技能包括以下四种成分：

第一，认知成分。学习者对训练项目的了解是很有必要的，通常情况下，训练水平越高，越要有判断和应对措施，并且需要周密的计划。

第二，知觉因素。学习者必须精确地辨别需要作出反应的线索。

第三，协调能力。运动技能的习得需要各种能力的配合。

第四，个性因素。比如心情舒畅、自信心、自控能力较高、意志坚强等。

由此可见，良好的心理素质对动作技能的学习和掌握起着促进作用。因此，在教学过程中加强学生心理健康教育，提高其自我调控能力，是非常必要的。

三、大学生体育锻炼的心理健康作用

体育锻炼与心理健康互相制约、互相影响。体育锻炼不仅能发展学生意志，并在增进学生心理健康方面起到了积极作用。好的体育锻炼习惯对学生心理健康具有积极影响，而心理健康有利于完善人格。

(一)积极影响

体育锻炼不仅有益于身体健康，并对人们心理健康、社会适应等方面都有积极作用。体育锻炼是心理治疗的有效手段，体育锻炼能延缓甚至消除忧虑、抑郁类心理疾病等。在体育运动中进行心理训练，有助于人们提高对生活事件

的适应能力以及调节情绪、改善人际关系等。决定体育锻炼是否能产生较好的心理功效的，主要表现在以下四个方面：热爱运动，体会运动带来的快乐；选择适中的活动强度；每次至少20～30分钟；一周三次或者更多次，并经常坚持运动。进一步研究表明，仅坚持程度、喜爱程度、锻炼时间三个锻炼维度就可以很好地促进心理健康，而且这种贡献具有独立性，但是锻炼次数、选择强度、主观感觉三个维度并未表现出对心理健康的贡献特点，不能独立于其他因素而存在。健美操锻炼可以增强女同学自我效能感，促进心理健康。连续10周，每天进行60分钟中等强度的健美操锻炼，可以给女同学带来显著的效益。健美操运动时间因素直接影响自我效能感，且强度因素在心理健康上的影响显著。

1. 树立学生自尊

运动强度对于增强学生自尊有十分重要的意义。体育锻炼对学生心理健康水平提高的幅度随体育锻炼强度变化而变化，中等强度体育锻炼对心理健康的影响要优于小强度与大强度体育锻炼；中等偏下运动量的女生心理健康效应更好。运动量与锻炼持续周期对正性情感与负性情感的交互效应显著，锻炼持续周期对正性情感、负性情感主效应显著，无论运动的持续周期有多大的差异，运动量均会影响焦虑因子。运动量对抑郁因子没有显著主效应，而运动量和锻炼持续周期对抑郁有明显的交互效应。

2. 调整学生状态

（1）改善情绪状态

情绪状态是体育锻炼影响心理健康的最大标志。体育锻炼能通过调节人体内部心理活动来提高机体对外界刺激的适应能力，从而促进身心健康发展。人们处在一个纷繁复杂的社会之中，常常生出愁苦、紧张不安、压抑和其他情绪反应，体育锻炼又能使个体不快的情绪发生转移，使人脱离苦恼与痛苦。因此，体育与健康课程教学中必须重视对学生进行积极心理学教育，培养他们良好的心理品质。学生往往因为各种名目的测试、彼此之间的竞争等各种因素，不断出现焦虑反应，经常参加体育锻炼，可以减少自身焦虑反应。

（2）提高智力功能

经常进行体育锻炼，能增强智力功能，不但让锻炼者思维、想象力方面的能力增强，也能让他们的情绪变得稳定，性格变得开朗，这些非智力成分促进了人类智力功能的发展。

（3）培养坚强的意志品质

意志品质是个体果断性和坚韧性等方面的表现，意志品质不仅体现于战胜困难的过程之中，也是在战胜困难过程中养成的。体育锻炼不仅可以增强体质，提高身体素质和技能水平，而且对增强意志品质具有重要意义。在体育锻炼中，要不断地克服客观困难与主观困难，锻炼者越能设法战胜主、客观上的困难，也就越能形成优良的意志品质。由运动而形成的坚强的意志品质，可以应用于日常生活以及职场之中。

（4）消除疲劳

疲劳属于综合性症状，它关系到人们生理、心理因素，当一个人负面情绪大于积极情绪时，或一个人的任务超过了他自身的能力，就会在不知不觉中产生疲劳。学生的学习压力持续增大，很容易导致身心疲劳，从而产生神经衰弱等问题，保持良好情绪状态，参加中等强度体育锻炼，能让其身心放松。

（二）消极影响

只有适当地进行体育锻炼才有利于心理健康，反之则不然，若采取的锻炼方法与途径不够科学，不但危害身体健康，同时也会对心理健康产生消极影响，而这些消极影响主要体现在两个方面：一是心力耗竭，二是对锻炼产生依赖。心力耗竭是锻炼者由于运动过程中长时间不能战胜的运动应激所引起的耗竭性的心理和生理反应，属于运动的心理症状。这种病症不但危害锻炼者心理健康，也会直接影响锻炼者参与体育锻炼的积极性，甚至导致其不再锻炼。所谓锻炼依赖性，就是锻炼者在心理上、生理上对规律锻炼生活方式产生依赖，有积极与消极之分。具有积极锻炼依赖性者，可以控制锻炼行为，锻炼后产生积极情绪体验。消极锻炼依赖者，运动后常出现较多应激、抑郁等消极的情绪体验。

第二节　大学生体育锻炼与心理健康效应

随着现代社会发展，越来越多的人由于各方面压力而出现心理问题，其中大学生占据很大比重，由于这个群体的特殊性，其心理健康问题备受社会关注。本节以大学生体育锻炼心理效应的理论依据为切入点，探讨大学生体育锻炼与情绪因子、认知因子、人格因子、自尊因子的关系，最后分析大学生体育锻炼的消极心理效应。

一、大学生体育锻炼心理效应的理论依据

（一）体育锻炼短期心理效应

体育锻炼能够降低应激反应，调节情绪，增进心理健康，预防和治疗心理疾病，尽管这些都得到了大量研究事实的验证，但是我们依然无法真正地弄清楚其中介机制与影响因素。

体育锻炼的短期心理效应，即一次体育锻炼在短期内给个体心理状态带来的不稳定性。单次体育锻炼通常指运动时间为30分钟及以上的运动。当前对体育锻炼短期心理效应研究已取得一定的进展，并且已经形成一些比较成熟的理论。这些理论主要包括动力平衡理论、注意力干扰假说、胺假说、内啡肽假说。

1.动力平衡理论

良好身心状态在西方锻炼心理学中是一个被频繁使用的词语，也是一个很受重视的研究领域。它是一种个体良好的身心存在状态。安德鲁斯和怀斯把主观体验的良好身心状态定义为一种相对稳定的结构。该结构包括情绪良好身心状态和心理良好身心状态。情绪良好身心状态就是指良性情绪（或心境）优于负性情绪（或心境）。心理良好身心状态就是指生活满意度。个体对良好身心状态的主观评价既受到相对稳定的认知评价（如生活满意度）的影响，又受到更具动力性的情绪（或心境）状态的影响。

目前普遍的看法是，主观体验的良好身心状态可分为状态的、特质的和过程的三个方面。心境被认为是个体良好身心状态的方面。心境没有一般情绪那么强烈，也没有固定的目标，而是个体的评价性体验。个体良好身心状态体验的特质方面是指心境状态跨时间的平均水平，是个体最频繁体验到的心境状态。个体良好身心状态的过程方面则是指心境状态跨时间的变化性。个体倾向于把他们心境状态的水平维持在稳定的特质水平上，这一过程被称为心境的动力平衡模型。

为了维持个体特质的良好身心状态水平，其动力平衡模型中需具备平衡机制和失衡机制两种机制。平衡机制具有双向调节功能，维持一种中间的心境水平，即无论是负性心境还是过高的良性心境水平，最终都被恢复到心境的平均（特质）水平。失衡机制与平衡机制恰好相反，它使心境偏离特质水平。这种失衡对于心境长期固定在中间水平而无变化的个体而言是必要的。一些锻炼心理学家的研究已经证明，一成不变的生活环境并不一定意味着良好身心状态水平，平庸的日子会使人厌倦、抑郁。

按活动种类可将锻炼心理学中已有的关于心境的研究所得出的结论分为以下两类进行概括，同时也可以从中看出活动类型与两种动力平衡机制之间的关系。

（1）关于锻炼类型活动的研究——平衡效应

有氧锻炼、健身和耐力训练等非竞争性、无胜负结果的锻炼类型活动可产生情绪改善现象，即愤怒性、抑郁性、激动性、疲惫性和混乱性降低，精力提高。此外，在心境改善方面，愉悦性提高，愤怒性和抑郁性降低；在放松方面，平静性提高；在适当活跃方面，活跃性（经常但不总是）提高，疲惫性降低。这些结果与性别无关，而且初始心境越差，这些效果就越明显。不同的锻炼活动方式（如有氧舞蹈、游泳、跑步和举重练习等）的效果基本相同。

与无活动或研讨会控制组相比，锻炼活动组的心境变化明显得多，有时控制组还会出现负性的心境改变。锻炼活动组与放松控制组（如瑜伽、按摩）的效果相似。

因此已有结论认为，无竞争性的锻炼类型活动具有心境平衡效应。虽然这种效应也可能从其他活动中得到，但是锻炼活动的这种效应可持续的时间较长。

（2）关于竞技性体育活动的研究——失衡效应

有关竞技性的、存在双方竞争和胜负结果的体育活动对心境影响作用的研究认为，竞技性体育活动有两种不同的心境效果。第一种效果与心境的紧张、激动性维度有关，即在活动前活跃性、激动性有预期地提高，而在活动后又有大幅度的降低，这种现象就是紧张循环。紧张循环与活动（比赛）的胜负无关，对心境具有失衡效应。第二种效果与心境的评价性维度有关，即胜利后的喜悦、愉快和失败后的愤怒、抑郁。

这类活动的心境效应与性别、年龄无关，且它们的比赛情境比其训练情境具有更明显的影响。很多研究都支持了竞技性体育活动具有的心境动力平衡过程中的失衡效应这一假设。对于索然无味的单调生活方式来说，这种失衡效应的意义是显而易见的。而对于第二种效果，不可避免的胜负结果致使胜负双方体验不同的心境状态，这使竞技类型的活动在改善心境状态方面存在先天的缺憾，尤其是当这种活动的竞赛意味很浓的时候。

2.注意力干扰假说

体育锻炼可以使人驱散烦恼、沮丧，让消极情感宣泄出来，让紧张的心情放松下来并趋于平稳。因此，体育锻炼是缓解人在长期的工作生活中所发生的焦虑和抑郁情绪最有效的方法之一。同时体育锻炼还能对郁积在身体上的多种情感提供一个公开的、合理的发泄口，使遭受挫折后产生的冲动通过运动得到升华和转移。一些研究表明，慢跑、游泳等活动能使锻炼者处于自由联想的状态，这些都是一种积极的心理调节方法，有助于消除或缓解心理压力。单调重复性技术动作下的沉思、思考和其他思维活动，能促使思想上自省，精力上恢复。对于那些参加集体性项目（如篮球、排球等）的锻炼者而言，他们不得不全心投入到活动中去，从而无暇顾及那些使他们感到忧虑的事件。这种有效地集中注意力、转移注意力的体育锻炼，能调节情绪，从而对锻炼者心理健康有益。

经常进行沉思或者安静的休息与体育锻炼一样，都可以降低人的焦虑。但又有研究显示，体育锻炼在减少消极情绪方面比放松练习或其他能分散注意同时又令人感到愉快的活动更有效。不论什么样的研究结果，体育锻炼的心理效应已被大量证实。

3. 胺假说

胺假说以神经递质类化学物质分泌增多与心理健康状况好转为基本前提。神经递质有着神经元间和神经末梢及肌肉间信号传递的功能。研究表明，抑郁个体经常出现胺分泌减少的情况。而在对运动的大鼠的研究中发现，去甲肾上腺素有提高的现象。从理论上分析，体育运动刺激了去甲肾上腺素和血液中复合胺等物质的分泌，进而对个体的心理产生影响。

4. 内啡肽假说

内啡肽假说认为，体育运动可以促进大脑分泌一种具有吗啡作用（镇痛并有愉快体验）的化学物质——内啡肽。这种内源性吗啡样多肽（OLS）是从脑、垂体、肠中分离出来的一种多肽，具有吗啡样活性，是体内起镇痛作用的一种自然神经递质，其镇痛作用可持续 3~4 小时，并可使个体出现欣快体验。人在进行长时间（60 分钟以上）运动时，体内内啡肽能保持较高水平。内啡肽分泌所引起的这种欣快感可以降低抑郁、焦虑、困惑以及其他消极情绪的程度。这一假说对于那些运动成瘾现象的解释十分适合。但目前对这一假说的实验证据还不多。

（二）体育锻炼长期心理效应关联理论

体育锻炼的长远心理效应、有计划地进行体育锻炼对于个体一些稳定心理特质的形成有积极的作用。长时间、有计划地进行体育锻炼，通常为每周二至四次，一次约 30 分钟，锻炼周期为 8~10 周以上的体育锻炼。关于长期体育锻炼的心理效应，有学者认为，体育锻炼可以增强或提高学习成绩、做事和决定的果断性、信心、情绪稳定性、独立性、智力水平、心理控制源内控倾向、记忆力、良好心境、知觉能力、交往可接受性、积极身体自我评价、性生活满意感、自我良好感、工作效率等。还有学者认为体育锻炼可以从提高唤醒水平、降低应激反应、消除疲劳、增加社会联系、治疗心理疾病等方面影响心理健康。体育锻炼产生长期心理健康效应的理论主要有：自我效能理论、社会交互作用假说、心理社会应激反应假说、自尊假说、运动愉快感假说等。

1. 自我效能理论

自我效能感是自我效能感理论的核心内容。它不仅包括一般能力方面的知识和技能，而且还包含着个体所具有的与这些能力有关的情感体验。自我效能概念是班杜拉在 1977 年提出的，并且不断地给予充实。班杜拉觉得有人明显知道该怎么办，但是从行为表现来看，并不是很活跃。原因在于他们不能确定所应做出的选择是否有利于实现目标或达到目的。源于内部自我参照因素在知识和行为间起部分中介作用。这里面至关重要的一个要素就是，人是怎样评价他的才能的，这一判断对他们的动机与行为又是怎样发生作用的。所以班杜拉觉得，人对于自身能力的评判，在人的自我调节系统中占有主要地位，并从中引出自我效能感这一概念。

班杜拉认为效能感主要是通过四种信息源来发展的：一是掌握经验，个体的成功将树立坚定的效能感信念，失败则会削弱它；二是替代经验，类似于自身的榜样成功，可以增强个体在同类事件中的效能感，反之，则使个体效能感判断下降；三是社会说服、社会评价和他人言语的说服，会影响个体效能感的建立；四是生理和情绪状态影响个体效能感的判断与个体效能信念的建立。①

与自信、自尊一样，自我效能感是个体自我认知心理结构中的重要组成部分，它是通过自我评价、他人评价以及社会对个体的学识、地位、能力等认可的共同作用所形成的。也正是互有差异的自信、自尊和自我效能水平才最终使一个人的心理素质结构区别于其他人。一些研究显示，大学生的自信、自尊、自我效能水平和心理健康之间在许多方面都普遍存在着相关关系。这些都说明自信心是一种积极有效的心理品质，对人的心理活动具有重要影响作用。即大学生更具有高度自信和自尊的特点，会帮助个体对其行为与心境进行较好的调节。同时，自信心、自尊及自我效能感是一个人心理健康状况的综合指标。同样地，若大学生个人心理健康状况较差，亦不利于他们树立好信心、自尊与自我效能感，也不利于大学生这些素质能力的巩固与发展。因此，在培养大学生

---

① 阿尔伯特·班杜拉.自我效能[M].缪小春,译.上海：华东师范大学出版社有限公司，2022.

积极健康向上的自信心、自尊和自我效能感时，应注重提高大学生的自我调节能力。反过来讲，如果大学生的信心、自尊和自我效能感较低，那么可能使个体适应环境能力下降。一旦个体面临或者遭遇某些挫折时，容易形成并表现出明显的人际敏感、强迫、抑郁、焦虑、躯体化、恐惧和偏执等不健康的心理行为倾向，对个体心理健康产生不利影响。

2.社会交互作用假说

体育教学是源于生活又高于生活的一种特殊活动，区别于引起人心理障碍的活动。由于体育运动本身所固有的特点决定了它不可能完全消除人的心理问题，但可以通过一些适当方法来调节，以使运动者保持心理健康水平。比赛场上人们在互动的时候，很少使用语言，他们往往是以神情、眼神和其他非语言性的形式进行沟通。人们之所以采用这样的沟通方式，是因为表情或者身体活动与语言同样有传达意思之功能。透过彼此的眼神，可以了解喜怒哀乐之情，同时也可以依据对方的行为动作了解其用意。比赛时，经常能见到运动员用拥抱和拍肩的方式表达彼此间的情感。在体育运动中还存在一种特殊的人际交往方式———"手拉手"。这一特殊交往形式，使人们在交往中，不因情感深浅、身份高低、年龄大小、相貌俊丑而产生戒心。这种由运动而产生的崭新的人际关系，是随运动时间的推移而变化的，且呈持续加强的特点。这一得到强化的关系，日后可作为一种体验，而且这一体验在随后的生活交往过程中，也能较好地调节个体心理。这种通过运动获得的心理调节功能不仅能提高个体的适应能力和工作效率，还能够帮助人们更好地适应新环境，保持健康快乐的情绪状态。尤其对于有心理障碍的病人，运动能使他们改变对事物的态度与观念，从而达到治疗心理障碍之功效。所以，社会互动假说的基本前提是在体育锻炼中与朋友交往，让人产生愉悦的心情，对提高心理健康有一定效果。研究证明，不管是个人训练，还是集体训练的方式，都可以在无形中改善人的心理健康状况。尽管已有研究结果显示，独自进行体育锻炼的效果要明显优于集体锻炼的效果，但是，我们也不应该因此就忽视集体活动所带来的影响，特别是集体运动对老年人的锻炼效果。

3. 心理社会应激反应假说

心理社会应激反应假说认为，有氧锻炼有助于改善个体对心理社会应激源的反应，从而有助于增强个体抵抗应激的能力。该假说主要是基于以下两种观点：一是应激源和体育锻炼的交感反应和心血管反应较为相似；二是有氧锻炼可以使个体心血管系统的机能得到增强。就体育锻炼缓解长期心理应激与紧张状态的机理而言，可将前者视为后者的"缓冲器"与"释放通道"。

为了解有氧锻炼对个体面临应激源时所产生的交感反应的影响，绝大多数研究采用了短期有氧锻炼计划（时间为7~20周不等）。其中，一些研究使用了间接性的交感反应指标，一些研究则测量了有氧锻炼前后血浆肾上腺素的浓度。尽管这些研究的目的很相似，几乎都是为了验证有氧锻炼对个体应对心理社会应激源的交感或心血管反应影响的假设，但许多研究得到了不同的结论。这可能是研究所选择的被试特征、应激源的类型、交感或心血管反应的测量方法和有氧锻炼的种类等方面不同所造成的。

此外，还有一些研究比较了有氧锻炼和其他形式的锻炼对个体面临心理社会应激源时交感或心血管反应的影响，但所得到的研究结果也不尽相同。一部分研究表明，有氧锻炼组和无氧锻炼组在锻炼后的交感或心血管反应方面并无明显差异；也有研究则显示，有氧锻炼组比无氧锻炼组在锻炼后对心理社会应激源表现出更低的心血管反应，这一发现可能说明了有氧锻炼所导致的心血管系统的反应，但不能说明被试对应激源的心血管反应的变化；有学者指出，与放松训练组反应，有氧锻炼组在锻炼期间心血管反应较低，但活动水平则无变化；还有一些研究则说明，与沉思训练组或欣赏音乐组相比，有氧锻炼组在锻炼后而不是在锻炼期间心率和皮电反应较快。上述这些研究可以表明，有氧锻炼后，被试对心理社会应激源的心血管反应是不一样的。以不明确的高血压被试为研究对象的研究显示，被试在有氧锻炼后血压降低。但以正常血压被试为研究对象时，研究结果并不支持这一结论。

4. 自尊假说

很多研究者都致力于与应对方式有关的自尊领域的研究，这些学者认为当一个人的自尊受到严重威胁的时候，他们的应变能力会明显提升。与高自尊者相比，他们更易恐惧，且自我评价较低。故从提高应对能力出发，自尊的增强是体育锻炼形成良好心理健康效应最主要的机制。锻炼心理学研究显示，经常进行体育锻炼，可以产生正向的身体表象和身体自尊，提高个人自我效能感，继而帮助自尊水平提升。一项研究显示，自尊与体育锻炼呈正相关，即积极参与体育锻炼者比不参与体育锻炼者的自我感受和评价更加积极，其中女性比男性的相关程度更高。这样的结果，也许是因为体育锻炼带来了内在的快乐与幸福，还可能是因为女性在活动上较男性更具感情色彩，自我投入倾向较强。瑞克曼（Rychman）等人设计了五个身体自我效能量表（PSE），要求被测试对象对自身的运动能力，如走、跑、跳等进行评价，再做一定时间功率的自行车运动，运动结束时，再做量表测量，研究发现，经过运动，个体自我效能显著提高。徐霞等运用身体自我知觉剖析量表（PSPP）进行的研究表明，体育锻炼对于大学生自我价值感、运动能力、身体状况素质都具有一定的影响，经过运动之后他们的这些素质得到了不同的提高，体育锻炼使大学生自尊感增强。[①]

体育锻炼之所以能积极地影响自尊，可能与其生理、心理与社会三者有重要的关系，如身体状况真正好转、外界正面评价增多、锻炼者对身体满意度提高等，均能正向影响自尊。此外，个体在锻炼过程中出现的各种消极体验同样会引起个体的情感反应，即自我效能感的降低，进而导致其自尊水平下降。应该指出，自尊增加与消极情绪降低有密切关系，如果一个人的消极情绪逐渐降低，积极情绪逐渐上升，这就表示自尊得到提高。当然，关于自尊的假说还仅仅是一个假设，尚需进一步的实验验证。

5. 运动愉快感假说

（1）运动愉快感的内涵

运动愉快感，是个体参加锻炼的首要原因，它不仅对人的行为起促进作用，而且也能影响人们的态度和动机，从而促进体育活动的进行。运动愉快感并不

---

① 郭本禹，姜飞月. 自我效能理论及其应用 [M]. 上海：上海教育出版社，2008.

仅仅是一种积极情绪，还达到最优化心理状态；运动愉快感也不同于一般意义上的积极情绪和消极情绪。运动愉快感，作为一种最优化状态，具有排他性结构特点，并非包含性特点，换句话来讲，参加体育锻炼带来的锻炼愉快感，仅仅是锻炼本身造成的，而非其他条件所致；内部动机与运动愉快感之间存在差异，但是还是存在着相同之处，运动愉快感实质上就是心理上的顺畅状态。

总之，运动愉快感本身就是一种运动心理过程，就是锻炼最优化心理。它与人的生理机能有密切的关系，但更主要的还是与人们对体育运动的认识有关。运动带来的运动愉快感，极大地影响着个人的心情与情绪，它也会引起身体机能的变化和提高机体免疫力，从而有利于保持身心健康，促进社会适应性提升。于是运动愉快感假说应运而生，体育锻炼之所以能调节情绪，加强心理健康，防治心理疾病，其中一个重要原因是体育锻炼者经历了运动愉快感。

（2）与运动愉快感相关的因素

①运动愉快感与运动强度

运动强度对体育锻炼是否能产生运动愉快感具有核心作用，它是实现好的锻炼效果的关键所在。因此，在教学和训练中都应注意掌握适宜的运动强度。通常我们是以锻炼后的即刻心率来判断锻炼强度。

②运动愉快感与锻炼的坚持性

个人参加运动是否会带来运动愉快感，对于他们锻炼坚持性高低有较大影响。愉快感指的是个体在参加某项体育运动时感到愉悦和满足，从而保持持续而持久地进行体育活动的心理状态。愉悦或者更为宽泛的内部动机构成了所有休闲活动最重要的特征，个体从懂事的那天开始，积极主动地提出参加体育锻炼，其主要原因是他感受到了快乐。在体育心理学中，愉快是一种积极的情感状态，它使人们愿意从事某种活动。研究表明，尽管对于体育锻炼的新参与者来说，是以健康为主要宗旨，但是愉快感却是锻炼者能长时间参加锻炼的重要原因。

③运动愉快感与运动时间

运动时间还应视个人情况加以区分，一般是20~50分钟，在这个范围内可以有不同程度的运动量。对一些体能比较强的人，每项锻炼可持续30~60分钟。

在保证运动量适当、强度适宜和方法得当的前提下，选择合适的持续时间进行练习，可以更好地达到增强体质和提高身体素质的目的。另外，根据个人具体情况的不同，运动的频率也要不同，通常一开始参加锻炼的时候，一周3~4次比较合适，宜采用间歇安排。

④运动愉快感与运动动机

获得运动愉快感是锻炼者长期坚持体育锻炼的主要动机。缺乏愉快感或者兴趣，是导致锻炼者放弃体育锻炼的重要因素，由于缺乏运动愉快感，有50%以上的人在获得理想的健康效果前就放弃了运动。

⑤运动愉快感与运动方式

从运动生理学有氧代谢角度来说，对于促进健康来说行之有效的运动方式是：有氧运动、无氧运动与有氧无氧混合运动（简称混氧运动）。其中有氧运动是最基本、也是最为重要的一种。为了获得运动愉快感，应以有氧运动为主，混氧为辅。有氧运动的项目包括步行、慢跑、骑车和郊游，混氧运动包括足球、篮球和排球。

⑥运动愉快感与自我效能

所谓自我效能，就是一个人在具体情境下，对于自己是否具有进行行为操作的能力所寄予的希望，我们也可以将其称为"效能期望"。自我效能感与运动技能学习、体育锻炼和健康水平等有着密切的关系，而其中自我效能感起着重要作用。班杜拉的自我效能理论指出，在具体情境下，效能期望会对个体情绪产生影响。在此基础上，许多心理学家提出了不同的假设来解释这种差异现象。另外，锻炼心理学领域中的部分研究成果支持了这一学说。比如研究表明，高自我效能的老年人比低自我效能的老年人在锻炼后更容易产生积极的情绪。

⑦运动愉快感与社会环境

社会环境不仅对体育锻炼心理效应产生影响，还影响运动愉快感的产生。来自锻炼指导者、同伴、观众等的社会支持是个人参加体育锻炼和坚持锻炼的重要因素之一。在体育活动中，人们通过各种方式获得他人对自己的肯定或赞许，从而促进了锻炼行为的发生。其原因可能在于，心理相融的锻炼同伴较容易促使锻炼者形成锻炼愉快感。

一些学者在体育锻炼的社会环境下，研究领导行为与风格对于锻炼心理效应、运动愉快感等方面的作用，造就出锻炼指导者的两种截然不同的行为与作风。对数十位女大学生进行试验，将其分为数量相等的两组，分别加入"丰富"型领导组、"空洞"型领导组，主要测量工具是锻炼感觉量表（EFI）。在控制了个体年龄、性别、锻炼动机等变量之后，比较了两个群体的运动愉悦感及其与主观幸福感之间的关系。结果显示：参加"丰富"领导组被试者的运动愉快感要高于"空洞"领导组被试者，"丰富"型领导组中的被试者锻炼后积极参与感和振奋感都有显著提高。

二、大学生体育锻炼与情绪因子

（一）情绪的生理机制

1. 大脑皮质与情绪因子

一些研究发现，与左半球言语中枢对称的右半球对应区受损的患者能理性地说话，但是这类人却缺乏言语的情绪色彩，说话的时候好像是在计算机的控制下，给人一种死板的感觉。这似乎表明，言语在内容与结构上都是经过大脑左半球处理的，而语言的情绪色彩则受大脑右半球支配。这两个部位均受损伤的病人虽然也能表达自己的情感，但是他们对他人的情绪却不敏感。还有一个案例研究结果表明，右脑皮质前部受损患者无法通过面部表情及语声变化表达自己的情感，但是可以读懂别人的表情；右脑皮质后部受损患者则可以表达自己的情感，却无法辨认表情；这两个部位均受到伤害的患者，既无法表达自己的感情，也无法辨认感情。

对于正常动物而言，其情绪反应需大脑皮质的参与。研究显示，边缘系统亦受大脑皮质神经回路支配。所以情绪产生的脑机制似乎可以归纳为：情绪刺激感知产生于大脑皮质相应部位，再把冲动转移到下丘脑及边缘系统，引起自主神经系统生理反应，出现一些特殊的情绪行为。与此同时，大脑皮质上也会出现关于情绪状态的认知。

2. 下丘脑与情绪因子

很多动机与情绪行为的发生都来自下丘脑。摄食中枢、厌食中枢及饮水中枢均位于下丘脑，这几个中枢的兴奋，均和情绪反应相关。另外，研究人员还利用尖端埋在下丘脑中的电极，对那些并没有被麻醉的动物进行逐点刺激，研究发现，动物的行为反应主要分为两种类型，一种是抗争，像发怒的模式，另一种是逃避，像恐惧的模式。所以人们把下丘脑视为主宰愤怒与恐惧的枢纽。

3. 边缘系统与情绪因子

边缘系统由边缘皮质和与其相关的主要结构组成。边缘系统对情绪变化具有一定的调节作用，如抑制焦虑、抑郁、紧张及恐惧等。刺激边缘系统的不同区域而产生的情绪反应非常复杂，既可呈现快乐，也可呈现愤怒的反应等。利用埋藏电极对边缘系统部分区域（如中隔区和下丘脑）进行刺激，可以生成"奖赏感觉"，动物自我刺激行为较强；当刺激邻近的其他部位时，就会出现"惩罚感觉"，动物具有躲避行为。所以边缘系统、下丘脑等这些区域就叫作快乐中枢、痛苦中枢。

4. 自主神经系统的功能因子

在情感状态下，在自主神经系统的支配下，机体内脏器官及内分泌活动均可发生改变。比如生气的时候血压会升高；害怕的时候，呼吸、脉搏都会加速，胃会停止运动，消化液亦不再分泌，甚至冷汗淋漓、汗腺分泌改变等等。多数与情绪相伴的生理变化都受自主神经系统的支配。当这种神经冲动被人体反射地传到大脑中去之后，就形成了一个复杂的中枢神经网络系统，这个网络将所有这些刺激整合成一种统一的整体，以维持人正常的心理状态。在自主神经系统中，交感与副交感神经系统一起统治同一脏器，却起到了拮抗作用。

总而言之，情感的生理机制非常复杂，是大脑皮质与皮质下部位共同作用的产物。皮质下部位对情绪行为具有重要的影响，而那些情绪认知、情绪控制等都是大脑皮质的功能，大脑皮质对人们的感情起支配作用。

（二）情绪与生理反应

人类的心理活动以生理活动为基础，任何一种心理活动都会伴随某种生理活动，情绪也不例外，某种情绪总会引起某种生理活动的变化。情绪导致的机体生理变化与体育活动时的机体生理变化非常相似，如心脏和血液循环变化等。

（三）体育锻炼与情绪

1. 应激

应激是一个复杂的心理生物过程，应激状态下肌紧张程度增加。因此，放松肌肉可降低应激的生理反应。放松也可看作一种技能，即主动释放由任何原因引起的肌紧张。

在这里应该特别注意的是，这一概念里提到的环境是被感知的，个体的能力是他自己认为的，强调的是认知。导致应激产生的主要因素不仅有客观的，还有主观的，后者甚至是更主要的。因此，第一个提出应激概念的塞里（Selye）指出：关键不在于发生了什么，而在于你如何看待它。

（1）体育锻炼与应激

体育锻炼后，心理应激情境下交感神经并没有发生清晰的、明确的变化。许多研究结果并未支持体育锻炼在降低心理性应激反应方面所起的作用，锻炼并不会改变个体在安静状态下交感神经活动的指标。绝对心率减少可能是由于安静状态下副交感神经系统占优势，而当面临应激源时，存在出现少量交感神经反应的可能性。测量心率变化其实是对副交感神经系统作用影响下心脏活动水平变化的一个间接反映。对于锻炼有素的个体而言，在应激源情境下，心率变化反应更可能是副交感神经系统控制功能的消退，非交感神经系统影响功能的增加。如果心率的增加更多归因于副交感神经系统功能的消除，而不是交感神经系统功能增加的话，针对应激源将只会有少量的儿茶酚胺分泌，在理论上，这将导致稳态负荷的降低，最终减少患病和致障的可能。

（2）应激的影响因素

应激的影响因素有很多，主要有客观因素和主观因素两大方面。

①客观因素

客观因素包括体育锻炼的社会条件和自然环境因素。比如体育锻炼时的天气情况、体育锻炼地点的交通便利情况、饮食状况、体育器材设施状况、对手的技术水平的高低等都是影响应激的客观因素。

②主观因素

主观因素包括体育锻炼者的身体状况、技术水平、心理素质和对体育价值的认同等。

在以上两个影响因素中，主体因素较客观因素重要，外因毕竟要通过内因起作用，但锻炼者整体的应激水平取决于客观因素和主观因素的相互作用。

2. 心境状态

相关学者曾运用心境状态剖图（Profile Of Mood States，简称 POMS）就参加体育活动对心境所产生的影响这一问题进行广泛研究。研究对象有运动员和非运动员，研究选择的运动项目有游泳、跑步、功率自行车和专门设计的运动课程，其中以跑步为最多。研究涉及活动的量、强度、持续时间、环境等变量。心境状态剖图有 6 个分量表，共 65 个心境描述形容词。6 个分量表是 T（紧张—焦虑）、D（抑郁—沮丧）、A（发怒—敌视）、V（精力—活力）、F（疲劳—迟钝）、C（慌乱—迷惑）。除了精力—活力这个分量表，其余均表示负性情绪。

运用心境状态剖图研究体育运动对心境的影响可从两方面进行：一是某次活动前后心境状态的比较；二是一段时间活动（数周、数月）前后心境状态的比较。研究结果可归纳为以下三个方面：

第一，多数检验即刻效应的研究都获得了运动后心境状态发生良好变化的结果，但也有运动后无变化的结果。因此，目前得出因果关系的结论还为时尚早。

第二，纵向研究的被试选择至关重要，身心健康的正常人，本身心境状态就是积极的。因此，运动的效果对他们是有限的。

第三，运动强度是研究心境变化的一个重要变量。大强度的运动易使被试感受到紧张和疲劳，积极的心境变化只在较小强度运动后才会出现。

3. 抑郁

抑郁是指以心境低落为主要特征的一种精神状态。人的心情持续偏低两周以上，不管是否有理由，医学上会将其判定为有病理性忧郁；若持续一个月以上，可定性为忧郁症。它的临床特点是悲观、忧伤、低自尊、绝望等。与此同时这部分人也表现出犹豫不决、交往回避与厌世。

1970年，摩根等对男性抑郁病人进行了调查，参与者被分成两组，一组从事慢跑、游泳和循环训练等多种健身锻炼，另一组安排坐式的生活方式。六周后对比结果发现，参加健身运动组身体状况好，但坐式生活组并非如此，而两组患者抑郁程度调查中没有变化。不过，其中11名被测试者指出，参加研究早期出现抑郁，但是经过体育锻炼后，这种情况已有所减少。这一发现佐证了体育锻炼对抑郁有改善功效。

斯科尔（Scheire）等人的研究发现，乐观与低水平的抑郁相关，有乐观倾向的大学生，参加体育锻炼的时间比有悲观倾向的大学生多。长期的体育锻炼或其他干预策略会以多种方式影响到个体乐观倾向的形成，这是因为体育锻炼为个体提供了掌握体验；通过对焦虑、抑郁的影响，体育锻炼会影响到乐观的形成；长期的体育锻炼能够降低特质焦虑与抑郁。

在西班牙的一项研究中，让60~80岁的老人参加每周2次，每次1小时，共9个月的体育锻炼，结果发现70%的被试报告抑郁降低了。另外，美国威斯康星大学教授兼心理治疗师瑞斯特在运用跑步对抑郁病人进行治疗后得出结论：跑步对许多抑郁者来说，似乎是合理的药方，因为它既不贵，又不像其他药那样会产生副作用。[1]

抑郁是以压抑占主导的情绪状态，而体育运动是以兴奋和充满活力为特点的活动。因此，后者会对前者产生积极的效果。一个对包含261项研究的元分析发现，79%的研究结果都支持体育锻炼能够降低抑郁，体育锻炼对所有年龄组的被试都有抗抑郁的效果。[2]

4. 焦虑

（1）焦虑的分类

根据人类反应特征，可以将焦虑划分为认知性焦虑与躯体性焦虑。认知性

---

[1] 刘微娜. 抑郁症的运动干预 [M]. 北京：知识产权出版社，2017.
[2] 萨库索，临床心理学 [M]. 卡普兰. 黄蘅玉，译. 北京：科学技术文献出版社，1991.

焦虑表现为对自身或外部刺激相关的令人不快的情感的意识知觉。认知性焦虑是焦虑心理成分的一种体现，是由个体对活动成功的担忧及消极的自我评价而引起的。认知性焦虑主要是由不正确的认识引起的。躯体性焦虑是有关焦虑体验的生理与情绪因素，直接由自发的唤醒所引起，具有心率加快、呼吸急促、手心出汗、肌肉紧张和全身颤抖等生理特征。

根据稳定性可分为状态焦虑和特质焦虑。状态焦虑是由紧张和忧虑所造成的一些可意识到的主观感受，是高度自主的神经系统活动的一种瞬间情绪状态。它具有不同的强度，随时都在波动。其程度取决于对活动情境的认识、对自己运动技术水平的评价、活动经验等因素。特质焦虑是指焦虑倾向中的一些相对稳定的个性特征，是人感知某些情况后的反应趋向之间的差别。这些情况往往是焦虑状态和恐怕程度逐渐提升的先兆。特质焦虑反映了个体对于状态焦虑在不同压力条件下反应意向之间的差别。特质焦虑具有动机的作用，是后天习得的行为倾向。

根据表现内容可分为现实性焦虑和神经过敏性焦虑。现实性焦虑是由客观现实对自尊心的威胁引起的。如学生面对新学的、难度较大的并带有一定危险的技术动作，而自己渴望成功以得到教师和同学赞许时产生的焦虑。神经过敏性焦虑是一种不仅对特殊情境或事件有焦虑反应的心理状态，而无论在什么条件下，都可能产生焦虑反应，且焦虑的水平较高，对正常活动行为造成严重的影响。它是一种由心理、社会因素引起的忧虑、挫折感等。这种焦虑对运动效能的发挥有不利影响，尤其对于较生疏或需依靠随机应变来表现的技能，具有更大的抑制作用。

（2）体育锻炼与焦虑

体育锻炼对焦虑的控制和对抑郁的控制是同时产生的，但可能存在一点不同，这就是无氧练习可有效地降低抑郁，却不能有效地降低焦虑。如果希望改善整体的情绪状况，最好采用有氧练习。在个体进行20分钟自认为是低强度的抗阻力练习后，状态焦虑水平出现下降，而当个体进行自认为是中等强度或高强度的抗阻力锻炼后，状态焦虑水平则出现了上升现象。

体育锻炼对焦虑和抑郁的预防、调节治疗作用基本是可以确定的。尽管目前对一些心理疾病的病因，以及体育活动对心理疾病的减缓和消除的机制尚不完全清楚，而体育锻炼活动这一心理治疗手段，却被国外广泛采用。

三、大学生体育锻炼与认知因子

（一）认知概述

"认知"是心理学界流行的心理学术语，但中外心理学家对"认知"一词的运用，其意义常常是各不相同的。从字面上理解，认知就是人们对客观现实及其发展变化所反映出来的心理状态。广义上的认知和认识的含义是相同的，也就是说人通过感觉、知觉、表象、想象、思维及其他形式掌握客观事物本质与规律的一种认知活动。从狭义上讲，认知和记忆的意义是基本一致的，指人对信息的获取、存储与提取等工序。认知是一个人最主要的心理活动之一，它集中地反映了人类意识。认知之于人类情感、行为在其中起着重要调节作用。认知心理学关于认知活动的研究，主要涉及以下四个方面：

1. 认知的过程

获取信息是为了接收对感官产生直接影响的刺激信息。感官的功能是获取信息。感知过程实质上就是对信息进行选择和加工的过程，即把信息加工成人们需要的形式的过程。信息编码就是把一种形式的信息转换成另一种形式的信息，有利于资料的存储与利用。个体在知觉等认知活动中都存在着与之相适应的信息编码方式。

信息的存储是指信息在人大脑内的维持。就记忆活动而言，信息存储形式多样。所谓信息提取，是指根据某种线索，在回忆中找出所需的材料，并把这些材料拿出来。信息的利用是指运用抽取出的信息来认知加工出新的信息。

从认知过程来看，通过对资料进行编码，外在对象的属性可转化为具体形象，并以语义或者命题的形式保存在大脑之中。这些特定的图像、语义或者命题，实际上是外部客体所具有的属性在个体心理中的体现，就是客观现实反映到头脑里，认知心理学将这些称为心理表征或表征。表征是人们对外界刺激进行知觉和记忆时使用的方式，它与人类的意识活动有着密切的联系。通常，表征是指把外部客体通过某种方式呈现给脑进行信息加工。

2. 认知的风格

所谓的认知风格主要指的是个体习惯化信息加工的方法，也叫认知方式。认知风格由个体经过长期认知活动而形成的稳定心理倾向，表现出偏好某种信息加工方式。个人往往没有认识到他们有这样的偏好，如获取信息后，有的人喜欢在外界的环境里找，容易受外部环境影响，有的是对认知目标自身进行探究的，不容易受到外界环境影响；在答题过程中，有的人习惯快速答题，有的人则比较倾向于有把握的时候才会回答这个问题；读材料的时候，有的人注重细节，有的人注重整体。

不同认知风格学生的学习方式、学习兴趣与适应教师教学方式上有一些不同，这些不同将影响学生学业成绩。应提出认知风格无绝对优劣之别，无论哪种认知风格，都存在着优势与缺陷，教师只要能够根据不同的认知风格特点来实施教学，无论是哪种认知风格，都会让学生获得不错的成绩。

3. 认知的策略

所谓认知策略，就是引导人的认知活动，使其变得更加有计划、有诀窍。人脑对信息的加工能力有限，不能一次完成多项作业，如果想要使海量信息得到平稳处理，人们就必须采用一定的策略，在某一时刻选择特定的信息进行操作，并且把整个认知过程中大量的运算整理在一起。这样，就形成了一种有序和连续的心理状态，从而保证了人们能够迅速而正确地完成各种复杂的认知任务，所以认知策略对于有效地开展认知活动来说至关重要。那么，什么叫认知策略呢？我们通常所说的"如何解决问题""如何保持注意""如何记忆"都属于认知策略。目前认知心理学中关于记忆与思维之间策略的研究已经取得阶段性的成果，如复述策略、精加工策略等，这些已经被心理学界认可。

4. 元认知

元认知主要指的是人对自身认知活动的认知，通常情况下它包括三个心理成分：第一，元认知知识，它主要是指个体认识自身或者他人认知活动方面的知识；第二，元认知体验，它是指与认知活动相伴随的认知体验与情感体验；第三，元认知监控，指人的认识主体的认识过程，针对其认知活动，实行有意识地监督、控制、规范。元认知监控，是元认知中的主要心理成分。

（二）体育锻炼与认知

以下主要介绍体育锻炼与注意、记忆、思维，体育锻炼与感知觉在前文已详细讨论过，在此不再赘述。

1. 体育锻炼与注意

（1）注意概述

注意是人的心理活动对一定事物的指向与集中。指向，是指在特定时间内心理活动有选择地朝向一定的事物；集中，是指心理活动深入所指向的事物而离开其他事物。指向性和集中性就是注意状态的特点。

注意的对象有时是客观现实中的事物和现象，有时是自身的行为和心理活动。注意不能脱离感知、记忆、思维、想象等心理过程而独立存在；离开了这些心理过程也就没有注意状态；一切心理过程都是在一定的注意状态下进行的。

注意从发生的方式看，是有机体的一种定向反射。当出现新异刺激物时，有机体的感觉器官就朝向它，以求探究它。同时大脑皮层的相应区域产生优势兴奋中心，这是对新异刺激分析综合的核心，对刺激物的反应较为鲜明清晰。由于负诱导的作用，优势中心的兴奋越强，周围区域的抑制程度越深。这样，未被注意的事物则不能清晰地被意识到，出现对这些事物视而不见、听而不闻的现象。现代的许多研究表明，脑干的网状结构、丘脑与大脑皮层相联系的系统都和注意紧密相关。此外，神经介质儿茶酚胺、多巴胺等与皮层觉醒状态有关，也影响着注意状态的稳定性。

（2）注意的类型

根据产生和保持注意时有无目的以及抑制努力程度的不同，主要分三类：

①无意注意

无意注意指无预定目的、无须意志努力而进行的注意，故又被称为不随意注意、被动注意。它是初级的注意，引起无意注意的原因主要在于客观方面，即刺激物本身的特点，那些强烈的、新异的、对比的、活动变化的刺激物，容易引起无意注意。如体育场里观众的呐喊声、某个运动员的奇装异服、高难度的惊险动作等都容易引起人们的无意注意。还有那些能满足人的需要、符合人们的兴趣、和人的情感相联系的事物，容易引起无意注意。如球迷看报纸，体坛新闻最易引起他的无意注意。此外，人们的身体状况、情绪状态等都影响着无意注意。

②有意注意

有意注意，就是有意识、目标明确，同时也需要有某种意志努力去关注，因此，又被称为随意注意、主动注意。从某种意义上来讲，有意注意是一种更高层次的关注。引起和保持有意注意状态除了尽可能排除无关事物的干扰，主要需依靠主体的努力，加深对活动目的任务的理解，培养对活动对象的兴趣，增强个人和干扰作斗争的意志品质。例如，在心理素质要求较高的比赛项目（体操、乒乓球等）中，运动员需排除各种影响比赛的因素，不去思考与比赛无关的问题，专注于自己的比赛，保持较高的有意注意，通过自己的努力，就可能取得良好的运动成绩。

有意注意与无意注意的区别主要有：

在目的性上，有意注意目的明确，自觉性强；无意注意无预定目的，自觉性差。有意注意比无意注意高级。

在持久性上，有意注意需要作出意志努力，比较稳定持久；无意注意不需作出意志努力，保持时间短，注意容易转移。

在制约性上，有意注意受主体的主观努力制约；无意注意主要受刺激物的性质和强度等支配。

在疲劳程度上，有意注意时，神经细胞处于紧张状态，所以容易疲劳；无意注意时，神经细胞处于时紧时松状态，所以不易疲劳。

在意识程度上，有意注意状态下主体对活动过程意识到的程度较高；无意注意状态下主体对活动过程意识到的程度较低。

③有意后注意

有意后注意是指有意，但是不必经过明显意志努力的注意。有意后注意就是从有意注意中转化出来的，因此，有意后注意又被称为随意后注意，它属于较高层次的注意。比如一个人初学瑜伽，刚开始由于各种原因，在训练中必须通过自己的意志努力才能将注意力保持在学习上。但经过一段时间的学习后，他对瑜伽产生了兴趣，就不需要刻意要求自己就能将注意力集中在练习上，这就是有意后注意。

有意注意、无意注意、有意后注意既有区别，又有联系，而且可以相互转换。在人们的实际生活、工作、学习、训练中，三种注意都有其积极的意义。

（3）体育锻炼中注意的重要性

体育锻炼无论是以提高运动成绩为目标，还是以健身为目的，都离不开注意的参与。虽然体育运动项目各有不同，但对速度、力量、准确等的要求却是其共同点，这些特点对人的注意力都有很高的要求。体育运动对注意品质的要求和体育运动中注意的难度，还体现在以下方面：本身就在快速的运动中；完成多种迅速而又繁杂的操作活动；身边的环境事物都是在不断发生变化的；上述内容是同步展开的；所关注的东西有意无意地被遮蔽了；常常存在着主、客体多种关注对象；主体处在高度紧张的状态。

2.体育锻炼与记忆

（1）记忆概述

记忆是人脑对于相关信息的编码、存储与提取等认知加工过程。在记忆活动中处理的信息，可表现为感觉、知觉、思维和其他认知活动所产生的结果，还可能为感情、情感活动与意志活动共同作用的结果。所以记忆把心理活动各方面都变成了一个互相关联的总体。同时，记忆也是人类心理发展过程中的一个重要先决条件，如果没有经过记忆把所学知识经验保持下来，人们的心理水平将始终停留在刚刚出生时的水平。

①信息的编码

在记忆活动过程中，首先要对信息进行编码，也可以叫识记。有目的地识记，分为两种方式，也就是机械识记和理解识记。机械识记建立在记忆对象外部联系的基础上，通过重复的方式进行识记。例如，幼儿把自己根本不懂的古诗一遍一遍地读，以便记住。理解识记也称为意义识记，就是以记忆对象内部联系为基础，通过在记忆对象和已有知识之间建立联系，达到识记目的。如教学生学习数学时，教师首先让他们回忆一些有关的数学知识，然后再复习这些内容，都是为了理解识记。

②信息的存储

在记忆过程中，信息存储处于中间环节，一般情况下我们将其称为"保持"。相对于保持而言，其对立面是遗忘。遗忘，并非记忆信息全部丢失，而是无法将被保持的信息在使用过程中顺利地提取出来。有些遗忘是因为提取信息时线索不恰当引起的，一般情况下我们将这种类型的遗忘称为暂时性遗忘；有些忘记是因为损失了太多信息而不能被有效地提取出来，这样的遗忘叫作永久性遗忘。遗忘是大脑自动处理信息的产物。一般情况下，忘记所学知识往往是消极的行为，比如概念、原理的遗忘。但是，有些遗忘也是积极的，如忘记不良情绪，对心理健康有帮助，忘记某些无谓的知识细节，有利于知识系统化。

③信息的提取

在记忆过程中，信息提取居于末位。信息提取主要表现为两种方式，也就是再认和回忆。再认是指先前记忆过的东西再呈现出来的时候，能把它们识别出来。回忆，就是在头脑里重现所记忆的东西。信息提取是否顺利，关键要看两个条件：第一，信息保持得是否巩固；第二，信息提取线索恰当与否。一般情况下，与被保持信息之间建立的联系越是丰富，就越容易发现信息提取的线索。与此同时，活跃的情绪状态、敏捷的思维活动也有利于发现信息提取的线索。

（2）记忆的类型

按照记忆的内容，可将记忆划分为形象记忆、逻辑记忆、情绪记忆、运动记忆。

所谓形象记忆，就是把过去所感知到的事物的形象，当作记忆的内容进行记忆；逻辑记忆建立在概念与判断的基础上，并将推理和其他逻辑思维作为记忆内容；所谓情绪记忆，就是把所经历的某一种心情或感觉作为记忆内容；运动记忆就是把以前做过的运动、技术等作为记忆的内容进行记忆。运动记忆形成后，其所能保持的时间将会大大延长。

（3）体育锻炼对记忆的影响

体育锻炼可使记忆的物质基础发生变化。记忆的生理活动需要有雄厚的物质基础，经常参加体育锻炼不但能改善神经系统对全身各器官的调节和支配作用，而且能使脑内的核糖核酸增加，有研究表明，经常参加体育锻炼的人比不经常参加的人核糖核酸多10%。核糖核酸的增加可使乙酰胆碱的活性增加，这些物质的变化对记忆都有很大的影响。

体育锻炼能增强记忆能力，提高大脑的工作效率。脑需要的氧气量占全身需氧量的25%左右，是肌肉需氧量的十几倍。脑对葡萄糖的需求也是全身各个器官中最多的。人在安静时，心脏排出的血液量有25%左右输送到脑部。经常参加体育锻炼能增强心脏的功能，使每搏输出量增加、肺活量增大，使大脑得到更多的氧气。大脑工作时需要血液输送大量的氧气和葡萄糖。而要增强记忆力，血液中就需要有足够的血糖。研究表明，当血糖升至20毫克/毫升时，人的记忆力最强。

3.体育锻炼与思维

（1）思维概述

思维是人类高级认知活动之一，就是个人对于客观事物的本质及其规律的认识。思维存在于我们日常生活中的各个角落，如人们常做的"考虑""思考"等，均是人的思维活动。根据认知心理学的观点，思维是一种通过已有知识与对客观事物知觉印象，对客观事物形成概括表征的认识过程。思维是概括性的、间接性的，同时思维还具有一定的问题性特征。

①概括性

思维是客观事物的概括性表征。所谓概括性表征，是思维活动对客观事物本质属性的表征，而非对客观事物的具体形象的体现。比如，人们所看到的鸟，其具体形象就多种多样，但是大家在反思的过程中，称它们都是鸟，这样便放弃了鸟类的尺寸、外形和毛色等非本质特征，同时提取共同的特征：全身羽毛，前肢翼形且伴有尖锐的喙。再如，我们看到太阳从东方升起，西方落下，通过思维我们能揭示这种现象是地球自转的结果，还有我们在学习过程中学到的各种专业术语和概念都是思维概括的结果。

②间接性

一般情况下，事物的本质往往存在于事物内部，同时事物的变化规律，蕴藏于种种错综复杂的变动之中，它们是无法直接观测的，一定要以已有知识与客观事物感知为中介，才有可能被人们认知，所以说思维是间接的。例如，那些了解气象的人，在看过卫星云图之后，可以结合卫星云图来预测未来几天的天气情况。假如此人对气象一窍不通，或者未见过卫星云图，便无法推断出未来数日的天气变化情况。再如，早晨起来看到地面湿淋淋的，就会判断昨晚下雨了，这种判断有时候是错的。但无论正确与否，都是大脑对客观事物间接的反应。

③问题性

从某种意义上来讲，思维还具有一定的问题性。一般情况下，问题是诱发思维活动的一个重要条件。人们往往会认识到某些理论上和实践上的问题，这些问题很难解决，由此并且产生了不解、疑虑等心理活动。从心理学角度看，思维就是人对客观事物间接的、概括的反映过程。这一趋势便促使人的思维活动的发生。同时思维也主要表现为一种解决问题与难题的活动过程，而思维便是这个过程的中心。

（2）思维的类型

思维按划分依据一般有以下几类：

第一，按照解决问题的方向，我们可以将思维划分成两种类型：一是聚合思维，二是发散思维。

聚合思维：聚合思维又称求同思维、集中思维，就是将题目中提供的多种信息汇集在一起，以获得正确或最佳答案的一种思维方式。例如，在篮球比赛中，教练员从众多战术中选出最佳的一套。

发散思维：发散思维又称求异思维、辐射思维，是从一个目标出发，沿着各种不同途径寻求各种答案的思维。例如，对如何提高某个人的体育锻炼效果，针对其个人情况提出的多种体育锻炼方案。

聚合思维与发散思维都是智力活动不可缺少的思维，都带有创造的成分，而发散思维最能代表创造性的特征。

第二，根据思维的创新成分的多少，可以把思维分为常规思维和创造性思维。

常规思维：常规思维是指人们运用已获得的知识经验，按惯常的方式解决问题的思维。例如，学生按照体育教师的教法进行体育锻炼。

创造性思维：创造性思维是指以新异、独创的方式解决问题的思维。例如，技术革新、发明创造、教学改革等所用到的思维都是创造性思维等。

第三，根据任务的性质和解决问题的方式，可以把思维分为动作思维、形象思维和抽象思维。

动作思维：动作思维又叫操作思维，它是以实际的动作来解决直观的具体问题的思维。体育运动中技术的运用、战术的安排都离不开动作思维。

形象思维：形象思维是运用头脑中的表象来解决问题的思维过程。例如，体育运动中的动作设计、大型团体操的编排等也都与形象思维密切联系着。

抽象思维：抽象思维是用抽象概念和理论知识解决问题的思维过程。例如，数学家根据几何公理来证明各种定理，地质学家根据岩石的构造推断地球的演化史等，都属于抽象思维过程。

体育运动中的思维过程虽以动作思维为主，但形象思维、抽象思维也非常重要，尤其不可忽视抽象思维的作用。因为抽象思维是人类思维的高级形态，运动技术的分析、运动规律的发现、运动技术原理的学习和掌握都必须运用抽象逻辑思维才能实现。

（3）体育锻炼对思维产生的影响

体育锻炼对思维能力的提高具有一定的作用。每个体育项目技术的掌握不但需要逻辑思维能力，而且也需要动作思维能力。同时对于发散思维的发展和完善有重要作用。参加竞争性体育锻炼活动时，参与者必须迅速作出反应，以适应运动场的实际情况，选择对赢得胜利最有帮助的策略与手段。而且可以选择的策略和方法也是多种多样的，究竟用哪种最适宜，必须当机立断地作出决定，在这个选择过程中，发散思维的流畅性和变通性得到锻炼。例如，在一些球类活动过程中，为了发现对方的短处，寻找克敌制胜的方法，双方会尝试采用多种战术打法，找到对方弱点，发挥本方特长。这种为争取比赛胜利而进行的战术思维活动，具有灵活多样、快速敏捷、思路独特的性质。长期进行这类体育活动对发散思维具有一定的培养作用。

四、大学生体育锻炼与人格因子

（一）人格概述

"人格（personality）"一词起源于古希腊语persona，原意是古希腊戏剧演员舞台上表演时所戴面具，和我国京剧里的脸谱差不多。后泛指演员自己，一个性质特殊的个体。现代心理学遵循persona的含义，专指人格。人格是个多层面、多层次、多因素组成的综合体。这里面有两种含义：其一，指个人在人生舞台中的各种言行举止，人们遵循社会文化习俗要求所作出的一种回应，也就是人格拥有的"外壳"，如同台上按人物要求戴面具一样，体现了人的外化；其二是指人因某种原因而不愿意表现出来的人格成分，也就是面具背后真正的自己，人格的内在特点。

我国心理学界把人格视为个体内在动力组织和与之相适应的行为模式的统一体。人格是由一系列因素构成的有机整体，这些因素可以划分为内部与外部两个方面，其主要包括气质、性格和能力三个要素。该定义包括三层意思：其一，人格一般指人的外部行为方式；其二，人格是个体内在动力组织，包括习惯性情感体验方式、稳定的动机、态度、价值观等；其三，人格由某种特质所组成。

从以上观点看，人格可以认为是不同方面、不同角色或是个体展示给公众的不同层面。然而，这一观点过于狭隘了。事实上，人格心理学家认为"人格"

一词包含的范围极其广泛，而不仅仅是不同角色的展现。早在1924年，心理学的奠基者之一奥尔波特（Allport）就认为，人格是个体心理和生理特性的一个动态融合，进而对行为产生影响。[①] 单从奥尔波特对人格的定义中，我们就可以直观认识到人格的复杂程度。人格不但具有稳定、持久的一面，同时还具有动态、可调整的一面。人格中稳定和持久的一面在某种程度上使行为预测成为可能。

（二）五种人格理论

西方心理学家对人格心理学的研究，由于各自观点及研究方法上的不同，先后出现了几十种人格理论。这些理论从不同角度对人格进行了探讨，现仅介绍其中的五种人格理论：特质理论、经典精神分析人格理论、学习人格理论、人本主义人格理论和认知人格理论。

1. 特质理论

特质理论的主要代表人物是奥尔波特、卡特尔和艾森克。奥尔波特提出，人格是一种心理现象，而且这种心理现象是可以被预测的，而这一衡量单位便是特质。特质形成个体完整人格结构，反映出人们的差异性与独特性。它让人们用同样的方法去反映不同的东西，让每一个人都有独一无二的行为一致性。有些选手一到比赛现场，心情就过于紧张，结果造成了失败。那么在运动中，运动员为什么会产生这样的消极影响呢？其主要是由人格特质决定的，即焦虑。所谓"焦虑"就是对自己所从事活动或环境感到不愉快。奥尔波特把人格划分为共同特质和个体特质两种类型，在这两种特质中，个体特质又可以进行详细的划分，一是首要特质，二是中心特质，三是次要特质。

卡特尔是特质理论强有力的支持者，发展了奥尔波特的特质理论。表面特质与根源特质是卡特尔理论中最重要的概念。根源特质是人格的内在基本因素，是人格结构中最重要的部分，是一个人行为的内部根源。表面特质只是根源特质的外在表现，是可以直接观察得到的行为表现。卡特尔采用因素分析方法将众多人格特质合并为35个表面特质，以此进一步分析得出16个相互独立的根

[①] 戈登·奥尔波特. 偏见的本质[M]. 北京：九州出版社，2020.

源特质（如乐群性、聪慧性和稳定性等），并制定了卡特尔16种人格因素。卡特尔认为，在每个人身上都具备这16种人格特质，只是不同人身上表现的程度不同；人格的差异主要表现为量上的差异，所以可以对人格进行量化的分析。卡特尔假设，体适能水平高的个体更可能出现焦虑水平低和神经稳定的现象。①丁斯特比尔（Dienstbier）曾对20世纪70—80年代期间使用16PF检验锻炼与人格变化关系的研究进行过总结。他的确发现体适能水平与情绪稳定性之间存在关系，即体适能水平越高的个体，情绪越稳定、平静、放松。他进一步推测说，随着锻炼的深入，生理机能的增长可能是减少神经质的原因。②

马腾斯（Martens，1975）在对1950—1973年发表的运动员人格研究进行文献综述后指出，大多数运动员人格研究是以特质理论为基础的。然而，威雷（Vealey，1989）在回顾了1974—1987年有关运动员人格研究后发现，使用特质理论的运动员人格研究明显减少，以特质—状态交互作用理论为基础的研究有所增加，而使用认知理论的研究明显增加。③

1988年以来，人格心理学家运用词汇学方法来研究不同文化下的人格模式。他们对几十万个人格词汇进行分类统计，再经过因素分析得出了五个人格特质。这五个人格特质是神经质（neuroticism）、外向性（extroversion）、开放性（openness to experience）、随和性（agreeableness）、意识性（conscientiousness），并被称为人格大五（Big Five）或五因素模型。

目前，通常采用NEO-PI五因素调查表（Costa & mcOae，1992）来测量这五大人格特质因素。五因素模型的出现给一度沉寂的特质研究注入了新的活力，随着NEO-PI中国修订本的出现，我们也感受到它对中国运动心理学人格研究的影响。

2. 经典精神分析人格理论

始于20世纪初的弗洛伊德经典精神分析人格理论是现代心理学中出现较

---

① 刘嵩晗. 人格心理学思想流变[M]. 长春：吉林大学出版社，2020.
② 凯伦·李·希尔. 运动心理咨询理论[M]. 张忠秋，译. 北京：中国轻工业出版社，2005.
③ 唐征宇. 运动心理学[M]. 上海：上海教育出版社，2018.

早、影响较大的一种理论。弗洛伊德认为，人格由"本我、自我和超我"三部分组成，其中"本我"是一种原始的力量源泉，是生来就具有的本能，如温饱、睡眠、性需要等。"本我"按快乐原则行事，是非道德和无逻辑的，是无意识的，但可以对无意识或意识产生影响。"自我"控制着意识，按现实原则行事，是理性的、合乎逻辑的，检查和控制着"本我"的盲目冲动。"超我"是人格的道德或公正部分，是一个人的道德准则，其作用是抑制"本我"冲动，劝说"自我"以道德目标替代现实目标。弗洛伊德用冰山图示来说明其人格结构。露出水面的是意识部分，水下的是无意识部分。水下部分远远大于水上部分。"本我"占据无意识的最下层，所占面积也最大；"超我"也大部分在无意识中，仅小部分进入意识；"自我"在意识和无意识中约各占一半。

弗洛伊德强调无意识的作用，认为无意识可以对人的行为产生巨大影响。他提出的"自我防御机制"这一概念可用来解释运动情境中的一些现象，如一名运动员在生活中对某人很气愤，他可能在比赛时将愤怒的情绪发泄到另一个人身上。此外，球迷的不文明行为等都是"转移作用（displacement）"这种自我防御机制作用的结果。[1]

弗洛伊德精神分析理论对运动心理学的贡献之一是把投射技术用于运动员人格的测量。投射技术主要包括罗夏墨迹测验（Rorschach inkblot test）和主题统觉测验（The Matic Apperception Test，简称TAT）两种测验。由于投射测验的信度和效度问题一直受到人们的质疑，因此，罗夏墨迹测验通常不用于运动员。主题统觉测验也面临同样的问题。

需要说明的是，有一些运动心理学家在20世纪80年代就开始采用投射测验来研究运动员的人格，只不过与采用其他方法相比，这方面的研究太少了，也没有引起多少关注。随着投射测验在评价客观和准确等方面的不断完善，一些投射测验有望在运动员人格测评上得到广泛应用，并可能引起运动员人格测评理论和方法的一次新的革命。

---

[1] 弗洛伊德. 精神分析导论 [M]. 北京：九州出版社，2021.

3. 学习人格理论

学习人格理论强调环境决定人的行为，行为的产生受当时行为条件的制约，即行为会因情境而改变。学习人格理论认为学习是人格形成的决定因素，学习有条件作用学习和社会学习。学习人格理论的主要代表人物是斯金纳和班杜拉。

斯金纳是操作性条件作用学习理论的创始人。在斯金纳看来，人格可以看作个体的独特行为方式或这些方式的组合。他使用"强化"概念来解释动物和人类的学习，认为学习是强化的结果，也用来说明人格的形成与发展。按人格操作条件作用论的观点，人的行为产生于先前的强化，曾经强化过什么，他的行为就是什么；行为可以在进行中的条件作用下直接形成，行为可以塑造，行为可以改变，行为可以治疗。[1]

班杜拉的社会学习论不同于传统的学习理论，认为学习在没有强化的条件下也会发生，强化只是促使这种习得行为表现出来，行为是观察学习的结果。班杜拉曾明确指出，人的人格发展可以通过观察别人的行为而获得，人类是通过观察模仿习得新的行为模式，即人的思想、情绪和行为不但受直接经验的影响，而且往往还通过观察别人的行为表现及其后果进行学习。按照社会学习理论的观点，人的行为是有机体与环境交互作用的结果；既要重视环境对人格形成的作用，又要重视人的认知发展和自我调节对人格的影响。[2]

4. 人本主义人格理论

人本主义人格理论的主要代表人物是马斯洛，其人格理论的主要内容是需要层次论和自我实现。马斯洛认为人的需要层次由低到高梯状排列依次是生理的需要、安全的需要、爱与归属的需要、尊重的需要和自我实现的需要，每个人在低层次需要得到满足以后，就有可能产生更高层次的需要。马斯洛用需要层次来说明人格的发展，强调每一层次的需要与满足将决定一个人人格发展的程度或水平。自我实现是马斯洛人格理论的中心。所谓自我实现，是指在人的成长过程中，其身心各方面的潜能得到了充分展示，是人的发展和人生追求的

---

[1] B.F.斯金纳.心理学名著译丛 瓦尔登湖第二[M].王之光，译.北京：商务印书馆，2016.
[2] 班杜拉.社会学习心理学[M].郭占基，译.长春：吉林教育出版社，2003.

最高境界。马斯洛在对一些历史上成功人士进行分析后，发现了自我实现者的16个人格特征，并认为这些人格特征是使他们得以自我实现的主观条件。[①]

5. 认知人格理论

认知人格理论的主要代表人物是乔治·凯利（George Kelly）。其代表作是1955年出版的《个人建构心理学》。凯利在对人格本质进行描述时提出了一个重要的观点，即人是科学家。他认为，所有的人都像科学家一样，在人生过程中不断地建构着自己的人格世界。[②]

"建构"是其人格理论的核心概念，是人用来知觉、分析或解释世界的方式。凯利把建构看成是一种观察、比较、分类的产物。一个建构就是一种思想、观点或看法，人们用它来解释自己的主观经验和预测现实。一个生活幸福的孩子会以乐观的方式去观察和解释世界，乐观就是他的一个建构；而一个缺乏母爱的孩子则会以冷眼的方式来看待世界，冷漠与疏远就是他的建构，表现在他的人格中。凯利特别强调，人是用不同的建构来总结过去、认识现在与预测未来的；所谓人格就是在不同的环境中培养起来的独特的建构系统。

角色建构测验（Role Construct Repertory Test，简称RCRT）是凯利创建的一种人格测量方法，专门用来评价个人建构系统的内容与结构。这种角色建构测验实际上是对经典投射测验的一种改进。进行RCRT测试时，先给被试一张角色项目表，上面列举了各种角色，尤其是对被试人格的形成有重要影响的角色，然后要求被试填出适合这些角色的名字。

（三）体育锻炼与人格的研究成果

20世纪70年代对运动员人格的研究曾是体育运动心理学方面的研究主流，一些研究者对与竞技和锻炼有关的人格进行了研究，但具有代表性的结论不多。体育运动心理学对体育活动和人格发展的研究，过多地集中在横断面对比研究上，而关于纵向方面的研究很少。在讨论体育活动在人格发展中的作用时，横

---

① 亚伯拉罕·马斯洛. 存在心理学[M]. 冯艺腾, 译. 南京：江苏人民出版社, 2022.
② 俞蕾. 试析个人建构心理学在心理学治疗中的应用[M]. 南京：南京师范大学出版社, 2000.

断面研究常受方法学的掣肘，很难说明二者的因果关系，如果我们想要进一步了解体育活动和人格发展之间的相互关系，纵向的追踪研究是十分必要的。

1. 国内研究成果

国内有关体育锻炼及人格方面的研究，大多侧重于学校体育教学对个性心理特征和心理状态的影响上。

毛志雄、张力为通过对从事不同比例的体育课程学习和文化课程学习的大学生进行纵向追踪研究，审视体育活动在人格发展中的作用。研究表明，体育学院的学生与普通大学的学生入学时，他们个性中的某些要素发生了积极的改变，这些转变反映出其自我完善，还帮助其在今后更好地适应社会，服务社会。[①]

在杨昭宁看来，常进行体育锻炼大学生运动员有着高乐群性、高敢为性、高幻想等方面的人格特征。[②]

在张勤看来，体育教学能使学生养成正确的社会态度，帮助大学生调整情绪，培养良好社会情感，有利于学生理智感、意志品质的形成。[③]

刘文华认为，体育教学能培养学生优良的个性品质，例如，引导学生养成主动锻炼身体的良好习惯，由此构成守时、抗干扰等方面稳定的心理特质。同时也能使学生在竞争激烈的环境下保持乐观向上的心态。另外，体育锻炼还可以发展和增强学生自制力，提升大学生的坚韧性。[④]

从以上的研究结果看，体育锻炼对人格的影响，反映在人对集体精神的领悟、冲突的理性认识、挫折的良好适应、自我概念的形成、情感特性的发展、社会化程度以及社会适应能力的提高等许多方面，并且对其产生积极的影响。

2. 国外研究成果

20世纪60年代和70年代，体育锻炼与人格的研究在国外已经非常普遍，

---

① 张力为，毛志雄. 运动心理学 [M]. 上海：华东师范大学出版社，2003.
② 杨昭宁. 大学生运动员与一般大学生的16PF比较 [J]. 中国心理卫生杂志，1993（4）：187-187.
③ 张勤. 体育教学对培养学生个性的作用 [J]. 福建体育科技，1999（1）：34-35.
④ 刘文华. 浅谈在初中体育教学中锻炼学生心理素质 [J]. 读写算，2019（23）：28.

这些研究主要围绕运动员展开，都试图解释运动表现与人格之间的关系。20世纪80年代后，更多的研究者趋向于关注体育锻炼与普通人之间的关系，在研究的内容上也更为深入。下面简单介绍几项比较有代表性的研究。

1990年，西努尔（Schnurr）等人研究了年轻时候的性格是否可以预测中年时期的性格。他们跟踪调查了1942至1944年哈佛大学毕业的男生。他们力图确定大学期间所测试出的人格特点是否可以预测受访者未来一生的运动习惯。这项工程从1938年开始，两个心理学家对被调查者进行了录音采访，他们认真研究所获取的信息，纪录大学期间每日及每周体育运动时间及种类，还询问受访者55岁之后进行的锻炼种类及运动量。调查结果显示，大学时期的个性，比如精神饱满、爱好广泛等，对其今后经常进行体育锻炼有积极影响。[①]

1991年，彼得鲁佐洛（Petruzzello）和同事对62项研究特质焦虑与锻炼关系的研究进行了元分析。他们发现，锻炼计划的持续时间是一个重要的影响因素。当锻炼至少持续10周时，可以明显降低特质焦虑。当锻炼仅持续了4~6周或7~9周时，锻炼对特质焦虑的影响效果量较小。而当锻炼持续15周以上时，则异常显著地降低了特质焦虑水平。因此，研究者建议，要形成相对稳定的人格特质，并降低特质焦虑，锻炼应当坚持尽可能长的时间。单次锻炼时间如果短于20分钟的话，反而会增加特质焦虑。但是该研究没有证明单次锻炼的持续时间与特质焦虑间的明确关系。

另外，彼得鲁佐洛及其同事还发现，个体在参与有氧锻炼项目时特质焦虑水平显著降低，而个体在参与非有氧锻炼项目时特质焦虑水平不但没有下降，反而上升了。研究充分显示，人格是可以改变的。如果个体能够持续地进行体育锻炼，将会对人格产生一定的影响。变化通常是消极因素减少，积极因素增加。[②]

（四）人格对体育锻炼产生的影响

人格对个体参加体育锻炼有一定的影响作用，不同类型人格的人所从事的

---

① 常若松. 健康人格论 [M]. 沈阳：辽宁人民出版社，2004.
② 张现成，吕晓昌. 锻炼心理学新论 [M]. 北京：人民体育出版社，2019.

体育锻炼项目也有所不同。通常情况下，内向型的人不喜欢参加集体运动项目，喜欢长跑等独自就能进行锻炼的项目；外向型的人则喜欢篮球等具体运动项目。

人格可以分为躁郁型、分裂型、中间型。在心理学中，躁郁型是指社交型与活动型的人。这类人开朗、敏捷，善于交往，行动迅速，喜欢交朋友。分裂型是一种以观念、外貌和行为奇特以及人际关系有明显缺陷，且情感冷淡为主要特点的人格障碍。这类人一般较孤独、沉默、隐匿，不爱人际交往，不合群。中间型人格则是介于躁郁型和分裂型之间的状态。

五、大学生体育锻炼与自尊塑造

（一）自尊与自我认知

塞弗森（Shavelson）等人提出的"general self-concept"多维度模型，有学者将其翻译为整体自尊多维度结构模型，还有学者将其翻译为一般自我概念多维度模型，这可能就是自尊和自我概念经常被混用的原因。[①]

目前在文献中出现较多的是将塞弗森的"general self-concept"多维度模型翻译为一般自我概念多维度模型。自我概念是指个体在其成长过程中，依据生活经验而发展出来的关于自身的认识，也就是关于自身人格特质、信念、价值和行为方式的理解和认知等。自尊是自我概念中带有评价性质的组成部分，也就是个体对自己或个性中重要素质进行评价时的总体感受，抑或是对个人价值进行整体性的情感评价。人的自我概念在发展的过程中具有很多的特性，如核心性、多维性等，所谓的核心性就是了解个人行为机制及其本质特征时，需要对个体自我概念进行剖析；所谓多维性就是自我概念具有多维的性质，而不是单维的，它可以分为学业自我与非学业自我两个大的方面，其中非学业自我又可以进行细分，具体包括社会自我、情绪自我与身体自我三个部分，而身体自我亦可以进行再次细分，包括身体能力与相貌。每一个不同自我概念都包含以下方面：

---

① 刘凤娥, 黄希庭. 自我概念的多维度多层次模型研究述评[J]. 心理学动态, 2001（2）: 136-140.

一是认识成分，例如对自身心理特点、个性品质、能力以及自身社会价值等的自我认识与评价。

二是情感成分，例如自尊、自爱、自卑与自暴自弃等。

三是意志成分，例如自我检查、自我奋斗等。

（二）体育锻炼与自尊的相关论点

1. 体育锻炼与个体价值实现

在体重作为变量的情况下，力量与身体自尊、情感稳定性、外向和自信呈正相关，自我概念的提高与肌肉力量变化相关。相关调查显示，在锻炼6周之后，个体的自尊心会显著增强。

2. 体育锻炼与性别人群激励

男性大学生身体自尊的维度包括身体吸引力、上肢和腰腹力量以及身体条件，而女性大学生的身体自尊维度是性吸引力、体重和身体条件。

不管男孩还是女孩，身体表象、身体外貌、自我评价之间密切相关。尽管女孩对自己的评价要比男孩更加消极，但是经常锻炼的青少年的身体自我概念要比不经常锻炼的青少年的身体自我概念更积极。但是没有证据显示，自我概念取决于对运动能力的自我认知或对运动能力重要性的认识。

国内一些学者的调查表明，青少年男女在对自身自尊、个体价值以及个体吸引力等方面进行评价的时候，其评价结果有明显的不同，其中男性的评价结果要明显高于女性。而青少年男性与女性的整体自尊量表与生活满意感量表并没有显著的差异，这也就是说青少年男女在身体自尊方面的评价有所不同，但是总体自尊不存在差异。

3. 体育锻炼与自卑心理恢复

运动对于低自尊、低自信的人以及大部分轻度抑郁女性来说，会有比较好的功能效果。所以以体育锻炼为方法进行临床治疗会比较好。

4. 体育锻炼与完整人格塑造

短期体育锻炼往往不会起到明显的心理效益，通常情况下，一个人的自尊心的提升往往需要进行长时间的干预，我们在提升自尊时不应忽视锻炼的坚持性。整个锻炼计划需要 12 周或更长，以半年或半年以上为佳。

由上述研究叙述可知：体育锻炼对各种人对自尊、自我概念的界定具有某种积极作用；由体育锻炼而产生良好生理、心理效益者，自尊较易增强；体育锻炼对自尊的影响的研究并未形成一致的结果，还存在诸多疑问的地方，有待进一步的研究。

六、大学生体育锻炼的消极心理效应

（一）过度训练

1. 基本概念

过度训练也叫过度疲劳，是长期训练不当、长期疲劳积累所引起的一种病理状态。其临床表现多数人神经官能症相似。因此有人也称其为特殊的神经官能症。除了少数的普通体育锻炼者，绝大部分情况下是运动员才会出现过度训练。

过度训练是一段时间内运动负荷超过了人体的承受能力，造成疲劳积累而产生的一系列功能障碍及病理改变的结果。其原因有二：其一是由于生活不规律，营养不合理，劳逸结合得不好，机体得不到合理的休息，结果使机能状况不佳，功能逐渐下降；其二是由于训练安排不当，违反教学、训练原则，比赛过多，比赛之间缺乏足够的休息，引起疲劳的积累。

2. 表现症状

过度训练的伴随症状主要表现在心理、身体等方面。早期表现为一些主观感觉等方面的心理症状，随着症状的发展，逐渐会出现客观指标的明显变化，这些变化因运动项目和个体身体状况而有一定的差异。

（1）疲劳

1982 年，在国际生化年会上将疲劳定义为：机体生理过程无法在某一层次上延续其功能（和/或）而无法保持特定运动强度。美国医学学会将其定义为一种由于过度训练引起的生理状态，它的特征为运动能力降低。

根据疲劳发生的部位，可将疲劳分为以下三类：

①中枢疲劳

从疲劳发展来看，中枢神经系统起主导作用。随着时间的延长，中枢神经系统对疲劳的反应越来越敏感。疲劳的发生对中枢神经具有保护性抑制作用，避免身体出现机能衰竭。

②神经—肌肉接点疲劳

我们也将这种疲劳称为运动中枢疲劳，运动中枢在人体机能中具有十分重要的作用，它是神经与肌肉联系的中枢，是传导神经冲动导致肌肉收缩的关键场所，还是造成疲劳的主要场所。

③外周疲劳

外周疲劳是指除了神经系统，其他器官在疲劳过程中发生的改变。它可以发生于各种不同的体育运动中，也可单独出现而又与其他疾病有密切关系。因肌肉为运动主要器官，肌肉在运动过程中的能源物质代谢与调控、肌肉温度、局部肌肉血液及其他改变成为外周疲劳表现。在剧烈运动时，氧供应不足造成乳酸大量堆积，进而导致呼吸循环系统的活动紊乱，出现呼吸过快、心跳过急、血压增高等症状。

这些机能失调，如果没有得到及时的调节，就很容易造成疲劳积累，造成过度疲劳，它将给运动员的运动成绩带来最直接的冲击。长时间的过度疲劳状态，会严重损害运动员身体各系统功能，降低竞技水平和比赛能力，甚至可能危及生命。所以当运动疲劳发生的时候，要引起注意，尽早想办法缓解，最好不要产生过度疲劳。

（2）运动性心理疲劳

运动性心理疲劳是指从事体育运动者长时间专注在重复、单调、高强度的运动中，造成的心理上的不安与倦怠。它往往更多地与身体和感知觉症状相关，但是，也不是纯粹由于生理能量消耗而造成，也可能是锻炼者在主观体验上产生倦怠，直接关系到锻炼的效果，有时甚至会引起锻炼者对锻炼的厌倦和冷漠。常伴有困倦、淡漠、烦躁、焦虑、困惑、睡眠障碍、疲劳以及抑郁等症状。

心理疲劳与疲劳的区别在于，前者更多包含了动机、个性、情绪以及社会心理因素，而后者是训练应激的结果，仅指中枢神经系统和运动系统的机能下降，是产生超量恢复的必要条件。但是长时间疲劳的积累，会导致过度疲劳。

3. 特征和判断

过度训练有以下三个特征：过度训练是一个过程，由一系列单个锻炼组成；与近期锻炼历史相比，存在明显的锻炼量增加；过度训练表现为高频度（1天锻炼超过1次）和接近或达到最大限度的锻炼强度、持续时间的组合。

判定是否为过度训练，一定要将注意力集中在锻炼量和锻炼形式的变化上。比如说，连续10天，每天在95%最大吸氧量强度下坚持完成5千米的跑步任务，对于已经适应每天在95%最大吸氧量强度下坚持完成10千米跑步任务的优秀运动员来说，不能被称为过度训练。反之，前述运动量对于仅适应每天在95%最大吸氧量强度下坚持完成2千米跑步任务的高中生而言，就是过度训练了。又如，每天在70%最大吸氧量强度下跑步2小时，比在此强度下游泳2小时更可被称为是过度训练。这是因为无负重项目（如自行车、游泳）比负重项目（如跑步）更易忍受。

（二）锻炼成瘾

1. 基本概念

任何一种活动成瘾对人体都有害，体力活动和锻炼也不例外。人们参与锻炼是因为它有趣，可以让个体对自己感觉更好，同时它还可以带来生理和心理的收益。但参与锻炼也可以成瘾，尽管成瘾的可能只是普通人群中极小的一部分。

有关锻炼成瘾的描述主要集中在以下三方面：行为与参与锻炼的持续时间、频度、强度和历史有关；心理与对锻炼的病态认同有关；上述两者结合。锻炼成瘾不仅和行为有关，更为重要的是隐藏在这一行为背后的心理原因。锻炼成瘾表现为对规律锻炼生活方式产生心理和生理依赖。锻炼成瘾有积极与消极之别，主动运动成瘾者可以控制运动行为，但是消极锻炼成瘾者易被锻炼行为支配。汤普森（Thompson，1987）等人将锻炼过度或锻炼消极成瘾现象称为"锻炼依赖性",形成运动依赖性的个体,一旦停止身体锻炼 24~36 小时之后,就会不同程度地出现停训的症状。这类症状通常和停止运动相关,主要表现为焦虑、烦躁和肌肉痉挛等。

一项研究比较了锻炼成瘾者和非锻炼成瘾者的差异,发现这些差异主要表现在四个方面:锻炼成瘾者锻炼后更难以休息,并产生更多的应激;参加体育锻炼后体验到高度积极的情感;当错过一次锻炼机会后产生高度的抑郁、焦虑和愤怒的情绪体验;为完成某项锻炼计划倾向于忽视身体的不适、疼痛或伤病(特别是男性)。

2. 国内外研究

(1) 国内学者对锻炼成瘾的研究

目前,国内只有少数研究涉及锻炼成瘾,在对锻炼成瘾进行说明时大多是引用国外的研究成果。

国内学者将体育成瘾视为集生理与心理于一体的成瘾行为,在身心健康方面具有积极影响,要倡导,要培育。体育成瘾包括生理性成瘾与心理性成瘾两方面的机制。生理性成瘾机制是体育锻炼能促进人体内血浆内啡肽、脑啡肽水平增高,这种物质能使人体产生愉悦的感觉,其增加幅度与锻炼强度及持续时间成正比。一些学者还将球迷迷恋体育赛事说成体育成瘾,认为这种沉迷,主要是一些人因为他们当年喜欢的体育项目,以及某种生活方式没有在自己的身上得以实现,便用执着的迷恋来弥补其人生的缺失;有些人企图从他人的表演中完成他们的理想,或者从追星上满足崇拜心理;有一些人则是从对某些明星的狂热迷恋中得到刺激与享受,从而产生了一种非介入性的成瘾;有的人是在宣泄着一种对某一种美的精神的追求。非介入性成瘾者尽管没有直接干预成瘾行为的形成,却可以得到一种心理的快感。体育成瘾性行为和网络成瘾性行为比较,体育成瘾性行为无疑是最为活跃的行为之一。在此背景下,针对这两种情况的优缺点进行比较性的研究有重要的现实意义。并且主张体育成瘾,可以在无形中降低民众网络成瘾的可能性。这一看法和国外学者有较大出入,将锻炼成瘾视为预防网络成瘾的一种手段,认为运动成瘾本身就是一种肯定,同时国外学者觉得热衷观看体育赛事，也是体育成瘾的一种。

此外，一些研究还表明，男性锻炼者成为锻炼成瘾者的可能性较大，究其原因，男性锻炼者竞争意识强，成就需求高；反之，女性锻炼者则几乎不会变成锻炼成瘾者，其原因在于，女性锻炼者参与运动以控制体重为主，同时也比较注重增加人际交往与提升应对技能。

最近有更多的研究表明，运动成瘾和饮食紊乱妇女的运动依赖、注重体重、强迫观念、行为人格特质之间具有显著的关系。而相同研究也证明，那些饮食正常的高运动水平的女性，她们的体育活动量与强迫观念、行为的关系亦显著相关。

总体来说，国外对锻炼成瘾的研究已经有20多年历史，虽然也取得了一定的研究成果，但在全世界范围内来看，锻炼成瘾还没有得到大范围的重视。锻炼成瘾在发达国家较为普遍，在一般发展中国家及不发达国家则尚不多见。与此同时，许多国外关于锻炼成瘾问题的研究结果仍存在很多的质疑，未能被社会广泛接受。其原因是锻炼成瘾与医学、体育学、心理学、生理学等学科有着密切的联系，锻炼成瘾研究应建构综合且得到普遍认可的理论体系，但这是十分困难的，而单个学科方向的研究结果无法有效解释锻炼成瘾这个问题。因而对锻炼成瘾的研究需要多学科合作，要有社会支持。

（2）国外学者对锻炼成瘾的研究

现在国外对锻炼成瘾的研究正处在一个理论体系构架阶段，关于此方面的研究内容十分广泛，包括锻炼成瘾机制研究、锻炼成瘾行为特点研究，也包括了锻炼成瘾定义方法和途径等各个方面的研究，与此同时还就锻炼成瘾和其他成瘾进行了具体的比较研究。

为了研究锻炼成瘾行为及其消极影响，研究者们设计了一些测量方法。最早是对跑步成瘾行为的测量，采用的测量方法是谈话法；随后又有研究者提出了心理测量方法。

有学者设计了一种叫作"专心于跑步"的量表。"专心于跑步"量表是基于这样的假设：由于体育锻炼可以增进健康，因而，锻炼成瘾行为是一种积极成瘾行为，换句话说"专心于跑步"量表主要是调查锻炼成瘾者行为的积极方面。

许多学者将该量表看成是测量跑步者锻炼成瘾行为的有效工具。此外，该量表也被修改用来测量从事其他项目的锻炼者。

锻炼成瘾者更可能在锻炼过程中忽视身体的不适，而且，当锻炼停止一段时间时，会产生严重的抑郁症状。然而，安什尔在其研究中并没有说明锻炼者的锻炼类型。除此之外，一些研究显示，锻炼成瘾者容易产生运动损伤。

（三）运动性疲劳

1.基本概念

（1）运动性疲劳的界定

肌肉运动能力降低是运动性疲劳最根本的标志，也是最本质的特征。从20世纪开始，研究者们从各个角度开展了许多关于运动性疲劳的研究工作，提出了运动应激性代谢增强的负效应，可能是导致运动性疲劳的根源，例如代谢产物积累、代谢环境酸化等。它们可能经由各种渠道导致肌纤维结构的完整性、能量供应、神经体液调节等发生明显的变化，从而引起运动肌收缩与舒张功能障碍。

我们经常说的运动性疲劳主要指的是人的身体机能无法维持在一个特定的水平，抑或是不能保持预期的运动强度。力竭是一种特殊的疲劳表现，就是劳累的时候要持续锻炼，直至肌肉和器官无法保持运动。

（2）运动性疲劳的评价

将运动性疲劳过程中身体各组织、各器官机能水平及运动能力等指标综合在一起，可以利用这些客观指标对疲劳产生及程度进行评价。例如，在一定程度的运动中，借助心率、血乳酸、最大摄氧量及输出功率对疲劳进行评价。

（3）运动性疲劳的类型

人体内的运动性疲劳分为躯体性疲劳与心理性疲劳两种，两种性质不同的疲劳有不同的表现：躯体性疲劳以运动能力降低为主；心理性疲劳以行为变化为主。人体各部分，无论是中枢大脑皮层细胞，还是骨骼肌的基本收缩单位，都会产生不同程度的疲劳。躯体性疲劳也有中枢疲劳与外周疲劳之分，其中，中枢疲劳表现为动机的缺乏、中枢神经系统在转移或筹集过程中发生变化；而外周疲劳则体现为接点传递、肌肉收缩活动能力下降等。本书主要论述躯体性疲劳的问题。

2.产生原因

（1）无氧练习

做无氧练习的时候，要求激活更多的支配工作肌和脊髓运动神经元，而这就需要借助高位神经中枢的作用，从而使人体机能维持高频率神经冲动，一般情况下，这种紧张不安的神经活动会持续几秒钟。此外磷酸原耗用速度尤其快，极量无氧强度锻炼后 CP 含量降低 80%~90%。所以，中枢神经及神经肌肉装置功能减退，再加之磷酸原消耗过多，这些都在无形中造成疲劳的产生。

造成近极量无氧强度疲劳的因素有很多种，除了和极量无氧强度有一样的原因，乳酸在肌肉及血液内积聚、pH 下降也是其原因之一。

在极量无氧强度实践中，肌糖原的无氧酵解供能占有很大的比重，所以肌肉、血液里的乳酸就会积聚，pH 降低，这也是疲劳发生的重要因素。此外，氧运输系统功能受限导致供氧不足，也是造成疲劳的原因之一。

（2）有氧练习

在极量、近极量有氧强度的练习中，疲劳主要由于氧运输系统运行能力有限，使工作机能缺乏供氧。同时，乳酸积累、pH 降低，都成为疲劳产生的原因。

亚极量有氧强度锻炼中导致疲劳的最重要因素是肌糖原与肝糖原的耗损。

中等强度有氧练习中，肌糖原、肝糖原消耗较多，使血糖下降，致使血糖成为唯一能源，进而导致中枢神经系统活动受影响。这个运动方式会引起体温上升，皮肤血流量增多，工作肌血流量降低，工作机能供氧降低，导致肌肉疲劳。

小强度有氧练习导致的疲劳的原因，类似中等强度有氧练习导致疲劳的原因，当然这两种练习方式产生的疲劳的原因也有所不同，即在小强度有氧练习中，疲劳过程发展缓慢，且多半是消耗脂肪，未被彻底氧化的脂肪分解产物流入血液，这或许也是造成疲劳的一个主要因素。

（3）其他练习

在球类运动过程中，技术动作不断发生变化，这是使疲劳加深的一个重要原因。一般情况下开展习惯性、自动化程度高的运动，不容易产生疲劳，但是如果想要保持精力高度集中，并在运动中进行多样化的动作，那么就会很容易形成疲劳。此外，缺氧还是导致疲劳的原因之一。

在静止用力过程中，从骨骼肌发出的神经冲动，连续撞击大脑皮层细胞，同时为了使肌肉保持紧张，神经细胞就需要连续不断地给肌肉送去许多冲动，这样做的结果是神经细胞将会在长时间内保持兴奋的状态，这样在一定程度上促进疲劳的深化。在此基础上，肌肉在静止用力的时候，血液供应就会下降，因憋气过多，心血管系统的功能亦随之降低。

3. 疲劳部位

疲劳可出现于中枢部位，亦可出现于外周部位。根据疲劳出现部位不同，运动性疲劳可以分为中枢疲劳与外周疲劳。由于不同器官对疲劳产生反应的机制不一样，导致了疲劳在出现的时间、强度及持续时间等方面存在差异。

（1）中枢部位

中枢疲劳可出现于大脑皮层，严重者甚至延伸至脊髓运动神经元。中枢运动神经系统功能紊乱，会使运动神经兴奋程度发生变化，使得神经冲动的发放频率降低，并逐渐转向抑制。运动时脑内氨含量升高会导致多种酶活性的降低，ATP的再合成速率降低，思维与意识产生变异，与此同时还会造成肌肉无力、呼吸变得急促等，在这样的情况下诱发各式各样的疲劳症状。

（2）外周部位

①神经—肌肉接点

肌肉兴奋取决于肌细胞膜中运动终板的去极化，乙酰胆碱为神经递质。疲劳中肌力性下降主要由神经肌肉传递障碍程度决定的，当使用高频电流对骨骼肌进行刺激时，就会发现，突触前膜放出乙酰胆碱数量不足，对运动终板去极化有明显的影响。当人在做超大强度动作（如举重）的时候，骨骼肌的疲劳就会发生，而这与运动神经末梢乙酰胆碱释放量的降低有很大的关系。通常情况下，我们将这一状态叫作突触前衰竭。

②肌细胞膜

肌细胞膜为输送和产生动作电位提供通道。在长期的锻炼中，血浆游离脂肪酸及儿茶酚胺含量增加，胰岛素浓度降低，肌细胞中的钾逐渐流失，同时肌细胞中自由基的生成均可能影响钠泵活性，由此导致肌细胞膜通透性增加、兴奋性发生变化，从而引起肌肉疲劳。

③肌质网

肌质网终池在储存钙离子和调控肌细胞内钙离子浓度方面起着重要作用，这对肌肉收缩与放松均起到了至关重要的调节作用。肌质网的功能下降和运动性疲劳的发生密切相关。

④线粒体

线粒体为氧化产能的场所，锻炼使肌细胞内钙离子浓度过高，使钙离子大量进入线粒体，抑制氧化磷酸化进程。因此，此时机体耗氧量虽增加，但是ATP重新合成速度变慢了，导致氧化磷酸化进程出现解偶联现象，从而造成细胞能量供应障碍。

4.判定标准

对运动性疲劳发生情况及程度进行科学判断，对于合理地安排体育教学与训练具有重要的现实意义。一般认为，人体在工作时产生疲劳是正常现象。但疲劳有各种表现，导致疲劳的因素及部位亦各不相同，目前，尚无一种精确的疲劳判断方法，作为疲劳综合评定的依据。

（1）测定生理指标

①肌力测定

背肌力和握力的测定：可以每天早、晚各测定一次，求出数值的差值，如果第二天早上就已经恢复了，则可以判定是肌肉疲劳的正常表现。

呼吸肌耐力：肺活量可连测五次，每测间隔时间为30秒钟，如果出现疲劳，那么肺活量会逐次减少。

②神经系统功能测定

膝跳反射阈值：疲劳时这一指标上升。反应时间：当出现疲劳时，其反应时间变长。

血压体位反射：由坐位转为卧位，会出现一时性的血压下降现象，之后会慢慢恢复正常；如果出现疲劳之后，血压降低后恢复所花费的时间将会增加。

（2）测定生化指标

常用的指标包括血红蛋白、血乳酸、血氨、尿蛋白，尿胆原、血睾酮、皮质醇或者皮质醇比值等。

（3）测定自感用力度

运动员在运动过程中，对自己的用力进行自我感知，这也是判定疲劳与否的一个重要指标。这种知觉可以被用来评定训练效果、评估训练强度、监测运动中出现的问题。身体发力时所引起的感觉刺激，是通过脑整合而形成的用力感觉，大脑对呼吸困难的程度、痛苦的程度进行接收和评估。后续研究证实，这些主观评价与工作负荷、最大心率储备百分比、每一分钟通气量及吸氧量有很大的关系，同时也与血乳酸水平有较高相关性。

5.恢复方法

改善代谢法是指通过多种途径放松肌肉的方法，促进肌肉血液循环，加快代谢产物的排泄，通过这种方式可以减轻或消除运动中产生的疲劳。一般情况下，这种方法主要有整理活动、水浴、理疗和按摩等。

对中枢神经系统的调控，使交感神经兴奋性下降，提高迷走神经兴奋性，增强机体合成和代谢功能，让身体尽快康复。这种方法主要有睡眠、心理放松练习、音乐疗法等。

通过补充人体运动过程中所丢失的大量物质来促进疲劳的消除。补充法可分营养物质补充法和中医药调理补充法。

消除运动疲劳有很多种途径，单独使用某一种方法是非常有限的，一定要综合运用，才会取得更好成效。因产生疲劳有多种因素，同时又受个体运动能力不同的影响，所以，分析疲劳时，一定要把疲劳作为一个整体来全面地考虑，使用消除疲劳方法，还应因人而异，有的放矢，择善而从。

第三节　心理育人视野下的高校体育教学策略

一、心理训练行为主义理论与方法

（一）放松训练

1. 基本概念

从当前体育运动情况来看，放松训练是一种使用频率最高的训练方法，同时它也是一种最基本的心理训练方法。这种方法主要通过语言暗示的方式来达到放松身体的目的，继而让心理得到放松。已有的研究认为，放松训练，起码具有缓解心理压力的作用，能够调整兴奋水平，在心理训练中起着基础性作用。

对于放松训练所引起作用的机理，现在还不十分清楚。它涉及"语言暗示是如何使身体肌肉放松的"和"身体肌肉放松又是如何导致心理放松的"这样两个基本问题。目前在这方面有一些理论假设，最为常见的一种就是双向调节说。也就是相信大脑和肌肉是双向联系的，信号不但能由大脑传达到肌肉，也可由肌肉传回到脑中；由于人类普遍具有不同程度的受暗示性和念动能力，因此，可通过与放松相关的语言暗示，调整肌肉紧张程度，让它渐渐松弛；当肌肉松弛后，传导到大脑的神经冲动显著降低，大脑兴奋性也会相应降低，心里会觉得轻松愉快。

2. 常见手段

放松训练有多种途径，常用的有表象放松训练、渐进式放松训练等。放松训练的方式也不少，如自我暗示、听放松录音磁带、节拍诱导以及生物反馈诱导等。常见的放松训练法有以下几种：

（1）表象放松训练

此法多通过对放松情景的想象，逐步实现放松训练。例如，想象自己在树林中或公园里散步，想象自己躺在海绵垫上或草坪上，想象自己在温暖的阳光下躺在海边沙滩上或其他可以想象到的放松情景等。需要注意的是，想象中轻松的场景，应是你曾觉得轻松的环境与场所。如果一个人从来没有去过海边，没有这方面的直接体验，他就很难通过想象躺在海边沙滩上那种舒适感受来放松身心。

在表象放松训练中，通常让练习者仰卧或卧床，双臂置于体侧，双腿不相交，眼睛紧闭。同时让他们思考一些觉得很轻松、很惬意的场景，使他们把这些场景尽量想象得栩栩如生，惟妙惟肖，有种身临其境的感觉。如果能把自己的这种想象变成具体可感的形象，就会使练习效果得到明显的改善。此外，也无须拘泥于制造轻松场景的表象，还可以不定期地对想象场景进行改变。

（2）渐进式放松训练

渐进式放松是20世纪20至30年代由美国学者设计的放松训练方法。在这之后，经多年临床应用，不断修订与提高。此法需要主动先拉紧某肌群，体验到这一紧张感，然后再对使其恢复正常，从而将这种张力"排出"，进而通过这个过程体验轻松。此法最大特色在于透过肌肉紧张和松弛之比较，身体和精神都渐渐轻松起来。

与其他放松训练方法相比，渐进式的放松训练的效果可能有些微不足道，但是，你可以在这一方法中进行切实的尝试，以理解放松的要点。比如体验"使劲握拳五秒钟"的张力，再放松10秒钟，体会一下身体中紧张感都被驱赶出去的松弛状态。

在渐进式的放松训练中，要选择一个安静的环境，采取坐位、卧位时，可以闭上双眼，并按照具体的放松步骤，进行"紧张—轻松"，每收缩肌肉5~10秒钟，然后放松10~30秒，在实际操作中我们要视具体情况，对时间进行调节。特别注意体验肌肉紧张的感觉，同时也要用心体会肌肉放松是一种怎样的感觉。采用渐进式放松训练录音磁带，这样我们便可以一边听一边做，通常情况下做一次需要20~30分钟。

（3）自生或自律训练

自我暗示训练（或自律）是指通过特定的自我暗示来减少或消除生理和心理的紧张反应，以达到放松身体的目的的放松训练方法。开展自生或者自律训练，可以采取卧姿、坐姿或者半躺式的练习姿势，训练的原则是达到浑身轻松、舒服。自主训练时，在默念具体暗示语、正面想象的同时，注意体验与之相对应的肢体感觉，如温暖、沉重等。学习自生训练的六种练习，可以一个一个地来学习掌握，也可以把它们放在一起来练习。最终大多数练习者可以达到只要重复默念暗示语，就能使自己进入舒适、愉快和宁静的"自然发生状态"。自生训练最大的好处，就是暗示语好记忆，练习者在任何时间、任何地点都可以自行进行练习。

（4）三线放松功

中国传统气功以放松为出发点，人们经过长期的气功实践，总结了一套行之有效的放松方法，叫作放松功。放松功通过有序、有节奏地放松身体的各个部位，并始终与默念"松"字法相结合，渐渐放松四肢，放松全身肌肉，调节身心反应。由于放松功主要是把身体分成两侧、前面与后面三条线，为此，练习者可以按照从上至下的顺序进行放松，故而这种方法又叫三线放松功。

（二）生物反馈训练

1. 基本概念

由于人的自主神经系统所支配的内脏和活动信号微弱，因此一般不易被察觉（例如人们不知道现在自己的心率和血压是多少），得不到一点反馈信息。现代先进的医用电子仪器的问世，为人们及时了解内脏活动的变化情况提供了便利条件。这些电子仪器通过放大人身体内部微弱的生理电变化，如脑电、肌电和皮肤电等，使人们得以看见或听到机体这些内在活动的变化情况，并能同时通过人们自己的主观意愿对这些反馈信息加以改变，进而可以学会随意控制自己的内脏活动。

2. 应用发展

在生物反馈的实践过程中，人们逐渐发现，如果想要学会随心所欲地支配自身的这些内脏的生理变化，不是短时间或几次就能完成的，它需多次重复练习。基于此种情况，生物反馈训练也由此产生，并且被广泛使用。生物反馈训练在竞技体育中的运用始于20世纪70年代，这种训练有助于运动员对精细动作的把握，调节动作节奏，纠正错误动作姿势，促进运动员肌肉损伤之后的康复等。另外，采用生物反馈与放松方法相结合的方法改善运动员在对抗比赛中紧张反应方面的研究和运用已取得良好成效。

过去人们对生物反馈训练不大了解，使用的也不多，现在由于国内已能生产生物反馈仪，而且价格也不高，加上一些单位进口了国外生产的生物反馈仪，推动了我国生物反馈训练的开展。同时，人们也积累了一定的经验，与其他心理训练方法相比，进行生物反馈训练要受到一些客观条件的制约，掌握起来要困难一些，但是要比人们所想象的简单得多。

近几年来，将现代生物反馈技术和放松训练方法相结合的生物反馈放松训练备受青睐，得到了广泛的应用。把生物反馈运用到放松训练中去，它有助于练习者以视觉或者听觉的方式进行信息反馈，让我们清楚地感受到自身处于安静、松弛或紧张状态时内脏生理活动变化，由此，根据指导者提出的要求，逐步学会支配内脏生理活动。生物反馈放松训练的显著优势，即这种训练方法克服了放松训练的盲目性，加快放松训练步伐，增强放松训练效果。

3. 常见手段

第一，要具备三个基本的条件，即配备生物反馈仪、合格指导者及适当训练法。常见生物反馈仪如下：皮电生物反馈仪、心率和血压生物反馈仪、肌电生物反馈仪等等。近年来，随着科技水平的发展，脑电生物反馈仪也得到了一定程度的使用。当前，高级多指标生物反馈训练系统比较流行。指导者要精通生物反馈仪，对生物反馈训练相关知识有全面认识，最好能在这一领域有些工作经验，这类培训一般都在安静、舒适的地方进行。第二，选用适当的放松训练法，可按个人爱好和其他实际条件进行，在诸多放松训练方法中选一个。然后确定反馈方法（视觉或听觉）、位置（前额或前臂等）和反馈目标值等。现就肌电生物反馈在放松训练中具体操作步骤论述如下：

将生物反馈仪置于练习者视觉水平线以下的桌子上，在使用前，应检查仪器各个部分与地线是否相通。在放置电极前用酒精棉球擦去额头皮肤的油，再将导电糊注入一次性肌电传感电极中。在双目平视的状态下，将两个信号电极安放在被测试者瞳孔以上过眉 1 厘米的前额位置，在两信号电极间的额肌上布置参考电极。根据练习者实际情况，在生物反馈仪中预设目标拨盘，设定特定反馈目标值，再开启电源，按下肌电反馈钮切换。

当选择视觉反馈方式进行首次训练时，应通知练习者：肌肉紧张的时候，生物反馈仪面板发光矩阵的光点偏左，反之，往右偏移，同时还会朝向所预设目标值指示灯行进。光点向前或向后移动的数量，体现着肌肉细微变化的幅度。练习者进行放松训练时，可观察光点的部位及运动变化，了解自身肌肉的松弛情况，这一反馈信息帮助练习者保持进一步的放松状态。一般当前额肌电值为 $2\sim3\mu V$ 的时候，练习者便逐渐开始觉得肌肉松弛了。所以，设计出来的反馈目标值通常都在此范围之内。每次进行肌电生物反馈放松训练约 20 分钟，经过训练，此次的训练结果可以由外设微型打印机打印出来，以便练习者进行分析。

（三）系统脱敏训练

系统脱敏训练是先放松训练，再按照一定的程序，消除或者弱化人的焦虑、紧张或者恐惧反应心理的训练手段。系统脱敏训练多将肌肉充分松弛和练习者所讲述的导致他们焦虑或者害怕的场景进行多次结合，用身体放松去压抑忧虑或害怕等负面心理。通常要求练习者首先要放松自己的身体，再去靠近一种会导致微弱焦虑或者恐惧的刺激物。从某种意义上讲，这样的放松具有一定的抑制作用，从而使练习者能承受所经历的那种忧虑或害怕。

经过几次实践，这种微弱或强弱的刺激将丧失原来的练习效果，练习者亦不会再因为其存在而焦虑和害怕，这就是脱敏现象。紧接着又换成了强一点的焦虑或者恐惧情绪进行刺激，重复以上步骤，最后，让练习者摆脱焦虑和害怕的情绪反应，降低不良情绪的反应强度。这几年，在系统脱敏训练中引进了认知训练，也就是使练习者能够辨别出不合理地导致焦虑或者害怕的概念，并以理性的自我解释来压制上述思想，从而增强了系统脱敏训练效果。

一般情况下，系统脱敏训练主要由三个部分组成：一是放松训练，二是建立焦虑或恐惧事件的等级层次，三是实际应用。训练的重点，在于学会放松自己，并在某种程度上拥有放松能力，为此应该多多实践才能有所收获。系统的脱敏训练，可使练习者能够很快地进入一种新的状态。系统脱敏训练比较重要的任务之一就是设置焦虑或者恐惧事件等级水平，一般情况下，首先应该发现很多令练习者焦虑或者害怕的事情，并且让他汇报一下每个事件的焦虑或者害怕程度，再将上述事件按照由弱到强刺激强度进行排序。系统脱敏训练的具体运用，主要指当练习者处于放松状态，根据所确立的焦虑或者恐惧事件等级层次所列事件的内容，先后对练习者进行想象系统脱敏（SD-I）或者现实系统脱敏（SD-R）。

想象系统的脱敏，指使练习者处于完全松弛的状态，开始设想焦虑或恐惧事件等级层次上的首个事件（造成焦虑或者恐惧最薄弱的那一件事），请练习者明确设想这件事，大约需要30秒，到时间之后，练习者就不要再想象这件事情了，反复练几次，直到练习者不再担心和害怕此事。随即又进行了几次相同想象系统的脱敏训练，以应对接下来发生的事情，直到对焦虑或者恐惧事件的等级层次上的事件都进行了完整的想象脱敏，使练习者的焦虑不安或恐惧反应终于得到了压抑或解除。

现实系统脱敏就是使练习者从一系列导致焦虑或者害怕的现实情境中逐步适应直至不再产生焦虑和害怕。

人们通常认为，系统脱敏训练要以现实系统脱敏为主，这样的练习效果最佳，但在以往的研究与实际运用中，很多人却选择想象系统脱敏，其主要原因在于想象系统的脱敏远比现实系统的操作简单。近年来，现实系统脱敏应用显著增加。

二、心理训练认知理论与方法

（一）表象训练

1. 基本概念

表象训练就是借助于言语暗示，唤起原有运动表象，进行心理训练，又称想象训练、念动训练或者心理演练等。它能使运动员迅速地对自己所获得的运动经验进行回忆与再现，从而加深对动作技能形成过程及规律的理解，达到提高技术动作质量之目的。此法不仅在运动员的日常训练、比赛等方面得到了广泛的应用，并应用于体育教学与训练，且收到良好效果。

目前，有关表象训练作用和机理的理论很多，其中较有影响的是心理神经肌肉理论。最早发现并提出这一理论的是美国学者雅各布森（前面所讲的渐进式放松训练的创立者）。20世纪30年代初，雅各布森在实验研究中发现，让被试想象屈右臂的动作，而实际不做屈右臂的动作，其肌电图（电极放置于有关肌肉）中出现了肌电波幅度比实际屈右臂动作时的肌电波幅要低，但比不屈右臂时的肌电波幅要高的现象，而且这种肌电变化的形状和持续时间与实际运动时的肌电图形非常相似。所以，心理神经肌肉理论提出，当人们想象行动时，会伴有较弱的，但是可测定的类似于实际运动的神经肌肉活动，且此种神经肌肉反应的多次刺激，可使运动之动力定型得以完善与固化。

2. 常见手段

表象训练的表现形式是多种多样的，可采用语言暗示、放录音引导、观看录像等表象训练方式。现因电化教学的条件得到了改善，所以可以拍一些关于运动技术方面的视频，再放给练习者看。同时，还可利用电视录像系统录制一些简单直观的动作视频资料，让学生模仿练习。练习者观看视频时，首先闭着眼睛轻松一下，再将刚看到的动作形象在脑中回味，如此多次重复效果更好。表象训练以正确动作技能和完成动作为主，但是，它也能成为一些情景性内容，帮助身心放松。

表象训练的步骤分为以下四个：表象能力测定、讲授表象知识、基础表象训练、与专项相结合的表象练习。在这些训练中，基础表象训练显得格外重要，是由感觉意识的培养、清晰性训练和控制性训练三部分内容构成，本书在这里重点论述基础表象训练。

第一步是感觉意识的培养。这是为了让练习者能觉察自己做完动作后的所有体验。练习者过去对自己在完成动作时的完整体验，将有助于他们唤起清晰的动作表象。通常是要求练习者在训练过程中，把注意力集中在动作上，通过让他们放慢节奏来更好地专注于动作细节，以使这种察觉更细致、更清晰。

第二步是清晰性训练。清晰性并不单纯意味着明确的视觉表象，也指参与动作表象的全部经历的清晰，可以采用提高表象清晰性的练习来进行。如想象自己比较熟悉的内容，在每次表象练习结束后，要自己打出清晰程度的分数，以便比较和评价练习情况。

第三步是控制性训练。主要学会控制表象上的图像，并培养任意开启与闭合表象的能力，具体方法有：放大或缩小、放慢或放快动作表象内容，以及利用表象来操作等。

3. 注意事项

为确保表象训练取得成效，实施时应注意以下问题：

做表象训练就像做别的事，我们只有首先喜欢做这件事情，这样才能轻松地完成。对于表象训练持有质疑或者否定意见的练习者，实施表象训练，非但没有得到好处，还会在无形中造成更大的心理负担，给动作技能带来了负面影响。要想取得良好的教学效果，必须让练习者感到它是可行的，只有练习者觉得这样做是有益的，才能达到更好的效果。所以说对表象训练这种很有效的心理训练方法，必须正确地运用。在表象训练前，指导者要为练习者提供相关表象训练目的、意义与方法等心理教育，增强练习者表象训练意识，让其乐于参与表象训练，并且渐渐地喜欢上这样的心理训练。

表象训练仅能在动作技能训练中起到辅助性作用，无法代替实际动作练习。动作学习的过程，要先进行实际动作练习，只有经过几百遍、上千遍的重复练动作，才有可能真正抓住动作要领，构成动作技能；然后再进行表象训练。表象训练有利于动作技能的学习，不过，这一帮助也存在着一些局限性。表象训练必须和动作技能训练相结合，只有在表象训练与动作技能训练按恰当比例结合在一起时，才有可能达到最佳训练效果。

对练习者来说，表象训练可以看作一个学习提高的过程，都得从"不会"到"会"，从"不成功"到"成功"。虽然表象训练并不像有些人想得那样简单，但是，它又绝不是高高在上的。为了达到更好的表象训练效果，首先，必须能有计划、有步骤地接受这类的训练，如果想依靠简单的几次训练就取得良好的效果，那是不现实的；其次，确保表象训练练习质量，表象训练时唤起的应该是动作技能的恰当形象，而非错误、变形的动作形象；最后，表象训练前的放松。

（二）认知训练

情绪的认知理论是20世纪60年代由美国学者提出的，研究认为，情绪产生时，认知因素起着决定性作用。同时，旨在改变人们认知，继而改变其情感与行为的认知疗法应运而生，例如艾利斯认知治疗等。在最开始的时候，认知疗法多应用于心理障碍患者，后用于正常人，为此认知疗法又称为认知训练，也有称其为认知调整，抑或是思维控制训练。近年来，随着人们对认知心理研究的深入，认知训练已经逐渐成为心理治疗的一种方法和手段。

1.ABC理论

ABC理论主要观点认为，情绪并不产生于某个诱发性事件自身，它主要是由经历过这一事件的个体对这一事件的解释和评价所引起的。以ABC理论为模式，A指诱发性事件；B为个体遭遇诱发性事件时形成的信念，也就是他对此事件的观点与评价；C指所对应的情感和行为反应的结果。这三个因素之间并不存在因果关系，而是相互影响、相互制约的关系。ABC理论将诱发性事件A仅仅看作诱发情感和行为反应的一种间接原因，以及人对诱发性事件所持有的信念、观点与解释等，这些才是导致人们情感和行为反应更为直接的因素。

2.合理情绪疗法

（1）合理情绪疗法的内涵

合理情绪疗法提出，人类的情感与行为来自于人类的思维，思想产生的根源是人对一种东西的观点（信念），而信仰的生成，则来自人的思维方法。理性的思维，生成理性的观念与信仰，不合理的思维产生不合理的想法和信念；理性的信仰能使人产生恰当的情感与行为反应，而非理性信念则与之相反，产生不恰当的情绪和行为反应。大家多多少少都有不合理的信仰，也可看作人常常遭受情绪困扰，或产生情绪障碍的一个重要因素。由于人的不良情绪和行为反应是人的不合理信念所造成的，因此，每一个人都应该为他的情绪负责。

不合理信念主要有以下三个特征：第一，绝对化要求，绝对化要求是指人在意志上对于某件事物有某种必然发生或者必然不发生的信仰；第二，过分概括化，过分概括化是一种以偏概全的不合理思维的表现；第三，糟糕透顶，糟糕透顶就是觉得某件事情出现就害怕的感觉，非常恶劣的灾难性思想。

合理情绪疗法的核心问题就是以合理的信仰代替个体的不合理信仰，尽可能减少不合理信念给情绪、行为带来的不良影响。运动员赛前产生的不适当信念，往往使他们在心理上处于紧张状态，这种紧张可能影响到比赛成绩，甚至造成运动损伤。有的人对体育比赛产生了不理性的信仰，会很容易过分紧张，为此有必要有相应的合理信念加以替代，从而减少其比赛时心情上的紧张反应。

（2）合理情绪疗法的步骤

合理情绪疗法实施过程中的主要环节有以下几个方面：

第一步是心理教育。应该首先向练习者阐述合理情绪疗法（ABC理论）的依据，并用若干例子讲清楚不合理信念同情绪、行为反应的联系，这个步骤是不可缺少的。

第二步是心理诊断与领悟。这一步骤往往有助于学习者确定导致不良情绪与行为反应的不合理信念，以此为基础，有助于练习者理解一些概念的不合理性，以及自身情绪与行为上存在的问题，就是由这些不合理信念造成的。

第三步是转变不合理的信念。在这个阶段要使练习者能够认识到自己不正确的信念，即不合理的信念，这也是合理情绪疗法中的关键步骤。这一环节主要有助于练习者对自己的不合理信念提出疑问并展开争论，然后抛弃那些不合理的信仰，从而消除或缓解不良情绪，减少不良行为反应。由于人的不合理信念的形成并不是一日之功，不合理信念通常都比较顽固，所以改变不合理信念这一过程费时较多，有时还会出现反复。从根本上说，用合理信念取代这些不合理信念并非易事，其中需要完成的具体任务很多。

3.其他方法

除了以上所讨论的合理情绪疗法这一认知训练，在体育教学中，还存在着其他认知训练方法，其中以积极的思维方式最为普遍。所谓积极的思维方式指的就是人们能够用积极思考和正确的方法去解决问题，而非以负面的眼光看待问题。现有的一些研究表明，消极的思维方式过多，会影响人在体育运动中的表现，即降低运动成绩。因此，有必要把体育运动中练习者的消极思维减少到最低程度或彻底消除——可以用积极的思维方式来代替练习者头脑中的消极思维，即用积极思维来取代它们。应当看到，积极思维应适可而止，并非越是积极的效果就越好，应以积极思维的实际为依据，也就是多几分活跃和理性的思考，否则，就有可能出现相反的结果。

三、体育心理模拟训练

（一）基本概念

通常在训练时，使练习者处于贴近实战的心理训练方法，就是模拟训练。模拟训练已经成为一些特殊行业人员（如飞行员、消防人员和运动员等）的训练方法，其训练效果较为理想。模拟训练旨在让练习者能适应未来实战环境，增强对外部不良刺激的抗干扰能力，利于把关注的焦点放在实战的进程上。

模拟训练一般可以分为实战情景模拟与言语图像模拟两类。实战情景模拟，主要指的是培训时，特别是赛前培训时，尽量创造或者选择和比赛条件一致或者类似的场景，例如气候、场地、设备、光线、声响和观众等；在此模拟训练期间，可人为地进行模拟实战，还可借助某些客观自然条件，例如，各种不同的气候与环境，去布置模拟训练。这样就形成了一个以"模拟"为基础，以"真实"为目的的综合体系。言语图像模拟，主要指的是用言语描述或者形象来示意竞赛的真实情况的方法，例如，看相关赛事录像，叙述赛事可能出现的种种情况，让运动员赛前理解或设想这些东西，使其渐渐地习惯比赛的场景。

（二）训练要点

仿真训练中的仿真不是"对原物进行恢复或再现"，而是"原物的简化"，简化地描述事物的一些重要特性；要以充分获得模拟对象信息为前提，根据竞赛的性质与任务，确定模拟训练的重点。进行模拟训练的时候应该从生理上、心理、环境等方面，在最大程度上接近实战，尽量使练习者在生理与心理负荷上贴近实战水平，使得模拟训练真实、高效，同时应做好充分准备，针对实战过程中可能遇到的各种问题采取相应对策。

应该强调一下，进行模拟训练时，一定要指导选手对具体场景下的心理进行调整。比如，当出现了一个比自己更厉害的对手，紧张的情绪必须得到控制；当出现了一个比自己更弱小的对手，情绪兴奋的程度必须增加；当比分接近而且比赛接近尾声时，抑或是己方比分落后于对方即将失败时，必须将注意力由比赛结果转向对自身行为的掌控。

当前，开展模拟训练过程中所面临的重大问题，就是仿真的情境造成心理负荷不理想，也没有充分注意到对参赛者进行这些具体场景下心理或竞技状态的有效引导。

（三）应用策略

我国乒乓球队数十年来均在世界大赛上取得了辉煌成就，而这些成就的取得与其模拟训练的运用有直接的联系。

1. 从实战出发

例如，赛前安排选手到标准体育馆集训，参加内部比赛；也可以利用赛场上紧张激烈的气氛让运动员在赛前有一个心理准备和心理调整过程。此外，体育馆内也要放映事先录制的节目、过去世界比赛场面上十分喧闹的视频录像，借此锻炼并增强运动员适应比赛的能力。这些都是通过模拟技术使练习者获得经验，而不是通过实际比赛获得的。近几年来，中央电视台组织了乒乓球擂台赛，这一形式对优秀运动员来说，具有较好的效果。

2. 针对性训练

陪练，是我国乒乓球常赢不败的一个秘密武器。很多好运动员都愿意做陪练员，去效仿外国优秀选手的打法，这就能让参赛的运动员提前在相似的实战中不断地重复实践，不断地适应。在这种情况下，他们的战术意识就会得到加强。在真对手来了之后，心里觉得更踏实了，能攻其弱点扬己之长而获胜。

四、心理拓展训练

（一）理论基础

1. 相关概念

关于心理拓展训练的称呼有很多，如"教练""外展训练""冒险集体疗法（adventure group counseling）"等，其实这些概念都源于"outward bound"一词。除此之外，还有以下几个概念：

心理拓展训练指导：它主要是对心理和精神上有障碍的学生的指导实践。

心理拓展训练活动疗法（Adventure Based Counseling，简称 ABC，即心理拓展训练）：是心理拓展训练指导的一种形式，是在 1980—1983 年美国马萨诸塞州实行的，以心理拓展训练计划为依据的指导实践。

心理拓展训练活动（adventure activities）：后来，心理拓展训练的实践活动被称为心理拓展训练活动并得到进一步应用。

心理拓展训练计划：该计划是由美国人皮赫创立的，就是将心理拓展训练和学校制度相结合，是学校版的心理拓展训练。为"给孩子们一个无限的梦"，选用"心理拓展训练等"之名。

2. 自我概念

（1）确立信赖关系

使全体会员都能参与到各项活动中来，并且在危险的处境中相信伙伴，真实感受场上人员的存在，并通过身体上的活动，构建与同伴之间的信赖关系。在全体参与者中找到这种信任关系，是心理拓展训练课程教学的又一个特点。这种对他人的信赖不仅可以提高参与者的情绪控制能力，还能增强他们的自信心和凝聚力。

人与人之间在形成社会性、心理性信赖关系之前，他们首先会建立身体性信赖关系，这一步至关重要。如果没有良好的身体性信任，即使有再多的信息也不能使自己获得安全保障。随着心理拓展训练课程大纲建设的深入推进，当人们在进行挑战的时候，很有可能出现当众出丑或者失败的情况，而人们建立信赖关系，则成为解决这个问题的根本。

通过增进小组团队共同体之认知，并在组员间建立援助关系，以建立彼此之间的信赖关系，这样的效果十分好。人与人之间树立起信赖感时，他们会更加直率地抒发情感。在增强各组之间的接触之后，每个人都能体恤他人情绪，并且打开自己的心，接纳彼此，同伴间互相支持趋势增强。即便是团体中出现不和谐现象时，也能以一种友好、理解的态度去看待这些问题，这有助于改善成员之间的人际关系。

人们逐渐认识到建立信赖关系具有重要的意义。信赖关系是人与人之间最基本的一种关系，它在社会生活中占有重要地位，并随着时代和环境的变化而不断发展。相信自己和别人，这对一个好的人际关系的确立是非常关键的，它还能给其他一切心理要素带来巨大的影响。

可以这样认为：一切社会关系均建立在信赖关系之上。心理拓展训练计划方法具有实践信赖关系等优势。信赖行为不仅意味着小组成员学会了保障安全的技巧，并正在改善团队联系、在同伴间建立信赖关系上也很有成效。成员们以信任他们队伍的方式，能形成敢于迎难而上的心态，而成员的这些变化离不开自身的发展。

（2）设定目标

一个人如果想要感受到成就，势必需要具备以下几个条件：目标明确；这一目标，就是他们真正所要达到的，和自身价值观紧密联系在一起；明确实现目标的途径；目标符合自身实际情况，既不高，也不低。

在一次特殊的经历学习演示中，重点关注那些蕴含于学习活动之中的收益，并为之制作表格。心理拓展训练团队与个体目标设置项下，这些收获与目标指向相同，从而使参与者能够关注其行为的改变。

在进行心理拓展训练的过程中，制定目标和相关约定对于一个团队而言具有重要意义，它决定了一个团队能否有效地发挥其作用。在这一点上，我们可以将约定看作一种特殊的行为规则或策略，它具有一定的强制性，但也有其灵活性和自主性。所谓约定，包括那些涉及身体安全、心理安全等方面的原则和限制。活动之初，所有的参与者首先商定：对所有参与者，包括其本人，都不得贬损或歧视；也有约定规定：注意和伙伴的定位，当感觉到伙伴们的行为存在危险的时候，必须立即做出拯救的决定，全体参与者都要接受这一安全原则。这样做会让所有成员一起分担团队责任，能在潜移默化中实现由身体安全向心理安全的过渡。

如果一个团队能够制定完善的目标，那么这个团队的所有参与者可以掌握他们小组在活动中有哪些目的，同时也能清楚地认识到自己的目标是什么。此外，如果参与者参与自身目标制定的程度越深，那么他将会在接下来的团队活动中更好地学习，同时也可以在无形中减少推诿责任，临阵脱逃等现象。通过制定目标，参与者将不拘泥于过去，更加注重当下与未来的发展，并且逐渐形成针对问题制定方案的习惯。

为实现目标，一个人或者一个团队应该制定一个目标，而且对活动进行分析和探讨，从而取得良好效果。分析和讨论时通过商定具体目标，将坚定他们改变这种状况的决心。但我们不应该引导人们将"希望自己越来越快乐"之类的抽象事物作为活动的目标，应让与参与者制定经过努力可以实现的特定目标。

（3）挑战或压力

在开展心理拓展训练活动时，参与者往往觉得有一定的危险，例如，第一次见到高空活动，或者绳类活动的时候，许多人的第一反应往往十分惊讶、害怕。但通过妥善规划、全面引导，许多人都可以完成这种挑战。在这个过程当中，参与者能够感受到成功带来的成就感和满足感，同时还能体会到团队合作精神以及团队精神所带来的快乐与满足。不仅给参与者带来惊喜，还使其获得一次美好的经历。

所以有人说"挑战是心理治疗"。还有一种说法是，有效应对压力，不在于逃避压力，而在于挑战，采取正确的态度，迎难而上，才能体会"良性压力"。

所谓良性压力，就是在生理方面达到一种平衡，就是对身心都有好处的一种压力。现代人在生活当中，常常不会正确地去向社会上那些慢性、恶性压力发起挑战，这在一定程度上也表明人们的良性压力不足。青年罪犯实施了盗窃、纵火等活动，其后果就是送交法院，送交教养学校，这些青少年对挑战有很大的需求，因此他们经常从事这种过激活动，导致这一情况的原因是肾上腺激素分泌亢进，但是很可惜，他们有时并不知道哪些挑战会被社会认可，他们不去发现挑战的内涵与价值，亦不愿意在挑战中得到一些有益的启示。

（4）高峰体验

在心理拓展训练中对"高峰体验"这个词的定义如下：高峰体验就是在从事某项技能学习或者某项活动的尝试过程中得到的最高水平的体验。

心理拓展训练活动对于人们性格的改善同样有效。通过进行强力的体验，参与者在不自觉中获得了必要的生存智慧。例如，某青年女学生早期高峰体验所得到的经验与启发，将是其日后人生转折的指南，该女生还知道应该怎样对待类似问题。

（5）幽默或愉快

在心理学上，笑是一种情绪表达方式和行为控制手段。有心理问题的人，大都无法轻易一笑。因此，在心理拓展训练内容上，还编排了许多幽默的玩法。幽默就成了训练团队能否有效地发挥其作用的一个主要因素。有些心理学家特别讲述了笑的治疗作用，笑不仅能缓解焦虑、抑郁情绪和降低血压水平，而且能够改善人际关系。据说，免疫力功能障碍者经过名为"笑治疗法"的治疗后可以康复。笑也有缓和紧张之作用，笑，是人类与生俱来的一种压力消除方式，微笑对于保持健康来说是必需的，笑可以帮助恢复身体和精神平衡。

在进行心理拓展训练时，在进行团队活动时，幽默非常重要。因为笑不仅能够帮助人们放松心情，还可以起到缓解压力的作用。不时设置一些能够令人坦率大笑的剧情，效果非常好，对存在心理问题的人来讲，同大家一起笑，抑或是自己笑，对于恢复心理健康有很大作用。

（6）解决问题

一个健康人，面对日常生活中出现的各种问题，并不心烦。他们总是能从自己的实际出发去思考和处理问题。通常的处理办法就是分析问题，再找一些解决办法，并从这些问题中选择最佳解决措施，最后，对行为执行做必要准备。这种处理方式不仅有助于人们提高解决问题和选择策略的能力，而且还能使自己的情绪变得更积极、乐观。健康人均能高效完成上述任务。

（二）实施策略

1. 规划训练计划

心理拓展训练如果想要实现预期的目的、目标，就需要制订优秀的方案和有效的执行计划。如果我们想要拟定一个完美的实施计划，那么就应该和落实体育教学一样，即对参与心理拓展训练学生有一个全面、详细的认识。

了解学生，就是要推测组织训练的必要条件，要对受训学生做详细的考核与分析，还需要问卷调查，必须会见学生及学生干部，也要与班主任教师及其他方面形成共识。

之后还必须构想所需设施，并清楚地知道什么是必需的，什么是不需要的。

有关人员要密切合作，同心协力地推进计划，当计划出现问题时，几个方面的人员也应互相帮助进行解决。

2. 提出方案

培训的设施和其他条件成熟时，还要制定方案，确定若干问题，最好用方案将其书面化。由于通过编写方案，能更进一步地找出问题所在。制作方案时，必须考虑以下几点：

准备理论根据：解决什么样的问题和设立什么样的设施，都应有清楚而令人信服的理论根据。

目标：在每个心理拓展训练过程中，团队的特定目的是否清晰、目的能否达成、有无确认目的进度的手段。

实践上的具体事项：训练日程表、训练时间的长短、小组的持续时间、经费预算和用地、设施的确保等问题。根据需要考虑实施训练所必需的保健和饮食的计划等。

指导体制及训练计划：应认真地考虑训练计划和所需预算。应考虑到作为小组指导的人是否有充分的经验与技能。在执行该方案时是否有专家指导，是否满足了相应条件。

3. 协调组织

既要丰富和完善规划，又要注重加强同其他部门的协调。计划本身就是心理拓展训练的一种"绑缚关系"，为了确保计划的万无一失，各部门要紧密团结。要注意：没有任何一个人会对毫无新意的东西感兴趣，要想得到各方面的支持，就必须使计划展现出一种全新的方法，使计划具有非常强的说服力。

4. 教师指导

无论筹备何种活动或选择何种方案，若不能确定好指导教师则方案将无法有效地开展。

指导教师的能力与意愿具重要作用，它直接决定了计划的成功与否。教师的能力发挥表现在以下四个领域：心理拓展训练计划的技巧、心理拓展训练计划的经验、小组指导的技巧、小组指导的经验。

如果指导教师为1人以上，那么每位教师就没有必要全部掌握这四个领域的内容。

5. 指导经验与技巧

心理拓展训练中的指导技巧和指导经验是不一样的两个问题。一些心理拓展训练的技巧同技术一样可以进行教授。也就是说，可以通过说明、重复，以及"你做一下看看"等形式来进行。如攀登、绳索课程、创造和探险等技能可以在适当的环境中学到。

然而，指导经验无法通过教授的方式获得，从某种程度上讲，经验是一个积累的过程。所谓心理拓展训练的经验，指实地体验各种活动。学习了技巧并不完全等于有了经验，反之亦然。

尽管有了经验，也不是说这样就可以指导团队了。所以在制订心理拓展训练计划时，应该安排好技巧学习与体验讲习会。

另外，心理拓展训练的体验将会促进教师与学生形成"共同立场（common ground）"。这是计划的要素之一。由于教师和学生是在一个相同的环境中，因此可以和学生一起交流经验。从而成为该团体中的一分子，以正视团体中普遍存在的问题与缺陷。在具体的心理拓展训练方案活动中，虽然教师指导技能确实是必不可少的因素，但从实际的心理拓展训练体验来看，"共同立场"的形成可能更加重要。

进行心理拓展训练计划的指导教师都是具有心理拓展指导经验的。要注意的是，从心理拓展训练计划来看，教师需要自觉抛弃领导地位，向小组成员的角色过渡。教师放弃领导身份，对其他参与者而言，同样是一种很重要的经历体验。团队蓬勃向上的特征有消除参与者警戒心的功效，这样教师指导起来也会变得非常轻松，只要同大家一起享受欢乐就行了。教师应从不同角度解决学生个人问题，使每一个学生打开心扉，进而热衷各种话题以及在这些话题中获得体验，这样的体验将为团队提供一个充满生机和活力的人际关系。

指导教师应该能注意到不断向新体验挑战。它不只是学习新技能，也可通过更进一步的经验积累，再一次肯定教授对学生进行心理拓展训练活动中的基本要点。

6. 指导教师要求

领导者一定要有职业道德标准。标准不清楚，领导者就有义务把它制定并明确下来，以便能对团队进行指导，教师要积累必要的训练经验，当教师现有的训练与经验无法应付现有的问题时，便不应当继续指导团体活动。教师一定要知道自身能力的极限。经常关注学生的状态，观察其是否在心理和生理方面存在缺陷。如果有些学生需要别的专家帮忙，一定要清楚地告诉他们。制定与行动改变有关的理论框架，并且确保能够在实际活动中运用。要清楚地告诉学生，作为这个团体的参与者，他们应该去做什么。从内容上看，比如，该提出反对意见的时候就表达出来，把胸怀打开，挑战新的行动，同其他成员构建公开信任的关系，表达自己的情感与观点。

7.计划资源

计划的资源（预算、人员、设施、时间的调度）往往不是很充分。因此，必须尽量从既有效又简单的方法开始。一个计划虽然很小，但如果有效的话，也能打开发展的道路。

如果从一开始就奢求很多，无视计划的极限，那么最终只能导致令人不快的结果。同时，要在所给定的条件中创造最优，我们就要看清楚哪项活动是能够进行的，然后竭尽全力去做。在这个基础之上，如果还有余地的话，也可以适当增加一些活动。但是不能被活动本身占去过多心思，否则的话就会忘掉其他程序，甚至会忘掉学生的存在。

即便是缩小活动的规模，也可能达到相似的成绩。没有必要局限在某个项目的具体时间要求上，如3天时间的要求，可以在1天当中抽出2小时来进行。或者，趁着天气好，学生又比较平静的时候，尝试进行15分钟也可以。结果当然比不上3天的活动，但是可以获得相近的效果。将心理拓展训练课程的种种想法按照设施的实际情况来变更进行指的就是这种做法。计划只有在活用到了实施后才有意义。以在小组内的实施方法为重点，在此基础上，必须将计划变成能够实施的东西。

五、身心健康与运动处方

（一）运动处方概述

1.基本概念

运动处方这一概念是由美国生理学家卡波维奇于20世纪50年代首先提出的。20世纪60年代以来，随着康复医学和冠心病及其他疾病康复训练研究的不断深入，人们开始重视运动处方。1969年，世界卫生组织（WHO）开始使用"运动处方"这一术语，它因此获得了国际方面的认可。

从21世纪初国内外运动处方发展现状来看，我们可以把运动处方理解为：

由康复医师、康复治疗师（士）、私人健身教练、社会体育健身指导员和体育教师等等，按照病人或体育健身者年龄、性别、普通医学检查、康复医学检查等多个方面的结果，并综合主客观情况，以处方形式拟定与病人或体育健身者相适应的运动内容，制定科学合理的运动强度，设置科学的运动时间和运动频率，同时，还要指出锻炼注意事项，从而使康复治疗、预防健身呈现出计划性和科学性。

这就如同医生根据病人的病情开出不同的药物和不同用量的处方一样，要科学地锻炼身体，提高健康水平，也必须"对症下药"。

2. 处方类型

（1）按照运动处方锻炼作用分类

①全身耐力运动处方

全身耐力（与肌肉的力量耐力不同）运动处方的主要目的是改善心肺功能。具体来说就是通过合理有效地安排有氧代谢能力和无氧代谢能力的练习来提高机体对环境刺激反应的灵活性及适应程度，从而提高人体机能活动的适应能力和完成各种动作的速度与协调性。全身耐力训练初期是为了培养机体耐力素质，改善运动员训练。随着对有氧代谢理论研究和临床应用的不断深入，人们发现它是一种有效的预防慢性疾病如冠心病、高血压等的手段。20世纪70年代以后，全身耐力运动处方在急性心肌梗死病人抢救成功后，或者在心脏搭桥术之后进行康复锻炼时，起到了显而易见的效果。它不仅能改善心肌供血状况，降低心率，还可促进血液循环，减少血栓形成及栓塞症的发生。根据运动处方，有计划地运动，可减少病人的住院时间，让他们更快地重新获得工作能力，故称心脏康复运动处方。目前，它除应用于急性心肌梗死病人的恢复外，在国外已广泛应用于心血管系统的慢性疾病（如冠心病、高血压）、代谢性疾病（糖尿病、肥胖病）、长期卧床导致的心肺功能下降及其他病症的防治与恢复。

②力量运动处方

力量运动处方以增强肌肉力量耐力为主。目前，对肌肉力量训练有许多不同的理论观点，但都没有涉及如何进行有效控制与调整。就康复医学而言，采用运动疗法，也就是让病人积极地进行肌力锻炼，让"废用性"萎缩肌肉威力大增，肌肉的横断面及体积增大，提高肢体运动功能。力量运动处方可用来治疗因伤、病致四肢废用性肌萎缩恢复，纠正身体发育畸形等。

③柔韧性运动处方

柔韧性运动处方具有改善人体柔软性素质的功能。复医学以"关节活动幅度（Range Of Motioru，简称 ROM）"作为柔韧性优劣的指标。从康复医学的角度讲，种种积极主动、被动运动等可令受伤累及关节的活动幅度尽可能维持、增大或回复至正常值，当然，也可以达到提高肢体运动功能效果。

（2）按照运动处方对象分类

①康复治疗性运动处方

康复治疗性运动处方研究对象，就是通过临床治疗取得基本治愈的效果，但是身体机能不同程度下降或者功能障碍者，例如冠心病、脑卒中患者、术后病人，以及已在一定程度上控制了高血压、高血脂和糖尿病的慢性病患者、肥胖症患者等。此种运动处方旨在通过运动疗法来协助病人改善身体机能及减轻病症，缓解或解除功能障碍，康复肢体功能，努力提升病人生活自理能力及工作能力。康复治疗性运动处方在综合医院康复科、康复医疗机构等组织中应用较多，当然，它还应用于社区的康复工作。康复医疗机构应根据自身特点，结合本地区实际情况，制定符合本地需要的运动处方，并组织实施。通常情况下康复治疗性的运动处方由康复医师、康复治疗师（士）来制定，另外，从事社区服务的高级健身指导员亦会参与这方面的工作。

②预防健身性运动处方

预防健身性运动方剂以全民健身运动参与者为研究对象，包括体质基本良好的中老年人；长期参加脑力劳动，缺少体育锻炼，亚健康状态者；中青年人及在校学生等。预防健身性运动主要是通过引导民众采用合适的体育活动、科学的运动，来改善健康，增强人民体质，提高"健康体适能"，防止某些疾病的发生，预防过早衰老。无论是学校、社区、健身机构，还是疗养院等场所都普遍使用预防健身性的锻炼处方。

（3）其他的分类方法

按运动处方不同用途划分：一是改善运动能力或者身体机能状况的运动处方；二是增进心理健康的运动处方；三是发展个性品质的运动处方。

按照运动处方实施的时间进行分类：课内运动处方和课外运动处方。

运动处方的分类方法是多种多样的，同一处方可能属于不同的类型。在实施过程中，不必严格区分这些类型，而应选择最适合本地区、本校、本班学生的最优化的处方实施，也就是多种运动处方的优化组合及综合运用，以取得最佳效果为最终目的。

3. 处方内容

（1）锻炼目的

锻炼目的主要有以下几个方面：促进生长发育；丰富文化娱乐生活，调节心理状态，提高生活质量；防治某些疾病，保持健康，延缓衰老；学习掌握运动的技能和方法，提高竞技水平；增强体质，提高工作效率。

（2）锻炼方式

锻炼方式通常指所选择的锻炼类型。当前体育锻炼类型划分多样，一般分如下三类：按运动中代谢特征分为有氧、无氧锻炼两种运动组合；按运动的竞争性质可以分为，竞技运动和娱乐运动；按运动人际合作程度，可以分为集体性运动和个人形式运动。

另外，也有研究根据锻炼的目的将锻炼方式分为以下几类：有氧耐力性项目、力量性锻炼项目、治疗矫正性项目、柔韧性项目。

（3）运动强度

运动强度是指身体机能所要承受超负荷的水平。运动超负荷愈高，人体消耗的热量就愈大。运动强度大小的控制，必须遵守循序渐进的原则，充分考虑自己的身体状况和适应能力。运动强度是设计运动处方中最困难的部分，需要通过监测来确定运动强度是否适宜。

①心率监测

在体育训练中，用心率监测运动强度是比较常用的、易操作的方法。测量心率可以帮助了解并控制体育锻炼时的强度，它能确切地告诉人运动强度是否需要提高或降低。触压桡动脉、颈动脉即可测得知心率。

②主观强度感觉监测

主观强度感觉判定法是已被广泛应用的一种简易而有效的评价运动量的方法，通常用 RPE 表示。RPE 也是介于心理和生理之间的一种指标。可以说 RPE 的表现形式是心理的，但反映的却是生理机能的变化。心率结合 RPE 值测试是最常用而简易的方法。把客观生理机能上的改变和主观心理在动作中的经验相结合，就能避免简单地追求一定的靶心率而产生盲目性。

（4）运动时间

运动时间是指每一次连续锻炼所需要的时间，在构成运动量中占有重要地位。由于运动时间和运动强度的乘积决定运动量，所以，就算运动量相等，由于运动目的的不同，还会出现运动强度、运动时间不一样的处方。合理地选择适合自己身体情况和需要的运动方式，才能达到增强体质和预防疾病的效果。对大学生而言，短时间的剧烈运动以及多次重复的处方，可以在无形中增进身体健康。

（5）运动频度

运动频度一般是指周身体锻炼频率。它既可以反映出个体参加体育运动的时间和强度，又可作为评价体育锻炼效益的指标之一。锻炼的作用表现在每一次锻炼给身体带来的良性作用的逐步累积之中，就是由量变转化为质变，因此需要经常运动，或者依据运动目的的差异，执行一定周期的运动计划（运动处方）。而非以一时之志趣，三天打鱼两天晒网，亦不可操之过急，以致运动频度太高。要做到这一点，首先就要了解运动对机体所具有的功能和效应，然后才能制定出最佳运动方案。如在一次锻炼之后，锻炼给身体带来了良性作用，而我们却在该效果彻底消退之后，才会有二次锻炼，那么上次锻炼的结果就无法积累了；如在一次锻炼之后，在运动对人体良性作用尚未发生（前次锻炼疲劳还未解除）之前，紧接着又要做第二次锻炼，进而导致疲劳的积累。上述两种运动间隔形式均无法得到令人满意的结果。如果长期处于后面的这种情况之中，也会给身体带来过度的疲劳。由此可见，运动频度对运动处方制定的影响至关重要。它不仅可以使训练强度更加合理、运动量更加适宜,而且能有效减少或避免某些疾病的发生。运动频度的正确设置,应与运动目的相适应,同时还要结合训练者的身体情况区别对待。

若是为了健身或者身体恢复,普通人的运动频度应该在一周三次或更多比较合适,同时要综合考虑每一次锻炼的强度、持续时间,也要考虑个体身体康复情况和锻炼适应能力。如果每次锻炼的运动量不大(但是,必须做到最低锻炼效果),还可以提高运动频度,一天锻炼一次乃至两次,把体育锻炼变成生活方式的一部分,作为一种日常习惯性的活动。这样既能提高机体机能水平和身体素质,又可以促进新陈代谢,增强人体抗御疾病能力。只要不产生疲劳的积累,就有利于身心健康。

(6)注意事项

①要循序渐进

无论什么运动处方,都强调在刚开始的时候坚持"少而精"的原则,不可过度运动。因为刚开始时对自己身体情况还没有完全了解,所以应根据个人特点选择适合自身的运动量及强度。刚开始锻炼时,可采用循序渐进的方式逐步加大动作的难度,可以降低导致肌肉酸痛、旧伤复发等现象发生的概率。例如,由慢至中速行走运动中,为改善体适能运动处方前期的活动,当推进到一定程度时,如果走了4千米,感觉不累,就可以慢跑。

②要做好准备活动及整理活动

锻炼之初,准备活动大于实际活动,它们可用于由休息向运动状态的过渡。在这一阶段中,必须保持一定时间以维持身体姿势平衡和力量水平,以便进行有规律的收缩与舒张。在开始锻炼起来后,活动强度应逐步加大,直至能够达到合适的强度。伸展运动可以提高关节活动度,改善肌肉柔韧性,这一切应当纳入准备活动的范围。当运动结束之后,整理活动约五分钟,包括缓慢的行走和伸展运动。从而让呼吸、心跳恢复正常,在运动进行过程中,它至关重要,它能降低运动后低血压的发生概率。

③对处方的修改及微调

在运动处方的制定和执行中,首先,要有一个"观察期",让锻炼者渐渐适应指定的动作,并观察处方所致生理反应,了解其生理反应是否正常(如心率反应是否在靶心率范围、呼吸是否困难、出汗量如何、劳累程度如何等)。依据观察结果,修正并调整处方,进而明确运动处方,并有计划地执行。同时,还要定期对锻炼者身体情况进行检查,及时纠正不正确的锻炼方法。在运动处方被固定下来之后的执行期间,仍需结合锻炼者具体情况微调运动处方,从而让锻炼者能够寻找到最适合自身情况的运动处方。

(二)运动处方与心理健康

1. 锻炼方式与心理效应

(1)有关有氧和无氧锻炼心理效应的研究

有氧能力强的被试对心理社会性应激刺激的反应更低。有氧运动可以使男性大学生的积极情绪呈上升趋势,消极情绪呈下降趋势,并且这一心理效应至少持续到运动结束60分钟后。

有氧锻炼(低强度、长时间)和无氧锻炼(高强度、短时间)均可降低抑郁,而且体育锻炼比放松练习和其他娱乐活动更能有效地抵抗抑郁。不过也有研究认为,无氧锻炼可有效地降低抑郁,却不能有效地降低焦虑。总之,虽然有氧和无氧类型的锻炼与心理效应的研究目前不存在结论性论据,但是许多研究得出的结论是,有氧练习与心境改变和应激的减少有关,可以使焦虑和抑郁降低,自我概念、应激忍受力增强,容易出现"跑步者高潮",而且有氧练习与许多放松训练的作用等价。因此,为了取得良好的心理效应,研究者提倡锻炼类型最好采用有氧锻炼。

(2)有关竞争性和娱乐性心理效应的研究

锻炼类型活动能够使人的良性心境降低,负性心境升高,心境水平呈下降的趋势;竞技类型活动则相反,会使人的良性心境显著升高,而负性心境显著降低。

运动对于孩子自尊具有正向作用，而且这种正向影响在残疾儿童身上体现得尤为明显，我们需要知道最佳的锻炼方式是健身运动，而不是娱乐性、技能性、竞技性项目。

一般情况下，回避（跟他人或自己）竞争式的体育活动，能使参与者取得满意的心境效益，减少应激水平，提升成就感，强壮体魄。其原因在于，回避竞争的行为能够免受到失败所产生的消极心理效应的伤害，众所周知，失败会摧毁人的积极的心境状态（如愉快和精力感），同时也会降低自我效能、自身成就感和自豪感，此外，竞争激烈的运动可能造成过度训练，并且造成心理疲劳，严重者会有心理耗竭现象。

（3）有关集体性和个人性锻炼心理效应的研究

根据社会交互作用假说，尤其是在体育集体锻炼活动中，体育锻炼为参加者提供了一个自由宽松的社交环境。这在一定程度上满足了参与者社会交往的需要。研究认为体育锻炼调节情绪的根本前提是体育锻炼时和朋友、同事在一起，在这样的情况下所发生的社会交往，会赏心悦目，对情绪有调节作用。在这样特定条件下，体育锻炼能增强人的自信心和自我效能感，从而促进心理健康发展。据此可得出结论：集体性体育锻炼较个体性体育锻炼更能发挥较好的心理效应。

2.锻炼强度与心理效应

锻炼强度影响锻炼心理效应已被众多研究证实，但对于大强度能在多大程度上或能否产生积极心理效应存在很大争议。多数的研究表明，中等强度的体育锻炼能取得较好的锻炼心理效应。一些研究者认为，大强度锻炼可能降低应激水平。而另外一些研究者认为，高强度锻炼能强化心肺功能、改善代谢，但其对心境状态的改善作用较差。

经过八分钟的高强度运动，心境状态量表的测量显示，紧张感、疲劳感在很短的时间内升高；经过低强度的锻炼活动，能感受到精力、活力等方面的积极变化。这在一定程度上表明低强度的锻炼比高强度的锻炼对心境更具有积极的作用。

关于运动强度的心理效应研究，目前尚未取得统一的结果。但是，从当前研究情况看，中等强度的运动效果已经被大多数研究人员认可和证实。因此，对大多数人而言，在体育锻炼时最好采用中等强度。

3.运动时间与心理效应

一些研究表明，五分钟步行运动可以提升心境，但是多数研究都认为，产生心理效益所需的锻炼时间为20~30分钟。还有一些研究提出，40~60分钟可能会产生更加好的运动效果。所以如果运动时间在20分钟以内，大多数时候并没有心理效益，这是由于运动所带来的心理效益来不及显现，身体活动已告一段落。所以，要想达到较好的效果必须掌握体育锻炼的最佳时间。一些研究表明，经过身体锻炼达到积极陶醉状态和让大脑自由工作所需的时间为40~50分钟。研究显示：若一定运动强度的运动持续时间太长，很可能引起劳累、厌烦，不但不利于情绪效应的形成，还会伤害心情。

在持续的周期性运动中，运动时间和运动强度的乘积就是运动量。运动时间应随运动强度的变化而变化。因此，在制定运动处方时，应根据运动目的及负荷强度来设定能引起机体产生最大心理效应的运动时间。

4.运动频率与心理效应

多数研究认为，每周运动2~4次能使抑郁水平下降，也与生理学运动处方基本一致。元分析研究表明，心理健康的效益随锻炼次数增多而提高。

由于一般人锻炼后的心理效应可持续2~4小时，运动后引起焦虑短暂减轻，收缩压下降的作用可以维持2~3个小时，这样的效果要明显优于单纯的休息。所以，应该保持身体锻炼所产生的心理效应，让其在较长时间内发挥其作用，就要让体育锻炼贯穿于学生的一生，并长久地坚持下去，培养学生终身锻炼习惯等。

（三）克服心理障碍的运动处方

1.处方实施

全处方分3个阶梯、14个单元实施。每周锻炼3次，24周完成。

第一阶梯4个单元：作为起始阶段，1周完成1单元，运动方式为快步和慢步交替，强度 50% 心率储备，每次运动 35 分钟左右。

第二阶梯 4 个单元：每 2 周完成 1 单元，运动方式为快步和慢跑交替，强度 55% 心率储备，每次运动 40～45 分钟。

第三阶梯 6 个单元：每 2 周完成 1 单元，运动方式为快步和慢跑的频繁间歇式交替，强度 60% 心率储备，每次运动时间 40 分钟左右。

2. 注意事项

有氧运动既舒展身心，又可缓解运动性不安，是治疗焦虑、紧张等神经官能症的良好手段，与治疗情绪抑郁症状采用的节奏感强、活动舒缓的集体活动方式明显不同。它将运动方式设计为慢走、快走和慢跑交替的间歇方式，更能起到转移紧张情绪，加强肌肉自主收缩和松弛交替，缓和交感神经紧张的作用，对减轻焦虑引起的自主神经紊乱也有明显舒缓作用。本处方用于消除心理障碍，故治疗效果受个体影响更大。只要认真实施，对消除自身的焦虑症状肯定有效。这种有氧运动在提高心肺机能和耐力素质上的积极作用也不可低估。

无论是步行或是跑步，规定的运动强度都不高。随运动阶梯上升，运动强度由 50% 心率储备提高到 60%。由于该运动比较轻松，因此中老年人也可选择运用。

自第二阶梯开始间歇性的运动交替较频繁，但本处方的个体差异较小，使用者可通过学习事先掌握规律，也可以采用二三人集体运动的方式进行。

根据治疗需要，可在完成第三阶梯后，以同样的速度、时间和运动强度，重复进行处方运动。

有氧运动若能与焦虑症的心理、行为治疗配合进行，效果更好。但在服用抗焦虑药物期间最好不要进行有氧运动，以免发生事故。

第三章　体育文化育人视野下高校体育教学创新

体育文化作为文化的一种，也具有传承性与时代性。体育教育是高等教育的重要组成部分，是培养全面发展的人才必不可少的重要内容。本章将围绕体育文化育人视野下高校体育教学创新这一主题进行论述，分为四节：体育文化概述、高校体育文化育人基础、多元体育文化育人、体育文化视野下的高校体育教学。

第一节 体育文化概述

一、体育文化的界定

所谓体育文化，是指与人类体育运动有关的一切物质文化、制度文化、精神文化。体育文化内容包括多个层面，主要包括体育情感、体育认识、体育理想、体育价值、体育制度等。体育的技术方法应归属在体育认识的范畴，它是人类认识过程的一个比较特殊的形式。它与传统《体育理论》《体育概论》等著作对体育运动所做的界定有所不同，体育文化有如下含义：首先，从文化现象的角度去观察和研究体育运动。其次，通过对体育活动文化背景的学习，以审视体育运动和文化之间的联系。再次，在人类文化中确定体育的地位，并对体育运动的文化意义进行考察。最后，研究如何塑造有着独立形态价值的体育文化。

体育作为一种文化，主要归为以下四方面的原因：第一，体育运动是对人类思维方式的表达和传递，而非简单的动物本能的肢体活动和嬉戏。体育的产生具有文化意义。第二，在体育运动中，文化所具有的各种特质都得以很好地表现出来。体育既包含了走、跑、跳、投等外在的身体活动形式，也包含了其内在意识形态、价值观念、行为规范及其他心路历程，此外，还涉及心物结合中间层次等内容。第三，通过人类自身身体活动，体育能改变人类的社会属性与自然属性。体育不仅为人们提供各种运动锻炼机会，还影响着他们的思想观念，使之发生深刻变化。第四，体育运动的全过程，表现出文化的民族性、时代性、世界性和继承性等特征。

二、体育文化的特征

（一）同一性

所谓同一性，即主体和客体二者相同。

体育文化属于文化现象，以人为主要作用客体，但是，作为综合体的人类，既有自然属性，又有社会属性。体育文化最根本的特点是人类活动的主体与客体是同一的。

就体育运动而言，以身体运动为基本形态，它主要是为了促进人们体质的提高，并以此为导向，体育可以较好地达到增强体质为目的，对人体进行有效塑造，改善人们心理健康，就与体育文化的对比而言，其他文化为人们提供了间接服务。

就当前而言，人类面临的首要任务是在不影响运动竞技水平的提高的情况下，将对运动员的生理和心理造成一定摧残以及过度异化的行为的发生概率降低，进而更好地将体育文化引向理性、科学的发展轨道上。

（二）多样性

在体育与文化的统一体中，就体育文化表现而言，在体育文化多样性形成过程中，人们的参与程度和参与规模起着决定作用；就体育文化的实现方向与本质而言，人们的评价标准与评价方式在它的形成过程中同样具有决定性的意义。

正是受体育文化属性的影响，体育文化的实现途径与参与途径也有很多。对普通群众而言，其参与并实现运动的途径以健身运动为主。对运动员而言，其参与并实现运动的途径以竞技运动为主。对患者而言，其参加并实现运动的途径以医疗保健运动为主。对生产者、销售者而言，其参与并实现运动的途径以体育产业为主。

另外，还有电视台、出版社、报社等能通过考察、访谈、写作体育文章、制作体育节目等流程，更好地发挥体育价值。体育部门及其他部门体育干部通过体育事业的组织与管理，能实现体育价值。

从社会性这个层面来看，体育在参与范围上有着特殊的扩张，进一步深化参与程度，充实了体育实施手段，并且加大体育实现力度，使体育文化生命力增强，不断发展，并且将体育文化这一特殊基因融于人类全部文明演变之中。

(三) 传承性

人们生活在一个十分复杂的社会里,各种文化的表现形式和传承载体也各不相同,但共同存在于人们的生活当中。比如词就是诗歌、小说的一种表现,酒与茶,是酒文化与茶文化的一种表现与传承方式。

有人说,这些文化现象都是人类所创造的,这些文化还以不同形式在人类意识领域留下了痕迹,而存在于人脑与观念之中的许多文化,尽管有与之相适应的历史传承性,但是,经过世代的传承,往往是含糊的或难以分辨的。

文化的符号性通常是文化学者们用来指文化的,而我们在这里所讨论的表达与传承载体则是指文化的符号。

作为非语言文字的文化,体育文化是用身体去体现与继承,这就是体育文化与其他非人体文化之间的区别。从这个角度来看,在体育运动中我们可以看到人体与自然万物一样具有一定的形态特征。由于人体运动方式不同,不同运动项目所呈现的身体形态特征各不相同。

(四) 直观性

透过各种形式,人类社会文化之内容与元素得以良好呈现。

人类文化在表现形式和评价标准上具有客观性和现实性,而这些也为文化符号论者所恪守。在这方面,体育文化有着十分鲜明而又特殊的优势,具体表现在,与其他文化比较的过程中,它的评价与表现更加地直观。我们也可以将其看作体育文化的直观性特点。体育文化是一种特殊类型的大众文化,它以其特有方式和途径向人们展示着自身所固有的审美特质和价值取向。体育文化在内容和要素上存在的优劣是显而易见的,有很明显的特点。这与他们的身体文化特性不无关系,更是和体育文化的一整套客观评价体系紧密相连。

对体育文化而言,公平竞争就是其本质,原因在于其确保了竞争公平、公正与公开,同时还在于其所构建的体育评价体系的合理性与科学性上。

体育文化直观性特征对社会心理补偿有十分重要价值。体育运动本身所具备的竞争性与对抗性决定了其可以作为一种有效的手段来进行心理补偿。在社会活动中，很难像体育比赛一样，做到公平、公开。对于一个人来说，评价常常是全面的、道德的，也正是因为如此，人们在生活中很难找到能立即展示出来的自我体认感。由此，促使直观显性体育比赛成为人们用以满足内心需求的一项重要活动。

　　由此可见，体育文化直观性特征对于扩展体育文化价值与作用具有重要意义。

第二节 高校体育文化育人基础

校园文化是社会主义精神文明的一种表现形式，就是一个学校特有的精神风貌，更是学生的文明素养、道德情操等方面的全面体现。校园文化建设体现着学校综合办学目标，就是要培养有创新精神、实践能力强的高素质人才。校园文化作为一种无形资源对高校人才培养起着举足轻重的作用，它不仅可以影响大学生的思想行为和价值取向，而且能促进大学生全面发展和个性形成。而提倡怎样的校园文化一直以来都是高等学校研究的重要问题。校园文化也是社会整体文化的有机组成部分，是引导性的亚文化之一，是一种特殊的社团文化，是精神文化的一种形式。就它的组成而言，它是建立在物质条件之上的载体文化，是人与社会精神文化在人文基础上的统一。在学校教育中，校园文化作为一个相对独立的系统存在于各个教学领域之中，并与其他各方面都有密切的联系。校园文化活动蓬勃开展，对提升学生人文道德素养、开阔学生视野、培养跨世纪一专多能人才有着深远的意义。

一、校园体育文化

（一）校园体育文化的概念

1. 校园体育文化的定义

校园体育文化是通过校园文化与体育文化二者的互相影响、交融与渗透而形成的，并在这两种文化的推动下得到了发展，它存在于一定的社会政治、经济、文化、教育等环境之下，是学校师生在实践中所创造出的体育精神与财富。因此，高校校园体育文化既包含着物质层面上的内容，也涵盖有心理方面的因素，其核心是育人功能。校园体育文化不仅内涵深厚，同时外延也十分丰富：首先，它是和校园德育、智育、美育的文化共同组成校园文化群；其次，它和竞技体育、群众体育一起构成一个广阔的体育文化群。校园体育文化从广义上说，就是学校师生所处学校的现有环境之中，在学校体育教育、学习、活动及其他活动中所创造的一切物质和精神方面。狭义的校园体育文化就是指学校教学环境中的体育文化，学生是主体，在教师的引领下，在多种体育活动互动中所造就的一种学校文化形态，其中包含了体育精神、体育价值观念、体育道德与体育能力等。校园体育文化是一种无形的力量，对人的心理影响极大，并潜移默化地作用于人们的思想和行为。该体系大体可划分为三个层次：第一层为精神层面，处于主导地位，其中，体育健康价值观在学校体育文化中占据着核心地位；第二个层次为制度、方法层面，这一层次不仅表现为学校体育组织形式，同时又反映了学校体育意识，包括体育教学、开展课余体育活动、体育科学研究等各个方面的制度、办法；第三层为物质层面，为学校体育文化之根本，更是客观的物质保障，包括校园内体育建筑、环境、场地、设备等。上述三个层次在构建学校体育文化的进程中，要坚持"以人为本"，确保协调发展。

2. 校园体育文化的影响

（1）教育熏陶

所谓文化环境，就是使人不断受到新文化的哺育、陶冶的园地。校园文化环境是一种无形的教育力量，对人的思想行为产生着潜移默化的影响和作用，在育人过程中起着特殊重要的作用。校园体育文化作为一种体育文化形态，在学校这一特殊环境下存在与发展。通常情况下，学校体育教师需要有体育方面的专业知识，通过传授系统的体育知识，让学生获得体育知识，认识体育价值，并渐渐走向成熟。就个人而言，文化首先作为生活环境，它的产生要早于个体的存在，人是在它的作用下成长起来的，通过汲取文化环境的养料潜移默化地受到陶冶，推动人类由"自然"向"文化"的转变，由"现实"走向"理想"。

（2）塑身愉情

"健康应是在精神上、身体上以及社会上保持健全的状态"，世界卫生组织在健康的定义中，提出了现代健康的新概念，明确人的健康应该包括生理上的，心理上的。身体健康包含着良好发展、正常生理机能和承担负荷时的适当反应。心理健康则指个体能够适应外界环境的变化并维持其相对稳定的心理品质与能力。校园体育文化中所讲的行为文化，是以身体运动为其根本表现形式，由其所组成的体育锻炼过程，对人体各个器官系统进行一定强度和数量的刺激，使身体、生理机能和其他方面产生了一系列适应性反应，从而给机体带来积极作用，能够有效促进人的健康。校园体育文化的意识、行动、物质三部分文化都可以帮助人进行心理调节，与此同时，还可以在无形中满足师生、员工精神文化生活方面的需求。多种体育手段，能磨炼人的意志品质，催人奋发向上，形成集体观念，强化组织纪律，构建和谐人际关系，排除精神烦恼，给人以愉悦的感觉，使人们身心和谐、健康发展。

（二）校园体育文化的意义

校园文化是指学校组织在实施教育管理的过程中，所创造出来的有自己特点的一种文化意识，包括办学目标、价值观念、风格特点、传统习惯与规章制度等，是一个有机的整体。它作为一种特殊的精神环境，不仅直接关系着学生身心的健康成长和全面发展，而且还能为高校各项工作提供强有力的精神动力支持，有利于增强大学生学习的主动性和积极性。校园文化建设要以多元化为切入点，立足现实建设，着眼长远发展，发展校园体育活动，让校园文化建设活动寓乐、美、学、文于一切健康有益的社会活动之中。用现代体育思想促进校园文化建设，以健全的组织文化构建凝聚群体意志和力量的团队精神，它是组织成员创造力和凝聚力的体现，是提高组织效率，实现组织目标的关键所在。

1.校园文化的组成

在体育文化方面，它并不进行单一文化活动，也不对其进行描述，但它是建立在深厚的大学传统基础之上的，把超前的大学精神作为理想并贯穿于校风、学风整个过程之中，与此同时，这样的校园精神层面又弥漫于每个学生内心深处。在高校任何一种校园文化传播中，从精神理念的设计到具体部门的实施，都需要教学、科研、管理、后勤等各部门的密切配合，群体协调。

校园文化既是一种文化理想，又是一个实践过程。不管是从学校层面、管理层面、教师教育层面，还是学生层面，都存在继承、发扬、修正、完善的过程，并且它是一个系统工程。体育文化的凝聚和形成同样需要有针对性的工作部署与实践活动来实践、传播、运用、灌输和推广。

校园文化的主体是指与客体对象相对应的校园文化建设的承担者、执行者和受益者，包括学生、教师、管理人员等全部的校园人。课堂教学、学术论坛、社团组织的各类活动、媒介宣传引导、各类竞赛活动等，都需要学校教师、学生主观能动意识的充分发挥，以便共同建设美好精神家园。

2. 校园文化的建设

体育运动是体育文化的载体，更是社会文化的需求。作为一种文化现象，体育具有强大的教育功能，它对校园文化建设有着其他学科所无法代替的特殊功能。

（1）高校体育具有教育效能，在校园文化建设中育德于乐

有思想、有学习的体育活动，是校园文化的无形精神力量，能够在体育活动与体育锻炼过程中，感染每一位校园人，同时，培养人、教育人、改造人，并由此使学生受到潜移默化的陶冶；还加快了校园人的政治素质、价值取向、知识技能等方面的发展，让学生不同程度地生成完善自我的能力，培养自我心理需求，有效地遏制了不符合大学生要求的观念、行为。高校体育文化由于具有广泛的群众基础，凸显德育功能，增强校园人对美的喜爱，以及欣赏美、表现美的本领，使大学形成了特色鲜明的校园文化。

（2）高校体育具有凝聚效能，在校园文化建设中寓教于乐

青年学生乃国家之栋梁，要引导青年学生奋发向上、勤奋成才，从而发挥他们坚持模范的作用。体育活动的竞技运动，恰好凸显出为集体而奋斗的竞争精神，是交流情感的"桥梁"，也是增进彼此间友谊的"纽带"，同时这也是凝聚人心、增进团结的"利器"。因此，在大学生群体中开展体育竞赛，对培养大学生奋发向上、团结一致的意识有着重要意义。实践表明：高校体育是校园文化的组成部分，能够唤起人的认同感和使命感、自豪感与归属感，进而使大学生形成强大的内聚力，把个体目标融合到学校总体目标之中。

（3）高校体育具有激励效能，在校园文化建设中励志于乐

开展积极的体育活动，能有力激发校园人学习热情，也能激发学生的主动

性与创造性，由此形成了强大的令人振奋的精神力量，塑造学校活力。体育运动是促进学生全面发展不可缺少的重要内容，而良好的体育文化氛围则对增强大学生体质具有积极作用。校园文化工作如果脱离体育工作，将会缺少其应有的生机与活力。因此，如何搞好体育工作是当前高校改革中一个重要课题。抓教学和科研，应重视用有效体育活动来配合和激励士气，形成集体荣誉感。

（4）高校体育具有传播导向效能，在校园文化建设中获智于乐

学生在运动场上最易传达出真情实感，最易博得同场竞技者们的好感与尊敬，也最易获得彼此间的信赖，并在"是对手，更是朋友"的轻松氛围中建立起新的友谊。因此，体育运动成为大学生群体交往中一种重要的形式与途径。学生在参与体育运动的过程中，学会了尊重自己、尊重别人，也明白了怎样团结协作，怎样掌握适度忍让与情感表达，即明白"学做人，学知识，做事情"的道理，这说明了高校体育的传播导向效能。高校体育活动可以对学生的情感进行熏陶、感染和调节，为个体行为提供了有价值的借鉴，让个人有意识地将组织目标看作行为目标。

3. 校园文化的发展

（1）树立科学的校园体育文化观

校园体育文化观指个体或者社会对于体育生存意义与价值的理解或者观点，我们可以这样认为，校园体育文化理念的走向，决定着校园体育文化的走向。参与校园体育文化者要有以下校园体育文化观：校园体育文化在学校文化中占据着举足轻重的地位，体育锻炼是一门科学，也是一种文明、健康的生活方式，它应该是学校师生生活所必需的。教师和学生的生活离不开体育，娱乐离不开体育，健美更多的是需要运动，体育不仅体现了竞争，同时它也是完善个性、彰显人的价值的一种重要方式，更是强身健体、减轻学习疲劳、减轻工作压力是一个重要途径。

（2）转变教育思想观念

转变教育思想与教育观念，是建设校园体育文化的重点。不管是教育的目标、培养的模式，还是体育课程设置、教学内容等各个方面都受教育思想与观

念的影响，并以此为导向。因此，必须从整体出发，更新旧的教育观、人才观、质量观，树立以育人为中心的指导思想，构建适应社会发展需要的新型高校体育教育体系。要有新思路、新标准、新目标，从而在此基础上形成大学体育教育新体系，形成大学体育教育新格局。在进行体育教学时，一方面要注重技能和文化自然渗透和交融，在教学中，要加强学生体育意识、健康意识等方面教育，使之养成自觉参加体育锻炼的习惯；同时也必须重视对学生进行体育知识和技术的传授，提高其掌握运动技能和科学锻炼身体方法的能力。另一方面应将现行体育教育和终身体育教育进行有机的衔接，让学生建立起终身体育意识。

（3）完善校园体育文化制度

校园体育文化建设不仅有利于促进大学生全面发展，也有助于丰富校园文化内涵，对推动高校和谐稳定具有重要意义。校园体育文化制度由学校依据其特色而制定，拟定的内容由学校颁布和实施，如体育教学管理内容、运动竞赛管理制度、体育社团管理以及其他各项规章制度等。强化校园体育文化制度建设，应主动听取和吸收学生的意见，使得校园体育文化制度能与该校学生实际情况相适应，最大限度地激发学生参与校园体育文化建设的兴趣。

（4）加强课余体育俱乐部和运动队建设

课余体育俱乐部是指大多数学生为了健身、娱乐，自愿参加的体育娱乐组织形式。它不仅能满足大学生在闲暇时间进行体育锻炼的需要，而且还有利于丰富校园文化生活。成功的俱乐部和特色运动队在校园体育文化建设中起着决定性作用，往往能给师生员工带来很大的凝聚力。

二、高校校园体育文化理论

高校校园体育文化在高校校园文化中占有举足轻重的地位，是高校师生最常见、最普遍的文化。从大学生的个人爱好出发，开展以竞技体育、传统的保健体育、现代健身体育、娱乐体育为主的体育文化活动，既充实课余文化生活，也可以在无形中营造出高校独具特色的校园体育文化氛围。良好的学校体育环境对培养学生的终身体育锻炼意识，提高其体质健康水平起着重要的促进作用。

强化高校校园体育文化，创设浓郁的校园体育文化氛围，全面提升高校育人质量等，具有深刻意义与积极借鉴作用。

（一）建设高校校园体育文化

高等院校是我国文化积淀、发展与继承的主要社会载体，它是知识形成、扩散的首要社会场所，高等院校的改革和发展，对于我国的经济、政治、文化的不断发展和进步，具有重要的意义。近年来，全国高等教育事业深化改革、加快发展，成绩斐然。高校校园体育文化因其独特的文化氛围，在有形和无形之中都对师生产生了影响：用发展眼光看，好的校园体育文化氛围可以健身、健心，发展大学生社会适应能力；在教育学视野下，良好的校园体育文化氛围，可以提升大学生思想道德品质，形成良好体育观念，提高审美情趣，健全心理特质；在教养方面，良好的校园体育文化氛围可以向大学生传授体育知识技能，培养其体育参与的态度、动力、兴趣以及锻炼身体的好习惯；在社会学视野下，良好校园体育文化氛围可以增强大学生社会意识，推进其社会化，加强其交际能力，提高社会活动能力。

高校校园体育文化，是校园文化和体育文化的有机融合，就是让高校师生置身于校园这一特殊环境之中，为达到高校培养、造就合格人才之目的来进行传播的。直接关系到学生身心健康的精神文化现象。随着我国社会主义市场经济体制的建立和高等教育改革的深化，人们的思想观念发生了很大变化，社会生活日益多样化，高校校园体育文化建设也出现一些新情况和问题，亟待研究解决。高校校园体育文化是高校校园文化中的一个重要组成部分，反作用于高校的校园文化；高校校园体育文化氛围是一种隐性教育力量，对促进学生身心和谐发展有着不可忽视的促进作用；高校校园体育文化是具有更高层次、更高品位的文化，它是大学所独有的一种充满校园文化气息与健康生活情趣的大众文化，就是要关注教师和学生体育价值观，把贯彻健康第一作为首要目标，是一种体育行为方式，主要针对大学生群体，以开设校园体育课程为主，同时有序开展体育课外活动、校园体育竞赛、体育欣赏活动。高校校园体育文化氛围不仅能促进学生身心发展,而且能够增强学校教育质量和水平,提高教师素质和教学质量,有利于构建和谐校园。通常高校校园体育文化内涵包括三大部分,也就是高校体育的精神文化层、高校体育的制度文化层、高校体育的物质文化层。其中,制度文化层面起着承上启下的作用,决定着整个体系的结构及发展方向,直接关系到高校校园体育文化建设的成效。精神文化层面占主导地位,体现了高校体育文化的行为准则、价值观念与意识的主要方面,以体育健康价值观为核心内容,长期持续渗透,对学生的影响是久远的,它标志着一个大学的向心力和凝聚力;制度文化层面为连接精神文化层面和物质文化层面之纽带,为了在物质层面上得到更好的使用发展,精神层面的较好发掘为其提供了制度保障;以物质文化层面为根本,就是客观的物质保障,反映了高校体育的文化底蕴,为大学生身心健康发展提供"润物细无声"滋养。高校校园体育文化三个层次之间互相联系、互相促进、共同发展,缺一不可。

(二)大学生体育文化素养培养途径

1. 构建课堂教学平台

大学生体育个性不强,从某种程度上限制了大学生体育知识与技能的获取。从而激发了隐性因素的作用,大学生体育兴趣的培养至关重要。俗语说,"兴趣是学习的良师"。体育教育要使学生树立起终身锻炼的思想,首先必须从培养学生对体育锻炼的兴趣入手,这是高校实施素质教育的需要。一旦大学生对体育锻炼产生兴趣,体育意识就可以形成,同样也不必为学生体育个性、体育道德品质等方面的形成而烦恼。因此,教师在课堂教学中,要突破长期单一的传授运动技术模式,确立恰当运动技能传授,着力激发学生对体育锻炼的兴趣,以此为目标,从而发展大学生把终身体育锻炼意识作为终极目标的教学新体系。

在进行具体实践教学时,大家也都慢慢地总结了一条法则:大学生身体素质不是单纯依靠公共体育课身体素质训练就能得到改善与发展的,这种为了增强身体素质而教运动技能的方法,作用往往很不显著,学生身体素质的提升是学生平时进行体育锻炼,不自觉中提升的。总之,激发体育文化素养隐性因素的作用至关重要，教师要义不容辞地肩负起服务学生健康的神圣职责，充分借助课堂教学的平台，着力发展学生体育兴趣，提高体育文化素养。

2. 营造良好的校园体育文化氛围

大学生对体育知识与技能的接受程度，一方面，源于体育教师课堂教学，另一方面则源于本身对于体育知识与技能的重视。因此，学校应该开展丰富多彩的课外体育活动，营造校园体育文化良好氛围，使学生潜移默化地接受体育基础知识与基本技能。如课外体育俱乐部、体育运动协会、体育专题知识讲座及其他各类活动的开展，为所有学生提供挑选他们所喜爱运动项目的机会，体会到锻炼的乐趣，在体育文化良好环境气氛下不自觉地受到感染，这样他们不仅学习了体育知识，对体育的兴趣也有所发展。体育文化素养在一个人基本素质中占有重要地位，在大力倡导素质教育的社会转型期，培养大学生体育文化素养，既是高校体育教学目的之一，更是高校体育改革中面临的一项社会责任。因此，对当代大学生进行体育文化素养教育势在必行。激发与培养学生体育兴趣，从某种程度上讲，符合终身体育行为要求，基于此，教师必须改变教学观念，通过各种渠道，充实学生体育文化知识的学习，在社会体育推动下，使学生认识到，并逐渐提高自身体育文化素养，这既是个人素质中的一个重要方面，也是大学生走向社会所必须具备的精神品质。只有这样才能使大学生体育文化素养得到提升。

（三）高校践行体育文化的意义

高校校园体育文化和高校师生紧密相连，它是校园文化的一种特定文化现象，它在高校校园文化中占有举足轻重的地位。它对培养大学生的良好品质和健康体魄有着积极而深远的影响，并将成为高等学校精神文明建设的一个重要内容。其意义主要表现在以下两个方面：

1. 丰富体育文化生活

高校教师对教学起着十分关键的作用，他们在教学中具有主导作用，教师身心健康对于整个大学的实际教学都具有十分重要的作用。体育在增进师生身心健康方面有着不可忽视的特殊作用,对于丰富高校体育文化生活也有着重要意义。

2.提升大学生心理健康水平

高校体育文化在大学生心理健康中发挥着积极作用,主要表现在以下两个方面:一是经由身心健康交互作用达成。身体锻炼在体育文化中占有举足轻重的地位。二是高校体育文化以其精神层面的陶冶与潜移默化来达到对大学生心理产生正面作用的目的。通过体育锻炼与比赛来感悟体育精神,从而提高自我心理调节的能力,形成良好心理品质,战胜人格缺陷,不断完善自己。

第三节 多元体育文化育人

一、高校体育健身文化

随着全民健身运动的推广、开展，人们的体育健身意识得到不断增强，校园体育作为全民健身运动的重要环节，在校园中建设体育健身文化有着非常重要的作用和价值。本节就校园体育健身文化建设进行研究。

（一）背景与特征

1. 形成背景

（1）西方体育健身文化给我国带来的重要影响

古代欧洲文化之城雅典，推崇具有健美体魄和力士体格形象，这样的思想观点一时间流行于皇室贵族成员及上流社会。随着世界各国人民健康意识的增强及体育活动形式的多样化，人们越来越重视身体锻炼的效果和价值，健美健身开始走进大众生活。从国际健美运动奠基人尤金·山道，到当代国际健美之父乔·韦德和本·韦德兄弟，和21世著名健美运动员阿诺德·施瓦辛格，在他们及媒体的大力宣传下，逐步形成现代美国健身文化。健美健身成就了美国肌肉健身文化，打造了美国千亿元的朝阳健身产业，一大批人的就业问题迎刃而解，改善了老百姓生活品质，刺激了美国经济高速发展。如今，健美已成为一种时尚、一种生活方式。

美国在过去的20年中依靠强大的经济实力与先进的科技，并在"文化帝国主义"渗透逻辑的影响下，将其大众文化产品倾销到全球各地。牛仔服、可口可乐、NBA的电视转播、好莱坞大片等，在世界各个角落都有美国大众文化的影子。宝力豪（Powerhouse）健身房是在密歇根的底特律建立的，至今为止，已有超过300家宝力豪健身房遍布世界各地。在这些健身房中，人们可以通过锻炼达到健身减肥的目的，同时又能享受到一种全新的生活方式和娱乐体验。在美国，每年都要举行一次的"奥林匹亚健美大赛冠军"，引起了世界健美爱好者们的广泛关注。

（2）人们审美能力和健身观念的提高和转变

受市场经济影响，种种劝诫人健身、美体等的广告铺天盖地，对健美体魄的追求已蔚然成风，由此产生的健身文化，就成了大众文化中的一部分。健身文化对社会发展产生了很大影响，并演变为大众消费生活的一部分。在生产企业、广告商以及各类传媒的宣传下，健身文化的审美价值观与准则，越来越世俗化，越来越日常化。

20年前，电视里偶尔会在健美比赛中看见，胸肌异常发达的老外龇牙咧嘴，同时还在努力保持微笑的精神劲头，给人以怪诞的印象。20年过去了，"肌肉男"和"型男"都成了让人羡慕不已的字眼。史泰龙（电影《第一滴血》主角）、阿诺德·施瓦辛格（健美冠军、电影明星）的硕大的肌肉、完美的身材，对中国男青年来说，无疑是一个令人羡慕的形象。学生宿舍常常能见到他们的肖像画，也表明学生对于发达肌肉型男的推崇。目前，国内各大院校均有独立健身房营业，去健身房已经成为消费时尚。"请人吃不如请人出汗"成了一句时髦的口号。在大学校园里，健身俱乐部、体育社团如雨后春笋般生长，人们开始注重体育锻炼。因此，健身就成为一种文化，受这一文化熏陶，一大批学生依据个人喜好，选择了各种健身项目来锻炼身体，想通过健身锻炼来改变身材、强化身体机能。参与健身锻炼，是为了达到这一身体理想而采取的特定行为。

（3）阳光体育所倡导的理念和校园健身文化融为一体

阳光体育运动提倡终身体育锻炼思想，其提出的"每天锻炼一小时，健康工作五十年，幸福工作一辈子"的口号，反映了对人类生活的高度责任感，凸显健康理念。从某种意义上讲，它是健身文化植入的一种表现，并将其融入校园健身文化之中，表现为对学生学习兴趣、爱好与个性发展的关注，督促学生自觉、积极参加体育锻炼，为了充分发展体能，提高已学会的运动技能，使所有的学生都能真正爱上体育，有意识地增强体质。阳光体育运动恰恰是以临时的强制性活动方式进行的，逐渐使学生养成自觉进行体育锻炼的良好习惯，塑造终身体育锻炼观念,它是一种无形的教育力量,是对学生进行健康心理的训练。

2. 基本特征

(1)健身性

健身文化以健身运动实践为主。增强健康是体育健身最基本的功能,实践证明,人们在参与各项体育活动的过程中,可增强有机体各方面的素质,如力量、速度、灵敏、耐力等,同时在一定程度上增强有机体造就外界环境的能力,从而达到增进身心健康、增强体质的目的。

(2)娱乐性

健身运动作不仅仅是一种非常迷人的竞技运动与娱乐项目,同时它也是一种重要的生活方式。它起源于古代体育,发展于近代体育运动,成熟于现代体育,它属于竞技运动的范畴,由于要经过长时间的体能锻炼,花费了较多心血与智慧,才有可能在比赛中获得有利排名,这也决定了它的竞争性。从某种程度上讲,它给人带来了积极向上的感觉,也给人以无限的乐趣。体育的娱乐性,根据参与者参与活动时的模式可以划分为观赏性和运动性两种娱乐活动。观赏性娱乐活动,就是人们观看各类体育表演与竞赛的活动,尤其观赏竞技运动;运动性娱乐活动指人亲身参与体育活动并乐此不疲。因为任何体育运动都以"更快""更高""更强"为目标,但是健身运动却以"更美"为目标,美需要拿出去表现,在展现美的同时,为观众与热爱美的人赋予观赏性与娱乐性。

(3)时尚性

为缓解在校期间紧张的学习压力,许多学生开始主动参与健身运动,"花钱买健康"或者叫"健康投资",已经成为人们的消费意识,也是当今社会的时尚。哑铃、握力棒,是宿舍健身的成本最低、最为流行的健身器材。在校园里,有不少同学把健身活动当成一项很普通的事,他们常常把健身器材放在课桌上或寝室中,自己动手组装起来锻炼。

(4)教育性

体育健身是把体育作为一种手段,目的是让学生的生理、心理都得到教育,身体得到锻炼。它与社会发展有着密切的关系，在我国学校体育教学中，不仅要重视身体训练，而且还要注意对青少年学生加强心理健康教育。通过体育运动来提高人体健康水平是一种最有效、最经济且又最方便可行的方法。人们通过体育锻炼来获得知识、技能、技巧和能力，从而促进自身全面和谐地发展。可以说，体育健身又是一种接受教育、自我教育的方法与过程。健身运动的目的在于促进人身体的完美发育，并寓教于乐，在身体运动中进行教育，使大家都能身体力行地锻炼身体，练就完美体格，增强人类适应能力。健身运动也是一个将熏陶、培养和教化三方面因素融为一体的有机体。人类的发展孕育着文化的发展，随着人们对于所累积文化价值的理解的加深，作为健身文化特性之一的陶冶性日益受到人们的重视。健身运动以其丰富的内容、优美的形式及广泛的适用性，成为一种重要的社会教育手段，在人格的完善方面推动着人们由"自然"向"文化"的转变、由"现实"走向"理想"。

（5）艺术性

健美、健美操、体育舞蹈等健身活动与音乐息息相关，音乐在体育健身运动中起着灵魂作用，特别是在健美操动作与形体舞蹈练习中，音乐是其不可缺少的一部分。音乐能丰富健美者在运动中的想象与表现力，形成一种美感与气质。此外，健美训练过程就是人体雕塑自身外在形象的过程、上述种种也显示出健美的艺术性特点。

（二）阳光体育背景下的高校体育健身文化

1. 改善高校体育健身管理

尽管大学生健身感知良好，对于健身活动产生了一些兴趣，但其健身意识却不够稳定，兴趣易转移，在现实中部分大学生的健身行为也并不是十分积极，为此，高校要强化领导，建立健全校园健身制度与评价体系，统一组织管理与指导工作，这对于开展大学生校园健身活动尤其重要。

一个过硬的领导班子，是促进高校健身文化事业蓬勃发展的先决条件，各校可设立学生健身工作委员会，统一安排、统一管理大学生校园健身活动的开展与实施，使校园内的各种健身活动得到科学的规划、组织和实施。同时支持学生组建各类健身协会或者健身社团，并为其健身活动创造良好条件，与此同时，给予大学生健身活动足够的指导、支持与协助，使其得以顺利实施。

校园健身规章制度，是校园健身文化建设的基础。通过建立大学生校园健身规章制度、构建完善校园健身活动评估体系，使校园健身活动真正走上法治化、规范化的轨道。完善学校的有关考核条例，明确各处室在开展健身活动中的基本责任，将学生健身活动纳入各系每学期工作计划，并拟定相应实施方案。建立师生合作的监测制度，对学生校园健身活动开展及校园健身文化发展进行实时动态监测，并借助最前沿的文化推动与指导校园健身活动的全面开展。此外，还需要加大领导力度，建立健全校园健身活动管理组织机构，形成一个高效有序、协调运作的管理体系，为构建和谐校园提供保障。同时，应健全多种学生参与健身活动的评价制度，可通过对高校体育课成绩评定办法进行改革，把体能素质的评价、参与校园健身活动时的心态等多维内容融入原有体育教学评价之中，以此提升大学生校园健身成效。

认真引导和组织大学生开展健身活动。发挥高校体育教师队伍专业特长，帮助学生根据自身的具体情况（身体素质，爱好，时间地点等等）确定健身锻炼目标，精选健身项目、健身途径与方法，建立适合自己的健身计划并将其落到实处。设立健身项目现场辅导站、网络指导站等，高校应积极鼓励体育教师协助学生进行健身计划的制订与调整，科学分析学生在健身活动中出现的问题，并加以引导和帮助，不断增强学生对健身活动的参与性，督促他们坚持健身锻炼，同时，还能吸引更多的学生加入。

2. 塑造高校体育健身环境

在心理学中，在大学生已意识到健身的含义与功能时，当他们对于健身有比较强烈的爱好时，其健身意识也将处于一种有意识的积极状态，便会积极主动地运用校园健身资源，实现健身愿望。若此时学校健身资源无法满足学生健身锻炼需求，学生的健身主动性就会慢慢减弱，健身的实际效果也会大大降低。因此，高校要想提高体育教学效率和教学质量，培养高素质人才，必须重视并开发好校园健身资源。多数同学愿意到校园进行健身锻炼，但是学校健身资源不足等因素，将对大学生参与健身锻炼的意愿产生直接的影响。为此，各高校要根据现有的条件，充分发掘本学校体育健身资源的潜力，为大学生体育健身活动的发展创造条件。

应积极争取大学校领导对校园健身文化建设的重视力度，为校园健身文化建设提供强有力的支持，为学校体育健身基本建设投入更多的经费。不断改善高校体育健身设施建设现状，增加体育健身活动设施的占地面积，建设小型多样化健身场所，增加现代体育健身所需设施。充分利用校内体育场馆资源，加强场地管理，使之充分发挥作用。也可买些健身器材，放在校园操场，使学生自取、自用、自放，并且提供各种学生喜爱的健身项目，例如，攀岩和户外运动、野外生存等，以调动学生投身健身的积极性，真正使"让"学生健身锻炼变成学生"要"练的事实。

体育教师队伍是校园健身文化建设的重要保证。学校体育教师应不断地提高业务水平能力，还应重视知识结构的调整和改变，不断强化知识创新的意识，让自己储备体育健身的知识内容，同时，采取的健身方法、手段能够适应大学生校园健身的需求。在继续深化高校体育课程改革的同时，认真做好国家制定课程方案，积极发展公共选修课程，注重健身教育，编写部分具有本校特点的健身教育校内教材，对学生进行体育健身的知识与方法的教育，逐步形成并不断完善学校健身教育特色课程，构建健身教育课程体系。此外，高校体育课及课外活动时间也是学生进行健身活动的主要渠道，应充分利用"三课两操"的时间，进行健身游戏、健身体操、健身舞蹈等一系列的活动，使学生在活动中健身，在健身的同时丰富文化知识，培养良好的健身习惯。

3. 营造高校体育健身氛围

（1）健身文化活动要丰富多样

丰富多彩的健身文化活动，是校园健身文化建设的核心内容。高校通过开展一系列的校园健身文化活动，能加大校园健身文化的宣传教育，使得文化和健身之间呈现出一种良性互动，这不仅能使大学生直接获得对健身文化的感性认识，而且能获得较好的情感体验，还可以使其对健身的含义、目的有更进一步的认识，使其逐渐建立正确的健身观，从而提升自身的创新能力，提高艺术欣赏水平。

（2）定期举办校园"健身节"

学校可组织丰富多彩的校园体育文化活动，丰富校园文化生活，提高学生身体素质。"健身节"可采取多样化活动，既有健身表演，也有健身比赛、健身文化的宣传教育等，还可进行一些体育讲座。"健身节"不只需要进行多种趣味健身活动，还要使学生从健身趣味活动中体会健身锻炼的乐趣。这些丰富多彩的体育活动，也给他们提供了展示自己、发现自己的舞台。此外，我们也可以充分利用"健身节"的开幕式、闭幕式等活动形式，让全校师生都参与其中，亦可以邀请外校的教师和学生共同参与，这不仅是一次综合展现学校健身文化生活的机会，更成为向外界宣传学校的窗口，通过宣传，将使社会对学校有一定的认识，使得校园健身文化产生一定社会效应。

（3）改革校运会

随着健身文化的发展，人们的健身意识、健身需求有了新的变化，为了全面满足学生的健身需求，可将以运动竞赛为主要内容的校运会改为集健身、竞技、娱乐、艺术于一体的现代体育活动。现代体育活动项目编排可以与学生兴趣相结合，融入民族特色和地方特色，开设丰富多样的健身体育项目与表演项目，比如狮舞、龙灯舞、滚桶、多人多足、毽球等。把现代文化和民族文化、地方文化、传统文化结合起来，让校运会洋溢着文化的气息，丰富并弘扬校园健身文化。

（4）渲染氛围

氛围渲染对于开展校园健身文化至关重要。利用丰富多彩的体育课程资源，结合体育课程进行组织教学或课外体育锻炼，培养学生参与运动的兴趣，使其养成终身锻炼的习惯。积极组织开展多种形式校园健身主题竞赛，比如"美在健身"绘画比赛、"生长于健身锻炼之中"征文比赛。大赛活动，让学生将参与健身活动的美妙时刻、动人场面以及他本人参加健身活动的体会、感悟等体现在画面与诗文之中，以促进学生进一步了解校园健身文化，营造校园健身文化氛围。同时，还要利用各种体育社团、兴趣小组组织丰富多彩的文体活动，使学生从中感到身心愉悦。此外，还应充分利用学校网络、报纸、广播、板报之类的媒介，进行有目的的宣传，增强大学生健身意识，建立正确健身观。此外，还可邀请奥运会获奖选手到学校进行汇报或者演讲等，弘扬奥运健儿的顽强斗志，让学生进一步了解奥运精神，并且把奥运精神变成参加健身锻炼的动力，用实际行动致力于校园健身文化建设，助力和谐校园建设。

二、高校竞技体育文化建设

竞技体育文化作为一种文化现象，在现代社会给人们的生活和工作带来了重要影响，而其在进入学校后，也成为校园体育文化的重要组成部分，对学校体育的发展及学生的成长产生了重大影响。科学建设校园竞技体育文化，可推动竞技体育积极作用的发挥和校园体育文化体系的健全与完善。

（一）竞技体育文化的基本概念

1. 基础含义

作为体育文化的重要组成部分，竞技体育文化是奥林匹克运动的核心范畴，包含人本和谐、人与自然的和谐、人与人的和谐和国际社会关系的和谐等内容，体现出公平正义、充满活力和积极乐观向上的拼搏精神。

2. 主体特征

（1）规则性

竞技体育文化具有规则性特征，主要表现为运动员在进行比赛时要受到各种规则的约束。通常运动员在比赛开始前要了解运动规则，否则就不能对这种特殊游戏的运动进程有所把握。这是物对人的制约，也是主体之间的相互制约。体育竞赛是一场"没有硝烟的战争"，它能将人们心底深处的竞争欲望通过运动的形式表现和宣泄出来，但同时在此过程中又要受到规则的限制，以保证运动过程的公平。

实际上，竞技体育活动主体的规则性是自我约束机制的产物，是体育不同于其他活动方式的准则，也是体育文化内部多种形态的基础。否则，体育运动就不可能呈现出多样的文化形态。

（2）互动性

竞技体育活动主体的互动性表现在许多方面，比如，在集体项目中运动员之间的互动；运动员和受众之间的交流互动；观众和观众的交流互动；运动员协会和球迷协会的交流互动等。

（3）选择性

竞技体育文化还具有选择性特征，这主要表现在竞技体育活动主体的选择活动。竞技体育活动主体的选择，其实就是人与体育活动进行双向选择时的过程与结果，不同社会角色在参与体育活动时，有着各自的选择，换一个角度来看就是活动内容对不同角色的选择。这种选择是以活动内容、活动主体和社会角色等为依据而确定的。通常情况下，一般大众很少能接触到诸如高尔夫球或一级方程式赛车等运动，这主要是因为参与这些运动的准备条件较多，一般大众很少能负担起。

由于竞技体育活动主体角色的特殊性，竞技体育活动在内容上的选择性，不仅依赖内容自身，还要看主体角色，竞技体育运动员所选活动的内容，从形式上看，体现了高度的专门性，当然，一些运动员拥有充分的参加其他运动项目的能力，比如飞人乔丹，他既是一个篮球高手，同时也是棒球高手。不过这种"兼容"更多地出现在同类运动当中，如有的田径运动员主攻短跑项目，但同时兼顾参加跳远项目等。

在确定竞技体育活动的主体、内容后，与之相适应的是活动方式的选择性。应当看到，尽管可能会出现不同社会角色进行同一活动内容的情况，但在活动方式的量与质方面还存在着明显的区别。比如，对球类运动来说，运动员在活动方式上和大学生所参加的体育运动有很大区别，尽管大学生参与的体育运动也有一定的竞争性、竞技性的成分，然而体现出这些竞争性、竞技性的途径和过程却是不同的，这与竞技体育运动存在明显的差别。

（二）高校竞技体育文化的建设意义

1. 构建人本和谐

人自身多种功能的协调与良好融合是人本和谐的主要表现，如人的身体健康、心理状态良好、社会适应能力较强，具有正确的世界观、人生观、价值观。此外，人与自然、社会的和谐也是人本和谐的内容。

现代奥林匹克运动之父顾拜旦在其著名的《体育颂》中热情洋溢地礼赞："啊，体育，你就是美丽！你塑造的人体，变得高尚还是卑鄙，要看它是被可耻的欲望引向堕落，还是由健康的力量悉心培育：没有匀称协调，便谈不上什么美丽。你的作用无与伦比，可使二者和谐统一。"[①] 顾拜旦用诗情画意般的语言，肯定了竞技体育不仅塑造出优美的人体，还塑造出了美好的灵魂，并使二者达到和谐统一。

此外，《奥林匹克宪章》还对竞技体育人本和谐内涵作了进一步诠释：奥林匹克主义就是把身体、心灵上与精神上的种种特质平衡融合，并使其完善的人生哲学之一。这句话反映出奥运会将对完整而健康的"人"的塑造，促使人们具有健全的心理素质和良好的社会公德，培养全面发展的人看作竞技体育的精神实质。《奥林匹克宪章》认为一名没有良好品德的运动员即便得到再好的名次，也不能得到他人的尊重和敬仰。[②] 这就从侧面说明了竞技体育并不仅仅是想要得到在某项运动中拥有登峰造极水平的运动员那么单一和纯粹，它还需要运动员拥有与这种运动水平相匹配的素质。

2. 构建自然和谐

人类社会要想平稳、快速地发展，就必须关注人与自然的关系，推动人与自然和谐发展。人与自然和谐相处，就是既要以人为中心，还要以自然为中心，做到人与自然携手共进，实现过去和现在的统一，达到时间和空间的和谐。无论是竞技体育，还是人的任何一种活动，一定要依附于某种自然环境而存在，

---

① 顾拜旦. 奥林匹克理想 顾拜旦文选 [M]. 詹汝琮, 译. 北京：奥林匹克出版社, 1993.
② 国际奥林匹克委员会. 奥林匹克宪章 [M]. 詹雷, 译. 北京：奥林匹克出版社, 1993.

不然，就不可能生存，也不可能发展。竞技体育要实现可持续性发展，就必须借助自然环境，还要在发展的过程中保护好自然环境，二者必须协调统一。

人与自然和谐相处的意义。近年来，人们已逐渐意识到，寻求体育发展和保护自然环境之间的平衡点是十分重要和迫切的。我国成功举办北京奥运会后，"绿色奥运"的理念深入人心，对人与自然的和谐发展起到了重要的宣传与推动作用。现代竞技体育所包含的"绿色"思想，其深层意义是体育和自然环境之间的共生，在于体育对促进人类与自然环境协调发展中所发挥的巨大作用，反映了竞技体育中人对自然的呵护和人道主义精神。在这个层次上，竞技体育文化蕴含并倡导的"绿色体育""绿色奥运"思想，极大地推动着人与自然和谐相处。

3. 改善人际关系

人际关系的和谐主要是指人与人之间处于一种公平、公正的关系中，在这种关系中每个人享有的权利与义务相同，没有人可以获得特殊化的对待，而且在整体上没有根本性的利益冲突，即便个体之间难免发生某种冲突，在经过沟通和交流后仍旧能达成相互激励、相互促进的人际互动的社会构想。

竞技体育得以顺利开展，从根本上说，就是尊重客观规律，追求公平、正义原则。在现代奥林匹克运动中，这种公平原则已经得到普遍认同并在实践中得以实施。基于这个原理，赛场上对阵双方，不分国籍，不论社会地位，只是凭借自己的力量与技巧去参加比赛，比赛判断输赢的唯一标准，就是运动员在运动场上的表现如何。因此，竞技体育中的公平就是公平竞争、公开透明的精神，也是竞技体育追求的最高目标之一。在竞技体育中，人和人是一种平等、和谐的相处关系。就竞技体育而言，利益分配有规律可循，竞技场争夺异常惨烈，但均处于相对公平的环境下，可以说没有任何一个场合能与之相比。因此说，竞技体育中蕴藏的这种文化内涵对构建人与人之间的和谐具有重要的影响和作用。如果违背了这种规则，那么竞技体育将会停滞不前，甚至会倒退，如 20 世纪 80 年代，兴奋剂被大量使用在运动员身上。除此之外，政治对体育的影响使许多国家抵制在那个年代举办的奥运会等。这些打破和谐的因素无疑会制约竞技体育的发展。

4. 维护社会和谐

古希腊时期举办的奥运会有非常丰富的文化特点，奥运会是祭祀活动的一个组成部分。因此，为了保持奥运会的神圣感，古希腊各城邦通过协调约定了在奥运会举办期间任何城邦不能发动战争，这就是所谓的"神圣休战"约定。通过这项约定可以看出竞技体育的古老渊源中已经开始显现出了各个政治主体之间和平、友好的基因，至少是拥有这种基因的趋势和意识。在文明社会里，竞技体育可以以有效而安全的方式转移和宣泄人本性中的暴力和攻击性。竞技体育运动蕴藏的丰富文化内涵，不仅将攻击性引向有益渠道，而且促进各个国家相互了解，促进民族文化相互交流，促进人类和谐共处。

三、高校竞技活动与育人

（一）运动教学育人

运动教学育人就是将运动教学相关育人理论隐含在运动教学过程之中，进行竞技教育。它以培养人的全面发展为根本目的，并通过体育课程和其他学科教学来实施。运动教学育人，并非孤立的育人过程。

1. 教学思想

（1）教学中心由技术转向人

传统运动教学着眼于学生运动技术水平的提高，尽管能够培养出一批具有较高竞技水平的运动后备人才，可是这类后备人才的综合素质往往不是很高。随着社会经济和科学技术的发展，人们越来越认识到人是学习和实践的主体，在现代体育中必须注重学生的全面、和谐发展，而这正是学校体育所要实现的目标。目前，国内教育改革中提出由知识为本转向以人为本的教学思想；教育方式亦由"应试教育"走向"素质教育"。在这种大背景下，体育课程教学改革也将由注重身体素质、技能训练转向关注学生身心和谐发展，所以，竞技教育教学思想还必须从着眼于运动技术水平的提高，走向注重促进全面发展。体育教育专业要培养全面发展的高素质人才，就应该将科学文化和人文素养结合起来，注重对运动员进行思想道德教育，使他们具有良好的意志品质。应当指出，强调运动教学中"以人为本"的重要性，并不是忽视了运动知识技能传授，而是强调运动技术教学中潜移默化的对人的教育，这一点是很重要的。

（2）教学的主要矛盾由"教"转向"学"

在传统运动教学中，教师如何"教"一直都是一个十分重要的问题，但很少研究学生"学"的问题。这直接制约了运动教学的发展和学生的全面发展。若教得好，学得也好，运动教学的效果会更好；如果教得不理想，学得好，尚可理解；反之，是不可取的。所以，"学"是运动教学的主要矛盾。当前国内教育改革提出，让学生"学会学习"（培养学生获取知识的能力比单纯传递知识更重要）、"学会做人"和"学会做事"的呼声越来越高。因此，在运动教学过程中，教师应"教会"运动员如何学习、做事、做人，学生应"学会"如何学习、做事、做人，这是引导我国竞技人才后备队伍从"体能型"向"智体型"转变的重要措施。

2. 内容体系

运动教学育人的内容体系包括理性育人和兴趣育人。

（1）理性育人

在运动教学中进行理性育人，就是将运动理性知识的传授和育人有机地结合起来。在现代体育教学改革中，它已成为一种趋势和要求。过去运动教学强调运动技能实践教学，忽视了与运动专业相关理论教育和提升运动员素质教育的结合。

在运动教学中进行理论教学改革需要做到以下两个方面：

第一，专项人文教育和实践教学应相结合。如在足球专项理论教学中，我们应向学生讲述巴西贝利的为人与中国容志行的人文精神；排球理论教学中应将中国的"女排精神"融入其中；在进行乒乓球与体操理论教学时，同样要将中国乒乓球队与中国体操队取胜的人文精神融入教学之中，用它来教学生如何做人、如何竞技。

第二，注重专项运动理论教学，还必须加强学生运动队伍基本素质教育，包括政治素质、文化素质、身心素质与就业素质等。提高他们的基本素质，才能为他们将来的"做人""竞技""就业"等打下良好的基础。

（2）兴趣育人

运动教学中的兴趣育人，就是指在运动教学中要培养学生的兴趣，是一种将培养学生学习兴趣和掌握技术相结合的育人途径。通常情况下，培养青少年后备人才掌握精湛运动技术，需要经过枯燥乏味的教学和训练，只有经过千百次的教学与训练才能实现。如果不重视对他们兴趣的培养，其训练结果往往事倍功半。因此，从长远来看，在艰苦卓绝的运动教学过程中，学生学习兴趣的培养至关重要。学生若在缺乏兴趣的条件下完全靠毅力来学习是很难的。在兴趣的驱使下，即使学习起来有困难，也能坚持完成。由于毅力被管辖在"超我"之下，必须依靠外部的要求主导内部力量，而这就需要动员调动自身相当程度的心理能量才能保持住。因此说，毅力的产生与保持比较难。但兴趣是受"本我"主导的，就是具有自然与原始色彩的内在力量，冲动性强，驱动性强且急需满足。因而，兴趣对于完成一项工作比毅力有着更大的爆发力和推动作用。但兴趣产生的根源在于人们内部的心理需求，如果缺乏源头因素的支持，那么兴趣的能量也就没有了，而毅力的持续性由于其本源在于人外部心理需要，可以从外在源源不断地投入能量，所以，毅力的持续性远远大于兴趣。正因为如此，才会让人产生重毅力、轻兴趣的结果。但应该引起重视的是，当一个人的兴趣处在连续不中断的情况时，兴趣比毅力的促进作用更大，而且更容易使人获得成功。因为毅力是"苦尽甘来"，兴趣是"乐在其中"。只有当兴趣和毅力结合起来才会产生出巨大的能动作用。所以在进行运动教学时，在发展学生毅力的基础上，也应重视对学生学习兴趣的培养。

（二）运动训练育人

运动训练育人，就是把运动训练相关育人理论及措施隐含在整个训练过程之中，进行竞技教育。它包括对运动员进行思想品德、科学文化知识和身体素质等方面的培养。以往人们一直把提高运动成绩视为运动训练的中心内容，这种看法是片面的。运动技术水平和运动成绩提高是在运动训练过程中产生的现象,而真正决定二者提高的因素是从事运动的人的发展。如果人的综合素质得到了提高,那么其运动成绩才有可能得到长期、稳定的提高。因此,在运动训练过程中,对待育人与授技应一视同仁,不能偏重一方而忽视另一方。

1. 主题特征

运动训练中的育人既与过去的政治说教不同,也不能与德育完全等同,其有自身的特点。

(1) 寓教于训

在运动训练中,育人过程并不完全是单独进行的,是一种潜移默化的教育活动,它将寓做人的教育于运动训练的全过程。

(2) 民主育人

在现代运动训练中,决不像以往那样,认为运动员是运动刺激的单向接受者,而是科学、民主地进行运动训练,提倡教练员与运动员之间双向交流,坦诚相见,一起解决问题。

(3) 管教结合

许多高水平的教练员认为,运动队育人的主要特征是半军事化的管理和民主教育方式的结合。因为运动训练长期而艰苦,这就决定了必须采取严格的、管教结合的方式来育人。

2. 训练内容

(1) 教练员的自我完善

高水平的教练员主要有两种类型,一是智能型的,这种类型的教练员不但文化层次高,专业理论水平和思想境界也较高,更重要的是他们有深刻认识自己、正确认识队员以及自我完善的能力。二是体能型的,这种类型的教练员文化水准较低,但有着很强的运动技能和战术训练指导能力。然而,因为受文化程度所限,他们的自我认识、自我改造能力受到了限制,而他们在还没有完全解放自己的前提下,就想"高超"地解放别人,这是很难的。因此,要提高运动队伍的整体水平,需要着力提升教练员文化水准与专业素质,提高其思想道德素质，以使他们能够不断地了解自我、重塑自我、提升自我，进而训练出高素质运动员。同时还需要加强教练员队伍建设，提高他们的文化素质及业务技能水平，从而促进我国体育事业的高质量发展。实践表明，一个高水平的教练员必须要具备能力本位的意识、育苗意识、言传身教意识、创新意识四种意识。

（2）运动员的自我完善

运动员自我完善的核心是自我认识。自我认识是自我发展过程中一个重要因素，它直接影响到人的行为方式、生活质量以及健康水平。自我认识是由其自然属性与社会属性构成。人虽然是自然界大家族的成员，但由于环境污染、生态平衡的破坏等，人类自身也受到了影响。于是，现代人开始限制向自然索取资源和破坏自然的速度，以求社会沿着健康、持续、稳定的"绿色之路"发展。

运动员关于其社会属性的认识，也就是说他们应该充分认识到，人的本质就是各种社会关系之和。具体来说，人具有社会性和自然性两种基本特性，它们既对立又统一，相互矛盾又相互促进，构成了人类社会发展进程的重要内容。运动员既非存活于真空之中，也非独立于运动场之外的"特殊公民"，他们是生活于社会群体之中的一个人。人类以"文化"的方式来反映自己的性质，这也是人与动物不同的地方。所以，居住在一个社会群体里的个人必须通过文化来改造自己，并且用多种措施来协调多种人际关系，促进个人与整体生存发展环境的改善。这是决定运动员发展的一个重要环节。

第四节 体育文化视野下的高校体育教学

一、高校体育教学的文化传承

人类长时间的体育运动实践是体育文化形成的基础条件。体育文化在形成的过程中表现出其自身的特征。体育文化是人类拥有的诸多文化财富中的一种,在体育教学的实践中,必须把发展起来的体育文化传承下去这一任务放在重要位置。

(一)体育文化理念的转变

1.终身体育

实践证明,积极转变体育教学理念尤为重要。单方面将提高在校学生的身体素质作为目标的教育理念,会忽视终身体育与体育教育的长远效应,学生走出学校迈向社会后难以持之以恒。而秉持推动学生全面发展的体育教学理念,就是将提高学生身体素质设定为长期目标之一,将培养体育意识与体育心理等放在突出位置,结果是令人满意的。个体终身参与体育锻炼与接受体育教育之和,即终身体育教育,这一理念在现代体育教学中的作用十分重要。

学校体育课程设置的改变也反映出学校教学理念的改变,将符合学生实际需求的选课形式作为体育教学结构的基础,这是我国学校体育教学理念改革的重要表现,也是发展学校体育文化的必然趋势,更是学校体育以人为本宗旨的充分体现。体育教学领域终身体育能力的培养是体育教学的一项重要指标。学生的体育能力水平不仅影响其自身的学业成绩,还对其终身体育能力产生重要影响。终身体育能力的培养需要合理引导,体育教学改革就是要建立在对其能力具有引导意义的指标体系框架内,完善其制度,使其有据可依。学校体育教学以终身体育为目标,形成内外环境条件的配合,最终达成学生内在学习动机和外在学习策略对其终身体育能力培养的双重保证的目的，进而完成学生独立思考能力和创新能力的培养目标，为学生提供未来独立学习、适应社会等所需要的技巧和能力。

人类在个体的不同成长时期和阶段都应当密切联系自身实际需求，积极接受体育教育，参与和自身情况相符的体育锻炼，并坚持不懈，这样才可以实现预期的锻炼目标，这是终身体育思想的体现。终身体育思想的目的主要包括两方面：一方面是使个体在不同人生阶段坚持学习体育知识与技能，同时积极参与体育锻炼；另一方面是合理衔接个体不同人生阶段的体育需求，为实现完整、连续的体育教育提供保障。

2. 实践教学

在实际生活中，人们应将把自身实际情况和体育锻炼内容与方法充分地有机结合，根据自身变化来对锻炼内容和方法进行合理调整，树立终身体育意识。具体来说，一是终身学习者获得体育锻炼的途径和方式，应是体育教师在体育教学中传授的；二是体育教学应让学生掌握特定锻炼方式和多种体育锻炼方法的相关技能，具备快速搜集和运用体育锻炼方面的最新消息的体育自学能力，从而养成良好的体育锻炼习惯和树立创新意识；三是体育教学应该多方面调动学生进行体育运动的主观能动性。

终身体育从不同角度可以分为以下两个方面：

一是学校的教。学校是学生接受正规系统教育、健康教育时间最长，形成正确体育观、健康观的最佳场所。完善的体育学习对提高学生的体育创新精神和实践能力具有重要作用。学校应切实提高体育教学的效益，发挥体育根本价值功能，让学生真正感受到体育的乐趣和作用，从而为培养学生的体育意识、体育能力、终身体育习惯打下基础，让体育切实为学生服务。

二是学生的学。个体在其一生中持续参与体育活动，实现提高身体素质和促进身心健康的目的。学校体育教学、各项体育文化活动的开展对学生体育技能的学习起到了积极的推动作用，但是学校体育教学的开展过程中也存在一些问题需要改善。比如，教师的"教"与学生的"学"，成了教学过程中两个分离的环节。要加强学生自主互动学习方法的应用，扩大学生自主练习的空间和时间，增加练习密度并加强交流，激发学生自主学习的主观能动性，提高学生体育兴趣，增强学生体育理解力，达到提高学生自主学习能力的目的。学生自主互动学习方法的课堂设计，要以学校体育教育的规律为基础，创新学生自主学习方法，构建行之有效的自主教与学的互动模式。

（二）体育教师教学的变革

1. 体育教学模式变革

在体育教学中只有充分发挥学生的主观能动性、学生的主体作用、教师的主导作用，才能使学生的体育文化水平实现质的飞跃。在体育教学过程，体育教师要保持良好的情绪状态，使课堂环境形成轻松、快乐的氛围，才能有效调动学生参与互动的主观能动性。要达到师生良性沟通的目的，只有转变体育教学的模式，以学生为主体，才能实现有效对话和双向理解，师生间才能建立和谐的关系。当学生有向体育教师学习某方面体育知识和技巧的积极意愿时，教师应积极给予回应，并提供帮助，当学生有不同意见，和教师出现意见分歧时，教师要持续调整自身态度，努力使师生关系更加融洽，推动体育课堂教学顺利开展。

在体育教学的实践过程中，教师同时担任教学者和管理者两种角色，提升教学质量的基础性条件是管理好课堂。体育教师对体育课的主要管理工作包括分组、建立课堂规则、给学生做思想政治工作、激发学生学习积极性、灵活运用教学手段、控制运动密度和强度、正确使用场地设施、及时做好安全防护措施等。

对于体育教学而言，因材施教是极为必要的。在体育教学的实践过程中，应开设选修课，使学生在对体育运动项目选择时充分结合自身爱好；同时针对身体素质有待提高的学生，应当对其提出限制选择项目的指导和说明。在体育教学过程中，体育教师应指导学生熟悉自身实际情况，深入理解体育文化，再结合预期要达到的目标，对运动项目做出最佳选择。

2.体育教学内容变革

体育教学在备课、选择和确定具体体育教学内容之前，应当对学生现阶段身心特征以及体育水平进行深入了解。要有效发挥体育教学内容对学生身心发展的促进作用，离不开体育教师的正确指导。因此，体育教师要对学生的学习过程进行良好引导，使教学内容成功转化成学生需要的内容，并且让学生认识到教学内容的重要性，只有这样才能将教和学融合起来，推动教师和学生共同进步。由此可知，教学内容的正确选择，对学生学习体育知识、提高身体素质、养成良好运动习惯均具有积极影响。体育教学内容不仅在体育教学中占有重要地位，而且在体育教学的全过程都具有关键性作用。科学的体育教学内容在使学生得到全面发展的同时，还能保持学生的个性特征。科学合理的体育教学内容是师生间联结的良好纽带，能够强化师生的信息沟通。要想更好地适应时代发展的需要和学生自身发展的需要，就要在选取体育教学内容时遵循学生的成长规律和体育教学自身的特点。

（三）学生的体育文化传承

体育素养是当人们学习和掌握体育知识、技能之后，形成的正确的体育认知、体育价值观以及待人接物的态度等。从整体角度进行分析，当学生的体育素养提高后，可以推动学生各方面的发展，为传承学校体育文化奠定坚实基础。学校体育教学的作用有四点，一是使学生的综合素质得到本质提高，二是使学生的体育素养得到本质提高，三是使学生身体健康水平得到提升，四是使素质教育的良性发展得到有效推进。

动态性是传承体育文化的显著特点，传承是延续体育文化的重要条件，传承体育文化的载体是人。体育文化的传承从本质上讲属于人的创造性活动，所以传承文化和发展文化的最终结果如何取决于人的素质。由此，在学校体育文化被传承的全过程中，传承人扮演着关键性角色，只有传承人不断提升自身综合素质，充分发挥自身潜质，汲取各方面的优秀成果和经验，才能将体育文化精髓充分掌握与吸收，从而更好地传承和发扬。

1. 树立终身体育观念

学校体育的发展在东西方逐渐成为社会发展与文明演进的标志和动力。体育文化的发展和传承始终位于学校体育发展的中轴线上。可以说，学校体育是传统体育文化和现代体育文化发展的基础。学校体育教育中的足球、篮球、网球、体操、健身、健美等体育项目吸引着最普遍的爱好者，我国传统体育文化也在学校体育领域逐渐占有重要位置，越来越受到学生的欢迎。传统体育项目中的导引、武术、太极拳等动静结合、修身养性的体育文化在我国学校教学中源远流长。学校体育传统与现代协同发展，实现了学校体育文化的推广和普及。

学校体育文化，是一个学校不同于其他学校的文化特质。另外，学校体育文化也是学校对体育的办学方针、办学成绩、领导作用、学校体育风气的整体体现。学校体育传统，是学校体育文化延续与发展之根本。苏联著名教育家马卡连柯曾经指出："任何东西，也不像传统那样巩固集体。培养传统、保持传统是教育工作中最重要的任务。"一个人身处学校体育文化氛围之中，从他走进校园那天开始，便在各种学校体育传统文化的影响之下。学校体育传统自身是一种浓厚的体育文化氛围。学校体育传统是文化模式在学校中的具体体现，需要一个相当长的时间来累积，并在此基础上逐步形成。其塑造的学校气氛，可以让团体中各成员有归属感、安全感与自豪感，并且让处于这一环境下的各成员对其心理与行为进行持续调整，有利于与学校体育的传统接轨，获得团体的认可，达到文化整合的目的。

在学校体育教学中，学校优秀体育文化传统有利于指导学生形成良好体育习惯，激发学生体育运动兴趣、爱好，并养成良好的体育习惯，从而树立终身体育观念，让体育成为他们生活不可或缺的部分。因此，学校学生在体育课堂内外应自觉地按受学校优秀体育义化传统熏陶，并较快地适应新环境的要求，改变原来不适应学校体育传统的行为与习惯，发扬和传承学校的优秀体育文化传统。

2. 提高体育参与兴趣

体育欣赏能力是培养学生自身体育兴趣的基础。体育运动除了其显而易见的益处即能有效地增强体质，健全人体各种生理功能，塑造自身矫健、强壮的人体，还有其特殊的感染力。随着体育文化的发展及其内容的不断丰富，体育的文化内涵越来越多、精神阵地和艺术色彩越来越丰富，体育潜移默化地感染、熏陶着人们。体育竞赛观赏也成为向青少年实施审美教育的特殊途径和有效手段。因此，在学校体育教学中，学生除了注重锻炼自身的体质及体育技能，还要注重培养自身对体育艺术的欣赏能力和审美情趣。

发展自身体育欣赏能力需要从以下两个方面做起：第一，必须懂得体育竞赛的观赏原则，体育运动中有许多美的东西且由来已久，学生要在体育竞赛观赏过程中加深理解，进一步明确体育运动的真善美，同时还要认识到它们之间的关系，抓住它们之间的联系与区别，只有这样，我们才能将美的形象呈现出来。第二，掌握观看体育竞赛的正确方法。由于体育运动中包含的因素异常丰富，为增强自己观赏不同类型体育运动的能力，深化自身对各个竞技项目特征的认识，学生在体育学习中应形成自主意识，对整体运动形态进行归类，揭示体育运动美存在的普遍规律，最大限度地了解各个项目在人体健美方面所带来的好处，增强自己的体育观赏效果，提高审美情趣。国外学者对运动美的因素进行过剖析，它主要由实践性（灵敏性、速度、节奏）、空间性（幅度、高度、重量）、坚韧性（强度、激烈、顽强）、精致性（巧妙、准确、均衡）、愉悦性（华丽、热爱、惊险）、优雅性（柔和、流利、高尚）等方面构成。学生可将这些作为观赏体育竞赛的标准，培养正确的鉴赏能力，由此强化自身体育兴趣，进而促进自身积极参与体育活动。

另外，学生通过体育竞赛观赏，能培养自己的体育精神。赛场上的运动员，在受伤的情况下仍坚持比赛，并忍受伤痛至比赛结束，在这样的情况下，即便是他们最后没有获得比较好的名次，他们在场上所展现出来的坚强的意志，也成为体育运动中的宝贵财富。这样就加强了学生对于体育精神的了解，从而增强体育学习兴趣，而体育精神中的"百折不挠、顽强拼搏"，对于学生自身综合素质发展具有重要影响。

3. 实现终身体育目标

学校体育作为大众体育的重要组成部分，积极探索适合我国民族传统的体育教学是学校体育改革的方向。当今高校的体育教学不是一个封闭式的教育，体育教学有时会外延到与社会体育团体的合作，学生对体育的学习不局限于实际的课堂和校园内部，体育内容和形式的多样性，为学生参与体育活动提供了多种选择性，但是同时对学生的选择能力提出了要求。学生应该在正确认识学校体育传统和有足够体育欣赏能力的基础上，有效地传承学校体育文化，同时在终身体育观念的指导下积极参与体育活动。学生还可以积极发挥自己在体育方面的创新思维，比如，组织一些学生自己举办的竞赛活动：街头篮球对抗赛、太极演练等，利用自身的影响力，激发周围学生的体育兴趣，从而为传承学校的体育文化贡献自己的力量。

自 2008 年北京奥运会成功举办后，特别是 2015 年 2 月，中央全面深化改革领导组第十次会议审议并通过了《中国足球改革发展总体方案》，并指出建设体育大国和体育强国。各项体育运动在我国空前繁荣，掀起了全民体育运动浪潮。在这一全国性体育氛围的熏陶下，学校学生也要积极培养自己实现终身体育目标的决心。从调查结果来看，当前大学生对体育运动的态度是十分积极的。学生要充分认识自身体育素质，积极参与适合自己并且自己感兴趣的体育运动，坚持终身体育的目标。使原本不喜欢体育运动的自己喜欢上体育运动，使原本喜欢体育运动的自己更加贴近自己喜欢的体育运动，并且把终身体育作为目标坚持下去。

二、高校体育教学与高校体育文化

体育教学要与学校体育文化融合发展才能更好地发挥作用，这在很大程度上是由学校体育文化的功能决定的，而两者融合的方式也是多种多样的。

（一）高校体育教学与高校体育行为主体文化

体育教学是实现学校体育目标的基本形式，是对学生进行有目的、有组织的教育的过程，是学校体育文化的基本组成部分。体育教学在培养学生终身体育意识和锻炼习惯这一目的主线上，应提倡对传统体育项目的开发和本地区民族体育的挖掘与教学，增加体育项目的趣味性、文化独特性。体育是教育的重要手段，是学校课程体系中的重要组成部分。学校体育教育对培养学生的体育意识、体育能力、终身体育习惯、健康意识有举足轻重的作用。体育是健康生活方式的基石，是促进健康的载体，是提高人的生命和生活质量的重要基础与保证，体育学习对学生的发展具有多方面的价值。通常来说，学校体育教育是受教育者接受体育教育时间最长的一个阶段，是形成正确体育观的一个导向台，达成体育目标的载体。

学校尊重每位学生公平参与各项体育活动的权利并努力让其得以完美展现。在实际教学过程中，学校和教师要对各项体育活动、体育竞赛活动进行全力革新与完善，充分挖掘和发挥体育活动、体育竞赛活动的价值和功能。在安排各项群体活动项目时，以学校实际情况为重要依据，优先安排传统项目与重点项目，妥善加入一些激发学生运动主动性的体育活动和竞赛项目，同时还要兼顾活动的可执行性以及提升运动水平的目的性。

对于体育文化节，将其开展范围锁定在学校内，要将学生放在主体地位，充分发挥教师的主导作用。春秋两季气候适宜体育活动，所以选择在春秋两季开展的体育文化节相对较多。通常情况下，体育文化节会维持两周时间，学校特色和所属地域不同，文化节内容也会存在着很大差异。体育文化节应当包括很多类型的项目，进而带动学生参与的积极性。开展学校体育文化节，不但能让学生深入认识体育文化，还能让更多学生加入到传承和弘扬体育文化的队伍中。对于体育文化来说，学校文体活动能够使其在学校范围内传播得更加广泛，学校应当积极开展体育文化节活动。

在进行具体的体育教学安排时，要有所侧重，要将不同类型的运动会项目均匀安排在整个学年中。对运动会等大型体育活动展开统一安排和规划，将学校教育计划、气候变化、国家法定节假日以及项目数量等众多因素全部考虑到。

尽量把学校大型运动会或大型竞赛活动安排在每年的同一时间，使其成为学校特色与传统。除此之外，教师要时刻谨记学生的主体地位，重视发挥学生的积极性，让体育特长学生主动参与其中，而且要带动其他学生一起参与。

（二）高校体育教学与高校体育物质文化

体育课外活动组织形式相对于课堂活动富有变化、具有灵活性。体育课外活动组织形式灵活的根本原因在于其性质。由于学生间存在着巨大差异，所以固定不变的体育活动形式是与实际相违背的。因而，要想使学生群体的不同需求得到满足，积极调整和变换运动形式是十分必要的。因此，校内体育俱乐部活动受到了广大学生的欢迎，学生可以参照自身在体育方面的优势和喜好加入。校内体育俱乐部导向性明显，体育活动的最终效果好，受到越来越多学生的欢迎。目前，单项俱乐部和综合俱乐部是学校体育俱乐部的两种重要形式。

校内俱乐部的开设需要结合学校的场地器械、学校综合师资水平、现有体育优势等情况综合考虑，而校内体育俱乐部的管理应当专人负责，并密切结合本校体育工作的整体规划与各项具体计划，进而科学确定体育活动的各项目标、具体运营方式、具体人员安排等多个方面。与此同时，在筹集经费、合理分配和安置育场地和体育器械方面也要做好相应工作。

学校在体育物质文化方面还要加强体育社团网站的建设。理想的社团网站，不但对不同社团的组织结构完善状态有相对客观的反映，而且能够在很大程度上推动学校体育文化的发展进程。但现实情况是，我国部分大学体育社团没有建设专门网站或网页，这样就会降低大学体育社团的影响力，以至于难以吸引更多学生的参与。

第四章　审美育人视野下的高校体育教学创新

随着高校体育教育改革的不断深入，体育教学中审美教育的重要性更加突出，体育教育不但要强健大学生体魄，还要注重心理健康的发展，在体育运动中发现美、体会美、分享美。本章主要介绍审美育人视野下的高校体育教学创新，分为体育审美概述、高校体育审美教育作用、审美育人视野下的高校体育教学。

第四章　审美育人视野下的高校体育教学创新

第一节　体育审美概述

一、体育美学的概念

体育美学就是讨论人们在体育领域中怎样从事审美活动，是体育学中的一门学科，同时又是美学中的一门学科。体育美学作为一种独立的新兴学科，是随着人类对自身运动实践的不断探索而形成与发展起来的。体育美学是用美学的理论研究体育现象的一门学科，认为美学是解开体育审美之谜的关键，把美学看作一种评价，对体育领域美学问题所依托的学科进行阐释。

（一）体育美学的构成

学校体育教学要实施美学教育，关键在于在全面发展教育层次上怎样让学生感受到体育的纯粹之美。就体育美学而言，其主要研究对象就是人类运动，也就是身体美、运动美、技术美，它们都是由人体生理机能所决定的，也都是美的范畴。所以学习美学必须先学习身体美、运动美。身体美，就是通过人们健康的身体来展示美的东西。这里的身体美，不只是指强健的肌肉与身材，它还蕴含着健康心理与精神，换句话来讲就是包括健康精神在内的全身美。此外，技术美还是不同于艺术美的动作美的直接体现，是一种融肉体与心灵于一体的感觉胜利与成功的创作行为。

（二）体育活动中的美学

想要在体育活动中感受到美，关键在于怎样去体会体育活动的美。关于在体育活动中感受美，近藤英男将美的经验划分为运动体感与视觉构造两个层面进行理解。运动美感是运动的内在动力，它可以使欣赏者产生强烈的审美意识，从而达到愉悦身心之目的。体育美从本质上讲就是人的美感，是一种具有独特价值的感性形式。对体育美的体验，是人自己的一种感受。运动美感具有独特性、普遍性和动态性特征，它表现为运动表象的和谐之美、节奏的韵律之美、速度的变化之美及力量的刚健之美等形式美感。体育运动的美感表现为身体旋律美和艺术形象美两个方面。身体旋律美，就是完成运动时感觉到和自然融为一体，形成超越极限感、肉体超越意识感等方面的体验。体育美包含自然美、艺术美、社会性美等多方面内容。观赏者对美的感受虽是多元的、多面化的，但是其审美体验则须以和运动员同步或者融合为前提，方能享受到体育美的可贵。体育运动美感表现为一种独特的心理活动，它以人自身的生理结构为基础，并受其影响而发生发展变化。

（三）体育美学教育

美的教育，是人美化自己的最主要的教育方式。爱美，乃人之常情，而如果想要单纯依靠自身能力形成正确的爱美与追求美的审美观念、审美理想、审美能力则很难实现的，为此，需要通过一定的审美教育，来培养确立正确的审美理想与审美观念，提高人的审美能力。那么，学校体育与美有着怎样的关系？我们可能会对学校体育教学是否可以实施美的教育，提出怀疑。有人认为，体育就是一种单纯的运动项目或体育运动技术动作，其实体育中蕴含着大量的美，只是我们平时没有注意到。它要求教师在授课时，引导学生充分体验体育美的魅力，并积极实践美，如实展示美，进而帮助学生主动地创造美。体育教学具有以体育活动为载体，以培养全面发展的人才为目的，但是，这一切都要依靠教育来完成的。

二、体育与美学的关系

（一）体育与自然美

自然界就是一个大千世界，有形形色色的美。自然美是指自然事物或者自然现象所具有的美感。自然美是人类审美活动中最普遍、最高级的形式之一。自然界中的一切都具有一定的规律，它们的形态、结构、色彩等无不符合人们的审美情趣和要求。人类属于自然界,人体之美属于自然美。美的东西具有两大因素,一是其内在内容,二是其外在表现,也就是内容美与形式美。人体美属于形式美。人体美是由容貌、体形与姿态之美构成的。人的外貌是由遗传变异决定的,在本质上无法更改,人类体型虽然和遗传变异有重要联系,不过,它可以有变化。人体美集健、美于一身,健是美的一个重要构成要素,而美又与健密不可分。如果一个人不具备非常强壮和健康的体魄,那么他很难拥有人体美。很难想象瘦与臃肿虚胖身材会引起美感。健美的人体,不但有强壮的骨骼与肌肉,其皮肤气色也会十分健康,并且还拥有均匀的形体,身体轮廓线条漂亮。健美的身体更集中表现为对称、平衡、比例、和谐及其他形式美的规律特征。古希腊用健美人体做模特的人体塑像,如《掷铁饼者》《洛岛的维纳斯》等,以及近代健美运动、竞技体操和其他体育运动从事者身材,之所以能让人赞叹,就是因为他们完美地拥有以上人体美的审美标准。无论是古代,还是近代搞健美运动、竞技体操和其他体育的运动者,往往有一个健美身材,究其原因,就是因为他们长期科学地从事着对人体美最为有益的体育运动。即便是那些长期从事其他体育运动(比如跳、跑、游、打)的人,他们身材同样健美。

运动解剖学研究结果亦证实,在体育运动中长期保持科学的锻炼,对于人体肌肉、骨骼都能起到很好的促进作用,能提升人体美。人体美也表现为人们的动作姿态,也就是姿态美。所谓体态美,就是通过正确合理的体育锻炼而获得的人体各部分形态结构以及生理功能的协调发展。我们知道在体育运动中增强体质是行之有效的办法,当然,其中也包括对人体体格与机能的提升。体能,指有机体从事身体活动所显示出来的能力,包括身体素质——力量、速度、灵敏度、耐力、柔韧性等,以及身体的基本活动能力——行走、奔跑、跳跃、攀登、爬行等。这些素质的提高都要靠运动来完成,而运动又能促进人体形态结构的发育完善和各种生理机能的发展。体能的提高一定能给人们的姿势美带来正面作用,即,体育运动会使人的动作姿势(坐、立、行等姿势)更正确,更矫健,更优美。从上述分析中可看出,体育运动是提高人体美行之有效的手段,体育和人体美之间存在着密切的因果关系。

(二)体育与艺术美

艺术作为一种社会意识形态，是人类活动中的特殊形式，为满足人的审美需要，提供了丰富多样的欣赏对象。从一定意义上说，人的生活与艺术密切相关，而艺术则以其独特的方式对人们的精神世界产生巨大影响。艺术美在自然美与社会美中体现得最为集中，从某种意义上来讲它是最高品级之美。与其他事物相比，它更容易引起人的兴趣、爱好、追求和向往，从而成为一种高尚的精神享受，并在一定程度上推动着社会生产力发展。体育不只具有健身和其他使用价值，还具有艺术审美价值。体育运动尤其具有艺术性，例如竞技体操、艺术体操、武术、跳水、花样滑冰等，它之所以有艺术美这一属性，是因为其具有表演特征。所谓表演特征就是动作在与音乐、舞蹈或美术的融合中所表现出来的那种富有感染力的美感形式。体育运动就是人类身体练习活动，人体是从事体育运动最重要的物质材料，所以说，体育艺术美，主要表现为人体美，就是以人体美为主的一种形式美。首先，运动员肌肉发达、身材匀称、线条美观，就是典型的人体美，能给人一种健和美的感觉。这些都是体育运动所特有的形态美，也就是人们常说的"形体之美"。其次，运动员的各种姿态，如跑、跳、俯仰、旋转等，不但表现出其体能之完善，并充分表现出均衡、对称、协调的特点，给人一种美的享受。特别是艺术体操、花样滑冰等运动项目，运动员的健美体态、轻快的运动，再配以协调的高雅乐曲，有较强的艺术美感，它将体育运动同舞蹈艺术、音乐艺术完美融合在一起，又可以说它是一个单独的艺术种类。体育具有艺术美，还体现在运动员服饰上，其颜色、线条、样式结构协调结合，不仅仅是一件实用的工艺品，还能够给人一种美的感受，并且，又能强化运动员身材、动作姿态之美，充分反映具体运动项目特点之美。体育建筑又是体育艺术美形成的要素之一。建筑艺术是艺术的一个大门类，属于实用工艺，被誉为"凝固的音乐"。体育建筑作为一种特殊形式的艺术品，它所体现出来的艺术性，就更加引人注目。外形美观、形态各异的体育建筑，通常能够给人一种高尚的美，再加之其线条、块面和体积、色彩与物质材料和谐搭配，便有各种形式美的属性，更多的是给予人以美的欣赏。

音乐——一种听觉艺术，它构成了体育艺术之美。音乐存在于一些体育项目中，比如广播体操、艺术体操、花样游泳、花样滑冰等的伴奏，那美妙的旋律，节奏轻快，抒情色彩浓厚，与运动员健美动作协调一致，艺术效果也得以加强，将人带入一个更奇妙的艺术境界。

（三）美学的体育指导

体育与审美也有着密切的关系，具体表现为：美学指导体育。也就是说美学能给体育提供理论依据，引导体育按美的规律去实践，由此提升体育的审美意义，它对体育的全面发展与提高起到了有益作用。美学在体育中最本质、最直观的作用，就是要引导人按美的法则塑造身材，也就是提高人体美。

当今深受群众欢迎的健美运动，正是这一领域的最佳实例。人能够遵循人体美这一法则，从自身需求出发，选择合适的运动及器械做运动，以弥补身材上的缺陷，提升体形美。美学在强化体育运动形式美方面，亦有指导意义，比如体操、武术和其他项目。

规律特性的训练与设计编排的作品，以及选择漂亮合适的衣服、器械与乐曲，都对于加强体育运动形式美，提升体育运动审美价值，从而力争在比赛中取得较好的效果，有明显好处。美学在为体育行业服务的过程中同样具有积极的意义，因为它不仅能使人们认识到自己所从事的运动项目本身具有一定的艺术特征，而且还有助于人们了解和掌握各种不同形式的体育动作之间的内在关系和相互联系。比如，在美学理论的指导下，音乐家们既可创造，也可选择较动听的音乐，作为体育运动的伴奏；服装鞋帽设计师能够设计出更漂亮的体育服饰，这些都能给体育运动营造一种优美的氛围。另外是审美对体育教学具有的指导作用，可以培育和提升人们的内在美。法国近代美学家丹纳说过："我们所寻求的最高典型，是一种既有完美的肉体，又有高尚精神的人。"由于美和善与真是不可分割的，美学和伦理学之间也存在着千丝万缕的联系。就体育教学与训练活动而言，开展伦理道德教育，尤其共产主义道德教育，对于培养人的崇高的体育道德作风、意志品质，塑造人的内在美，具有重要意义。当然，美学理论既可以增强人创造体育美的能力，还能增强人的体育审美鉴赏能力。那么，如何更好领略体育的美？这就要从美学的角度去理解了。要想获得艺术欣赏力，自己一定要具备艺术修养，从学习和研究体育中所涉及的美学问题开始。而且美学能让人得到有关美的东西，美的感受，美在内容和形式上、形式美规律特点等认识问题的答案，为人们认识与鉴赏体育的美，提供有益的帮助。

三、体育审美教育的概念

人类建立社会之初，人的体质是否健壮，直接决定其生存能力。而在文明社会中，人们生活得快乐与不快乐，又总与人们身体的健康的好坏有关。体育教育具有十分重要的作用和意义，当然它最为直接的、最为有效的作用是为人塑造一个健康的体格，这一塑造并非盲目发展，它又是以美的规律为指导。体育对于人体体格的塑造，是通过两个方面来体现的：其一，促使人形体中各种潜在生理机能充分显示出来，让人的身体健健康康，健壮有力；其二，促使人的身体越来越健康，最终，人体变成了"健、力、美"的有机结合体。审美文化发生了深刻变革，呼唤体育审美教育在当代蓬勃发展。20世纪90年代以来，我国的审美文化研究开始走出哲学的、思辨的、高雅艺术的象牙塔，并逐渐走向对感性的、大众的日常审美活动的关注。这种发展形势，说明审美文化在民众生活中所产生的重大作用。

过去，体育常被认为是一种身体运动，将体育之美限定于运动竞技范围之内，几乎没有将其和文化联系在一起理解的。从本质上讲，体育是一个系统组成的文化，它能动地体现了文化发展。人类喜欢体育，把体育作为一种美，因为人类已经把它看成显示其本质力量的一种方式。

第二节　高校体育审美教育作用

一、高校体育教学与审美教育的关系

（一）高校德育、智育、体育、美育

1. 基本内涵

德育就是对学生进行一定的社会思想、政治观点、道德规范的教育，使其思想品德得以养成，并在此基础上培养其道德判断能力，提高其自我修养的一种活动，属于形成个性教育范围。德育内涵受到经济、政治及文化等各个方面因素的影响，从具体上来讲，它主要包括思想、政治、品德三个方面的教育。

所谓智育，就是对学生进行科学、文化基础知识与技能的系统教育，并对其进行智力开发的活动。这并非一种纯知识方面的教育，而是把知识与智慧融合在一起的教育。智育就是要落实德育、体育、美育的必要前提。在高校里进行智育，就是要通过培养大学生具有良好的思想道德品质和掌握一定的科学知识来促进其身心全面和谐发展，为社会主义建设服务。

体育是一种非生产性人体活动，其目的在于增强体能。学校体育就是要按照一定的科学方式将体育运动知识与运动技巧传授给学生，增强学生体能，增强学生的运动能力，同时使学生养成良好品德等方面的教育。体育是实现高等教育宗旨的一项重要内容与方式。

美育就是要对学生进行正确审美观点的培养，增强学生对美的感受，使学生学会如何欣赏美，同时激发学生展示美、创造美的能力。美育不仅在高等教育的宗旨中占有重要地位，同时它也是一种十分有效的教育手段。美育不仅能陶冶人的情操，丰富人们的精神生活，而且可以使人的个性得到充分发展。从某种意义上讲，美育就是要从塑造人类美的灵魂开始，把个人变成一个主体。

美育关注的对象是一个整体，一个全面的个体，就是使人在生理和心理上得到全面发展，而非人类某方面的成长。

2. 学科关系

将高等教育的宗旨分为"四育"，这样的划分不仅明确了培养规格要求，还阐明了高等教育的方法，这对于开阔教育视野，强化教育实际操作效果具有积极的意义。从这个意义上说，高校应根据不同类型学校各自特点来确定自己的培养目标。值得一提的是，不可以"四育"为依据来划分教师在实际工作中之职能，而是要确立全方位教育理念，也就是"四育"相互依赖，德育为智育之导向，智育也是德育之本，美育是一种动力，而这三方面又与体育这一生理基础密不可分。在德、智、体、美等方面均含有知识方面的成分，因此，"四育"你中有我，我中有你，互相促进。

若以内在逻辑的观点来审视"四育"，它的次序应为体育、智育、德育、美育。体育是个体发展的物质（生理）坚实基础；智育以认知结构的开发为主，而且认知结构是个体的心理基础，它是情感、意志得以发展的先决条件；德育强调开发认知结构，但是道德的养成并不单纯取决于道德知识，还有赖于道德行为习惯的培养；美育充实了人们的感情，而感情的充实又建立在认知之上，并随着道德内化和积累而发展。情感是认知和道德在感性上的表现，美育与智育、德育相比，有着更复杂的法则。但理论的逻辑顺序无法取代它在教育过程中的实际作用。人们普遍认为"四育"之中，德育和智育居于首要的位置，而体育、美育居第二位。

人与社会是一个不可分割的整体，社会进步的根本动力在于生产力的发展，而教育作为一种特殊形式的生产活动，又必然要求有先进的道德作为基础。德育对于某种社会制度的巩固与发展、形成一定统一的社会规范、建立安定的社会秩序等，都起着不可忽视的作用，它对于受教育者各种素质的培养起着导向作用，在高等教育目的中，它一直占有举足轻重的地位，更是实现高等教育宗旨的必由之路。人类如果想要生存，一定要学会互相配合，继而推动智慧与科技的进步，才能获得自身发展，因此，德育成为人自身发展的必要条件。在我国社会主义高等学校中开展德育，是为我国现代化建设培养建设者，为无产阶级革命事业培养接班人的主要举措之一。在高校生中开展社会主义思想体系指导下的德育教育，是高等学校遵循社会主义办学方针和政策的基本保证。

体育教学能够促使学生良好思想品德的养成。体育教学就是要对学生品德进行教育，并将其融入学生体育运动当中。体育作为一门课程，具有其他学科所不具备的特殊功能和作用，即对德育的渗透功能。体育教学具有其行为准则与道德规范则，参与其中的每一个人都受其约束，并且要求个人行为必须接受实践的直接检验。体育不是一种纯躯体活动，其自身含有智育成分，因为其不仅仅需要学生进行运动，而且让学生了解体育相关知识，掌握与体育运动相关的技术与技巧。体育是和美育连在一起的，它能训练健美的身体，增强审美能力。体育本身是健与美，是健美体形塑造的根本方法，那么也就可以塑造出一种内在心灵美，它内容丰富，同时其形式也十分特殊，可以在无形中增强学生对美的感受，提升学生欣赏和表现美能力。

美育之于德育，体现为通过美育能够培养学生崇高的思想品德，确立共产主义的世界观、人生观，让学生内心的心灵美外化于语言美、行为美和形态美之中。美育之于智育，其功能体现为有利于开发学生智力，培养学生观察的能力，同时又能进行审美、想象力与思维力的培养。达·芬奇不仅是一位大画家，而且也是优秀的物理学家、数学家、工程师。著名天文学家伽利略，不仅酷爱绘画和音乐，也常常兴致盎然地做玩具。美育之于体育，体现为能规范人的心理，促进人的身心健康。比如，音乐能调整人的心情。

（二）审美教育对体育课堂的意义

1.提升体育美感

体育教师通过培训，除可强化学生体能外，审美教育模式的应用，也能指导学生用审美的眼光去审视体育动作，这就能促使学生在每个体育动作中都把健康和美感的因素融入其中。

2. 增强实践能力

第一，审美教学能激励学生坚强意志的养成，指导学生清楚地了解体育动作的各种技术，借此增强学生技巧运用及随机应变之能力；第二，审美教学，使学生能深化体育动作美感认识，辅以教师恰当指导，能促进学生把体育美感融入体育动作中，提高自身能力。

3. 提升课堂效率

唯有规范而又富有美感的体育动作，才能激发学生对体育的学习兴趣，从而全身心地投入体育的学习。因此，体育教师采用审美教育模式，能指导学生在学会体育动作的同时，尽量表现出美感，并能更深入地从根本上认识体育运动。

二、高校体育审美教育的意义与策略

教育以培养人为本，教育活动推动着人的知情意得到充分发展。高校体育教育在整个高校教育中占有举足轻重的地位，是对高校生进行系统体育教育的最高层次，高校的体育教学就是要传授体育文化知识、培养高校生的生命活力、充实高校生情感世界审美活动内容。审美是人之所以为人的根本要求之一，它不仅是人认识事物、改造自然和社会所必需的能力，而且还是一个人完善人格和实现全面发展的内在动力源泉。以审美为本位进行体育教学，对高校学生确认自我生命的存在，发展积极情感，意义深远。

（一）高校体育审美教育的意义

1. 体现教学本义

众所周知，人是一个有机整体，它具有鲜活的生命力，我们在对人进行任何方面与层面的教育时，总要涉及整个人格的培养，现代教育观旨在实现人的全面发展，这就决定体育不应成为一种纯粹的身体教育，而是要通过身体教育这一方式来对人们进行全面的教育。因此，体育课必须重视培养学生健康的心理和良好的意志品质，使他们形成健全的个性，成为具有健全人格的一代新人。

但在相当长的一段时间里，我们总是受"身心二元论"和"生物体育观等"的影响，过多地强调了从生理指标来考核体育课程所具有的功用，从而忽视了体育教育对学生心理教育的影响。毛泽东在《体育之研究》中说，体育的功效在于强筋骨，因而增知识，因而调感情，因而强意志。[①] 参与体育活动，人与人之间的感情是可以抒发出来的，这样不仅磨炼了人的意志，同时体育的美育价值也在这里得到了充分展示。因此，在大学生这一充满热情和生命力的群体面前，在体育课程中进行审美式教学，使其通过学习运动技术来进行练习，在轻松愉快、和谐融洽的体育项目里，体会体育之美、生命之美，这就是高校体育教学的原意，而非对体育课程进行额外修饰。

2. 改变体育"工具化"

当前大部分大学生上体育课，主要是为了拿到学分，这已经成了十分普遍的现象，正是在这样的大环境下体育培养身心、丰富生命体验之价值被漠视；不少体育教师在教学中，常常只重视知识传授，重视技能培养，而不在乎培养学生的精神世界和思想道德。像这样缺少心灵参与的体育运动过程，大大削弱了高校体育课程人文关怀价值。体育是一种完全人性化的文化活动，大学生自由而全面发展应该是高校体育教育的最高准则，这也是审美式体育教育的宗旨。所以我们提倡体育审美教学最"功利性"的一面，就是要使大学生摆脱消极地领取学分的现实困扰，用游戏的态度去感受体育，因为人只有游戏的状态下，才能感受到自由，才能感受到体育运动带来的乐趣。体育审美教学的改革，使学生处于遗忘外部期望与压力的运动形式中，构筑一个健康、完整的心灵世界，实现高校体育课程从工具型到人文型的转变。

3. 提升高校体育内涵

第一，体育教学之"美"，可以唤起学生追求"真"的动机。知之者不如好之者，好之者不如乐之者。审美式的体育教学观逐渐受到人们的重视，运用体育审美教学活动的大量审美因素进行教学，使学生在锻炼中感受到快乐，将学

---

① 毛泽东. 体育之研究 [M]. 北京：人民体育出版社，1979.

生学习体育的内部动机激发出来,促进学生对体育产生兴趣,吸引学生走进体育课堂。第二,体育教学之"美"还潜移默化地影响着学生发扬体育之"善"。人在作出审美判断时,道德判断是同时进行的,若要使道德"活"起来,就要充分发挥美育的作用,不断培养人对善良的喜爱和追求。体育活动隐含协作精神、规则意识和责任感、意志品质及其他"善"性特征,它能潜移默化地帮助学生树立正确的道德观、人生观。审美式体育教学是"以美扬善"的教学,是运用美与善的相互作用、相互统一,使学生感受到体育运动的生命之美。具体来说,不仅要让学生感受成功与快乐,还要让学生学会勇敢地面对失败与挫折,并且激发他们的求胜之欲,从而享受着更高境界的崇高之美,享受着人生超越自身的瑰丽之美,进而形成正确的道德观念,完善人格,提升他们的社会适应能力。

(二)高校体育审美教育的策略

1. 结合学生特点

在建构主义的教学观下,大学生已成为体育课堂中运动知识与价值的积极建构者。由于主体的经验以及对经验的信念不同,主体对外部世界的认识也具有多元性。所以,在对高校生学习的一般特点进行分析的同时,也需要注意对其体育审美经验与审美心理构建进行剖析。高校生在生理和心理上都逐步走向成熟,对于世界,他们有着其特殊的情感与追求,体育认知水平、情感体验均达到较高的水平。审美教学要将鲜活的体育审美元素展现在他们面前,激发其对体育学习较强的主动性。但是,我们也应该看到,如今"90后""00后"高校生大多是独生子女,在体育学习上也常常表现为体能不足、团队精神欠缺、责任意识不强、意志薄弱、体育价值观薄弱。设计审美式的体育教学,要针对其体育学习的特点,设计与审美相适应的教学目标,精选教学内容,这些也在一定程度上决定了整体审美教学的成效。

2. 分析教学内容

制定教学目标、精选教学内容,是体育审美教学得以实现的根本。从审美角度来看，高校生体育教学的内容和目标，既要注重教材中知识的传递，又要深挖教学内容中所隐含的体育之美。从教学目标的确立上看，必须表现出人体健康与内在心灵和谐统一之美，塑造团结协作的形象、敢为天下先的体育精神之美等，同时也要创造高校体育的活泼、绚丽多姿的体育文化局面。以体育审美教学目标为引领，应发掘教学内容中多维的审美因素。

3. 合理应用媒体

继承体育运动知识、建构审美教学情境，均与体育教学媒体密不可分。教学媒体具有的直观视听觉形象，在教学过程中能够丰富形式美，把体育美完整地呈现在学生面前，诱导学生产生美感，以愉快放松的心情，完成课程知识的学习，更好地达成了体育审美教学直观性的要求。对体育审美教学媒体的研究，有利于促进高校体育教育改革与发展，提高教学质量和效果。一般情况下，体育审美教学常用媒体手段包括体育器材、音乐、舞蹈等，另外，体育审美功效已被人们普遍接受。比如音乐手段往往被运用在节奏感较强的教学环节中，音乐速度达 138~180 拍/分钟时，便可形成鲜明有力的跳跃性节奏，使练习者在乐曲旋律中走进意境，这个时候所有的烦恼都可以忘记；还能让参与者受到感染，跃跃欲试，并不禁为之倾倒。

4. 设计审美策略

教学方法与教学策略，就是展现体育教学过程中外部形式美因素，它决定着教学的组织方式，同时也在无形中影响了体育的节奏和课堂氛围。在体育审美教学中，要重视以下教学策略方法的运用：第一，教师在教学中要善于发现、整理体育教学审美点。不仅将体育外显之美呈现在学生面前，同时也要对其中的"理性之美"进行挖掘和提取。第二，教师要善于启发诱导。这就需要教师在教学中善于使用生动形象的语言和恰如其分的比喻引起学生审美联想；用规范的示范动作，给人以美的震撼，调动学生的积极性；用恰当的方法和手段培养学生良好的审美观念，使他们能从自身的实践活动中来认识美、欣赏美和创造美；以精讲多练的方式，引起学生审美意识，促进学生成长。审美创造不仅能丰富学生的想象力和创造力，而且对提高课堂教学效果有着积极的作用。因此，教师要善于从这些宝贵的素材中捕捉美、发现美，进而培养学生的审美能力。要鼓励学生努力丰富审美经验，激发其审美情感，同时鼓励学生以真切独特的"审美"方式表达自己对美的认识。第三，教师与学生共同创设充满生机与活力的体育审美氛围。在体育课上，教师要以一种积极乐观的心态来面对课堂。体育教学并非将教师的运动技术技能照搬到学生身上，其更多的是要依赖于教师与学生之间的心灵交流与情感激发。只有让学生在课堂上有了愉悦的情绪，才会产生积极的心理体验，才能达到真正意义上的审美教育效果。教师和学生之间要建立良好的教和学的关系，共同推动更高质量教学效果的实现。

5. 改革教学评价

体育审美教学注重学生审美心理体验，追求的是教师和学生在教学过程中的情感性。在教学评价内容上应该淡化定量评价，用学生在体育学习中对话交流程度、审美体验与学习自由的程度作为衡量标准，注重评估的生成性与多样性，从评估主体上看，可将评价权授予学生本人，通过适度自评、学生之间互评等，以启发学生鉴赏体育美、渴望与追逐的意志与热情。

第三节 审美育人视野下的高校体育教学

一、审美教育教材的结合

体育教学内容丰富，要针对不同体育项目特点与要求，自觉利用教材，实施审美教育。不同运动项目在美学因素方面存在着差异，比如，球类项目具有战术美、智慧美等方面的特点。从教学过程来看，系统地向学生传授体育理论与技术，使学生获得相关体育知识与运动技能，掌握相关运动项目竞赛规则及运动特点，培养学生体育鉴赏能力，融合竞技常识和美学原理，透过视觉在动作中的经验，体会其美的成分，以及对动作中的美进行恰当评价。这就需要教师具有较高的专业素养，运用丰富多样的教学方法来促进学生对美的感知、理解以及情感表达等方面的发展。体育教师在教学过程中，既要训练学生感受美的能力、对美的鉴赏能力，还要将体育审美能力与教育态度上升到体育美的境界，并将其与具体教学内容相结合，经过教学实践，正确引导学生，有针对性地对学生进行健与美基础知识的教育，指导学生正确地理解美的含义，培养其体育审美意识，提高其体育审美情趣。让学生参与到多种形式的体育活动中来，体会体育内在美，激发其体育学习兴趣，提高其体育审美能力等，有意识地去领会体育运动的美感。在教学的过程中，教师一定要结合体育运动所具有的上述特点，向学生传授思想品德，净化学生心灵，塑造学生灵魂。

二、教学手段的改进

伴随着当下人们审美意识日益增强，为了能够加深学生对美的认识，教师应该根据实际情况，在教学中采用灵活多样的教学方法，使学生对体育美有更深刻的理解，同时可以在深化理解的过程中，不断提升审美方面的能力。教师在审美教育过程中，能不能选择恰当的教学手段实施教学，是决定他们教育成败的关键，适当的教学方式可以很好地促进学生学习的积极性提高，因此在这一阶段，教师应该根据实际教学目标和实际情况，全面激发学生学习热情，深化体育审美教学，这样才能提高学生审美意识和审美能力。

三、教学审美策略

（一）欣赏体育比赛

体育教学过程是一种审美活动，在这一过程中教师要引导学生欣赏体育运动中优美而富有艺术性的画面、运动时的音乐等内容。我们可利用多媒体引导学生观看体育比赛，使学生对美产生情感。体育上的高超技艺和形体美完美结合，使学生赏心悦目。比如，足球场上球员们的种种进攻、防守战术无不使学生对美有直接的感受，艺术体操中显示出的柔美，田径运动中所展示出来的力量美等。

（二）通过课堂发挥身体美和精神美

毛泽东主席说："体者载知识之车而寓道德之舍也。"[①] 身体美与精神美有着千丝万缕的联系，身体与运动有密切关系，它不仅能提高人的身体素质，还可以促进心理健康。身体主要是在体育运动的过程中得以展现的。著名的雕塑"掷铁饼者"，反映的是运动员的形体、线条、筋肉的整体美的意象。一个人的身体素质好，就可以充分地体现出人体的动、静美。优秀运动员不仅具有较好的力量与速度能力，而且还具有灵敏、柔韧和协调等多种运动技能。这些好品质都能从体育锻炼中得到，比如跑步、篮球和广播体操等。另外，还有一些体育活动是需要一定的体力支持才能完成的，如游泳、足球等。因此，教学时，教师应以身体美的视角，努力让教学效果符合健康美的准则，使学生愉快地进入体育课，实现对健康美的向往。体育是一种有规律的运动，它不仅具有锻炼人体机能的作用，而且也是对人进行审美教育的手段之一。同时，这些体育锻炼还

---

① 毛泽东.体育之研究[M].北京：人民体育出版社，1979.

可以训练学生组织纪律性、团结协作的精神和谦逊的态度、正义的好素质。

总之，体育教学蕴含着极为丰富的美育内容，在教学过程中，从始至终渗透美的教育。在学校体育教学中，培养学生美育是一种行之有效的方法。体育教师必须重视体育教学的美育作用，充分发挥其独特优势，把美育渗透到整个教学活动之中去。体育与美育是相通的、相互促进，体育以运动人体强健为主，美育就是对人们审美风貌的培育，健与美，二者不能割裂。在高校体育课中开展审美教育，不仅有利于增强大学生体质，而且还能有效地陶冶情操，培育情感，净化心灵。把审美教育渗透到体育教学之中，促进学生审美能力的发展，各类运动项目形式多样，内容丰富，通过对其进行研究、实践，能增强学生对体育美的感受力、鉴赏力与创造力，可以发展学生的体育运动美德，激发学生对体育的学习兴趣，让学生在活泼的氛围里自觉地参与到体育锻炼中来，从而增强了学生的体质，美化了学生的灵魂，增进了学生德智体美等方面的素质，为学生终身体育奠定了坚实基础。

第五章　立德树人视野下的高校体育教学创新

目前，在我国教育事业不断发展的背景下，教育的根本任务发生了明显的改变，在开展体育教学的过程中，教师需要以立德树人教育思想为指导思想。将立德树人理论和体育教学目标进行深度融合，不仅能够发展学生的身体素质，还能使学生形成良好的意志品质。本章将围绕立德树人视野下的高校体育教学创新这一主题进行论述，分为四节：高校立德树人概述、高校体育教学立德树人实现途径、高校体育教学立德树人的学生管理、立德树人视野下的高校体育教学发展。

第五章　立德树人视野下的高校体育教学创新

第一节　高校立德树人概述

一、基本定义与内涵

2014年3月30日，教育部发布《关于全面深化课程改革落实立德树人根本任务的意见》（以下简称《意见》）。这是我国教育发展史上具有里程碑意义的文件之一，是新时期推进素质教育、提高人才培养质量的纲领性文件。《意见》主要是基于如下考虑：

一是贯彻落实党的十八大及十八届三中全会精神。在党的十八大报告中，第一次提出了以立德树人为根本任务开展教育活动，培养学生成为德、智、体、美等方面都能得到发展的社会主义建设者与接班人。十八届三中全会又进一步指出，必须坚持立德树人。如何将这些精神贯彻落实到具体的教育领域和教育环节，是教育相关工作者的职责和要求。

二是对现实问题解决的要求。目前重智轻德、重分轻育，仍是一个普遍存在的现象，课程改革的整体规划、协同推进不到位，还没有形成育人合力。

三是要应对未来的挑战。随着科学技术革新和经济全球化进程的加快，国际交往日益增多。信息网络、多元文化，使学生成长的环境更加复杂，极大地影响了学生的健康发展。国际竞争越来越激烈，对培养学生的综合素质有着很高的要求。

当前，学生全面发展的意蕴更为丰富，教会学生学习和做人成为时代命题。因此，扭转当前的教育局面，赢得更加美好的教育未来，需要立德树人的贯彻落实。

新的历史时期，在明确"立德树人"重大意义的基础上，我们有必要对"立何德而树何民"这一问题作出进一步回答。立德树人具有十分丰富的内涵，它包括德育目标、内容、途径以及方法等方面。针对新时期特征，《意见》中提出，要培养学生崇高的道德情操、坚实的科学文化素质、良好的审美情趣，与此同时，还要让学生明白拥有中华文化底蕴的重要性，努力让立德树人具有方向性、民族性、时代性愈加明显。

用立德树人的主旨来统领、统筹、统合课程改革工程，推进基础教育课程的立体化、综合化、系统化改革，是我国基础教育改革再现活力、展示魅力的迫切要求。

立德与树人具有辩证统一性。立德教育是教育的基础，也是人才培养的基础。将"立德树人"作为教育的根本任务，其重要意义就在于回归教育的本质功能，突出"人"的主体价值，彰显"人"的主体精神。我们都知道，教育是培养人的社会活动。教师培养学生不仅仅是培养学生"掌握知识"的能力，不是单向的"灌输和指导"，而应该在认识人的复杂性的基础上，尽可能教会学生学会学习，学会自我成长。"立德树人"的根本价值就在于将当前我们的知识本位的教育转向以人为本的教育，充分彰显和肯定了人在教育中的应有地位。

立德树人最重要的意义就在于把人放在第一位，先成人，再成才，这充分彰显和肯定了学生的主体性和主动精神。

党的十八大报告中指出，要"把立德树人作为教育的根本任务"，并首次把"立德树人"写进党的工作报告，作为教育的指导方针和根本任务。深刻理解和认识"立德树人"的科学内涵，对于全面正确贯彻党的教育方针具有重要意义。

立德树人凸显以人为本的教育理念，是对以人为本教育理念的发展和升华。将"立德树人"作为教育的根本任务，以注重发掘人的智慧潜能，注重形成人的健全个性为特征的人本主义教育，是党对教育本质的进一步认识、总结、提炼和升华。

立德树人讲的是教育领域中德育与智育的关系，要求学校教育要坚持"育人为本"，把对学生的思想道德教育放在首要地位。党的十八大报告确立"立德树人"的教育方针，是以马克思主义中国化的历史经验、党领导的中国革命和建设事业的发展规律以及党一贯重视思想政治工作的优良传统为根本依据的，是在教育领域中坚持和遵循这些历史经验、社会发展规律和优良传统的体现。

二、大学生核心素养

建构大学生发展核心素养体系，对于促进人才培养质量的提高、提高国家的核心竞争力非常重要，是当今国际教育发展变化的大势所趋。构建以学生发展为本的核心素养体系，主要就是要厘清学生应该具备的，满足终身发展与社会发展所需的必备品格与关键能力，凸显了个人修养，更强调自主发展、合作参与、创新实践。要实现这一愿景，就必须将其与学校教育相整合，并以育人为本作为根本价值取向，遵循系统性原则、发展性原则、层次性原则、可操作性原则等基本原则进行设计。通过对该系统的建设，让学生成长的素养需要更有体系、更加科学。这一体系的构建，主要解决两方面的问题：第一，细化培养学生德智体美劳全面发展的总体要求，以及明确社会主义核心价值观培养的具体要求，然后渗透到各个学段，融入到各个学科。第二，为测量学生的全面发展提供了评判依据，指导教育教学评价由单纯考查学生的基础知识和基本技能转变为考查学生的综合素质。

核心素养体系的构建并不是我国教育的特色，它已经成为世界各国教育发展的主潮流。21世纪初，经济合作与发展组织率先提出了"核心素养"结构模式。其所要解决的问题就是，21世纪所培养出来的学生，应掌握哪些最核心的知识与技能，如何才能更好地融入将来的社会发展之中，同时又能满足个体自我实现的需要。

多年来，世界各国和地区也进行了相似的探索。对核心素养的产生背景进行剖析，我们能从中受到启发：不管是在政府的领导下，还是在民间组织的推动下，核心素养研究在全世界兴起并蓬勃发展，它随着时代的进步而进步，同时它与社会变革是紧密联系的，它是针对教育体系之外的社会需求而言的，是当今教育变革和发展的国际趋势。当前全球经济一体化进程加快，国家间竞争日益激烈，各国都把培养学生核心素养作为提高综合国力和竞争力的重要举措，并将其纳入学校课程改革，我国亦不例外。随着时代的进步，国际竞争越来越激烈，社会对于人们的综合素养以及创新能力都有很高的要求，教育受到了较大的挑战。

教育应该应对发展中的困难与挑战，一定要采取新对策。核心素养体系建设，就成了符合国际教育改革潮流、提升国家核心竞争力的关键一环。

"核心素养"比"能力"有更广泛的含义，既有传统教育领域知识、技能，也包括学生在情感、态度、价值观等方面的能力。这种超出了知识与技能之外的意义，能够纠正以往重知识、轻能力的现象，体现了素质教育的思想。同时，素养也并非天生就有，它是后天的产物，且"素养"强调促进个人与社会的发展。而"能力"的养成，是先天遗传与后天努力综合作用的结果，比较偏向对个体有利，忽视了对社会的作用。"核心素养"作用超越"职业"与"学校"，素养的习得，能让学生在升学或将来工作中得到较好的发展，但素养的作用并不只包含升学与就业两个方面，素养的习得，就是要让学生成长为一个更完善的人，更好地适应今后社会发展和变革，并且为终身发展奠定基础。

第二节　高校体育教学立德树人实现途径

一、立德树人的环境

（一）社会环境

1. 完善社会主义市场经济体制

社会主义市场经济体制必须逐步健全，需处理好市场资源配置和政府宏观调控，也就是说必须按照市场经济一般规律办事，适当降低政府对于市场的管制力度，提升市场化水平，这对于市场主体道德水平的要求也随之提高，反过来又将推动整个社会道德水平不断提高。与之相对应的是发展社会主义市场经济、制度，使其逐步健全，也离不开人们对道德的引导，提高社会民众的道德水平，加强社会主义市场经济建设，越来越重要。因此，我们在不断完善社会主义市场经济体制进程中，政府要着力构建符合市场的道德规范，努力创造健康的环境，让学生、社会和经济环境活跃，指导学生在市场经济意识中建立良好的道德品质，推动高校立德树人目标的实现。

2. 全球化背景下的价值宣传

在目前错综复杂的社会大环境中，必须对学生进行价值观教育，帮助并引导他们从多元的价值中识别自我，使他们明辨是非，树立正确的价值观。

在经济全球化不断推进的今天，西方国家价值观被引入我国，许多青年学生对于外来文化的认识并不深刻，导致许多人对价值信念产生了动摇，但在当今多元文化背景下，仍应有其所坚持的核心价值观。我国大学生群体中存在着一些价值观念模糊的现象，这些问题影响了他们正确价值观的形成。因此，必须以马克思主义价值观为指导来解剖实际，帮助学生对自身价值观形成正确的理解，大力倡导社会主义核心价值观，把社会主义核心价值观融入学生生活，使学生将核心价值观要求转化为日常行为规范；也要弘扬中华优秀传统文化，培养学生"修身、齐家、治国、平天下"的高尚品德和爱国情操。在面对西方文化的时候，我们应该秉持批判地继承，吸收其中好的内容，摒弃其不好的内容，充分利用经济全球化这一契机，发展自身。唯其如此，才能让学生建立属于自己的正确价值观。

3. 重视互联网媒体监管

如今，互联网已经成了人和人之间进行交流和沟通的一种重要方式，也越来越成为同学们接受信息的一个重要途径。随着互联网应用范围不断扩展，互联网为大学生提供了丰富多样的学习资源，使其可以更加便利地获取各种知识，这对于高校学生思想政治教育工作来说，是机遇又是挑战，互联网是把"双刃剑"，用好它将有效促进高校立德树人；使用不当则可能引发一系列问题，甚至还会危害大学生身心健康。当前，部分学校没有建立起完善的网络管理机制，使得一些不良信息通过网络平台广泛传播开来，不仅损害了大学生群体自身利益，还给社会造成不良影响。所以，有关部门应该大力强化对互联网传播过程的监管，消除不良信息传播，创造良好网络环境等。

在互联网传播的过程中，要有法律的支持，针对网络中虚假信息、不良内容泛滥等问题，有关部门应加快推进网络立法，对网上肆意散布虚假信息的行为，对破坏网络秩序者，应当严肃处理。当然，从网络工作人员的角度来讲，其职业道德与职业操守，亦是网络安全之重要保障，因此，也要加强网络工作人员的监督管理工作，确保网络信息传播的真实可信和安全可靠。唯其如此，才会给学生创造出健康的环境、富有正能量网络教育环境等，进而推动立德树人工作更好更快落实。

（二）家庭环境

1. 注重家庭环境塑造

家庭教育是学生最基础的教育，并将陪伴学生的整个人生，家长的言行直接决定了孩子未来是否能成为优秀人才。在进行家庭教育时，家长的言语、行为方式、价值观念等能对学生的成长成才起到至关重要的作用。家长不只是要把孩子哺养长大，更要让孩子成人，而成人首先要立德。如果父母不能以身作则，那么孩子就不可能成为一个德才兼备的人，甚至会有走上违法犯罪道路。因此，家长应该注重家庭教育，最关键的一点是家长要有意识地提高道德修养水平的高低，因为家长的道德修养水平，是家庭教育能否取得成功的关键。对于孩子而言，家长的道德修养在无形之中起着决定性作用，就是隐性教育，家长的道德修养在潜移默化中给孩子带来了影响。父母的道德素养与社会上的各种思潮有着千丝万缕的联系，也与人们的思想观念息息相关。家长道德水平高，具有分辨真善美、假恶丑之能，面对道德困境能作出正确道德选择，他们会用相同的标准去教育孩子。从某种意义上来讲，家长本身道德修养水平越高，对孩子本身的道德水平越有帮助，进而有助于立德树人；反之，则会给孩子带来一些不利影响，妨碍立德树人工作。

2.合理运用家庭教育

家庭教育有多种方式，但是并非每种教育方法在特殊阶段对学生都是适用的，因此，家长要结合孩子本身身心发展特点，选择合适的教育方法。

第一，合理应用因材施教教育方式。从孩子开始接受教育到进入学校这一时期是儿童形成良好品德和行为习惯的关键时期。因材施教不局限于教育者为受教育者所采取的手段，在家庭教育上，亦是如此。对学生而言，学生在这一阶段更为敏感，自我意识强烈，且个性不同。同时，还要注重对孩子进行情感教育和人格塑造。因此，家长应该针对孩子本身的不同性格、学习能力和认知特点、道德修养等，以选择适合自己的教育方法。比如，对外向的、敢想敢做的孩子，家长应多加限制，训练他们的小心和耐心、细致之类的性格，但对内向胆小的、不善与人沟通的孩子，家长应加强鼓励，使其找到自己的长处，遇到事情就让他们一个人去解决，不要盲目向别人寻求帮助，培养其独立、勇敢、自信的素质。

第二，恰当运用谈话这一教育方法。交谈是使彼此之间快速拉近关系的最佳途径，在大学阶段，学生大多离家较远、独自在外面，甚至有许多人首次远涉重洋，突然远离家长，在生理和心理上都产生了一些影响。因此，家长应该与孩子保持频繁的接触，有的同学遇到事情就闷在心里，家长们应该在和他们交谈中，找出他有没有碰到什么麻烦，以便及时提供援助；也有同学对家长倾吐了不顺，但是家长们并没有给予合理开导，反而指责他们，殊不知，这将严重打击其积极性，对学生身心健康不利。

3. 构建良好家庭气氛

一个好的家庭气氛对家庭教育的成功至关重要，所以，家长应注意家庭气氛的塑造，努力创造和谐的家庭德育氛围，让学生在其中接受教育，推动立德树人工作顺利开展。

一是创造家庭内部的和谐环境。和谐家庭环境之于教育，有助于孩子们健康成长和成才。如果家庭缺乏良好的沟通与交流，就可能出现一些矛盾冲突或不协调的现象，不利于孩子身心发展，影响他们的身心健康成长。所以，对于孩子的教育来说，家长应着力给孩子创造融洽的家庭氛围，增强其家庭责任意识，以及自觉尊老爱幼、勤俭持家、善待他人等方面的美德；对单亲家庭孩子来说，父母应该多关爱，多关心，避免思想偏激，力求给孩子们创造和谐、温暖的环境。

二是注重家庭外部环境陶冶作用。家庭外部环境对于个人发展，良好品格形成的作用同样重要。

二、立德树人的课程开展

（一）高校体育立德树人的课程设置

1. 必修课与选修课

必修课和选修课，反映出人才培养过程的统一性和灵活性。《课程方案》正在持续改进，逐步减少必修课在总课时中所占比重，加大选修课比重。在学者对各类院校当前培养计划中必修课与选修课所占比重进行调研时发现，体育教育专业培养必修课程课时门数偏多，选修课课时门数偏少。

2. 学科课程与术科课程

在历次课程改革中，学科和术科设置始终是人们探讨的焦点。我国教育部对《课程方案》进行了四次调整，总的方向是加大学科类学时的比重，减少术科类学时的比重。许多文章都曾讨论过这个问题，部分认为应增加学科的比重，淡化以竞技为主的教育理念；也有学者认为，一味地增设学科，减少体育独特术科课目，就是在过度模仿国外体育课程设置，与我国国情并不相称。还有一些学者采用专家访谈的方式，或者向学生分发调查问卷，所得结果为学科和术科各半，也就是5∶5的配比比较适宜。

3.对选修课及任意选修课的限制

通常情况下，选修课程主要由两大部分组成：一是限制选修课，二是任意选修课。《课程方案》将分门别类的限选课程朝着"模块"的方向推进，任选课程朝着"小型"方向发展。有学者提出，现行选修课开设方法，在课程选择方面还比较僵化，没有完全发挥选修课应有的功能，并在分方向限定选修时，也有一些和专业必修课重复的课程内容，浪费学生课堂上的宝贵时间，还会影响学习效果，建议进一步放宽选修课的范围。

4.体育教育类课程与实践课程

我国的体育教育专业一般都注重学科课程的教学，教育课程往往被忽视，这在一定程度上反映了我国教育类课程科目设置不到位，一般高校开设4~6门，且知识陈旧、内容重复。当前高等师范类院校及综合性院校本科体育教育专业中，在课程设置上，设置教师体育与教育课程模块，但在体育院校课程设置方面，教育类课程设置偏少。通过对国内外有关文献资料的分析与研究，发现国外对于体育教育专业课程体系的构建有一定的经验，值得我们借鉴学习。

与教育类课程有直接关系的实践课程，堪称理论和实践最佳结合途径，但各学校培养方案，普遍存在实习时间不充分，以及实习形式等方面的问题。

（二）专业核心课程与特色课程

1.专业核心课程

（1）运动生理学

运动生理学是运动人体科学最基础的课程之一，主要内容是在体育活动的影响下，人体生理功能发展变化的规律、体育锻炼和运动训练基本生理学原理尤其是青少年生理功能和年龄、性别特征以及体育锻炼之间的相互关系。要求学生掌握体育锻炼与运动训练中人体生理机能变化的特点和规律。

（2）体育保健学

体育保健学的主要内容是人体保健的基本规律和中国传统养生的基本理论与方法，以及人体在运动过程中的保健规律和措施。要求学生掌握常见运动创伤的预防、处理的知识和技能；能指导从事符合生理规律的运动，以收到增强体质、增进健康的效果。

（3）高校体育学与体育教法设计

高校体育学与体育教法设计课程主要讲授体育和体育科学的概念；体育和政治、经济及其他社会现象的关系；体育在我国社会主义现代化建设中的地位、作用和意义；体育的基本手段和管理体制。让学生了解学校体育的地位和目标，以及体育教学、体育锻炼、课余训练的原理、原则、方法和学校体育研究的内容。

（4）田径

田径课程主要讲授短跑、跨栏（障碍跑）、跳高、跳远、标枪、铅球等的基本知识、基本技术、基本训练方法。要求学生掌握运用田径运动全面增强体质的锻炼手段、方法，具备组织、指导竞赛和管理等方面的能力。

（5）体操

体操课程讲授队列队形、基本体操、技巧、单杠、双杠、支撑跳跃等的基本理论知识，训练基本技术，掌握基本技能。通过对体操运动和技能的学习，提高学生的体育教学和训练能力，全面发展学生的身体素质。让学生掌握中等学校体育教师所必备的体操教学和组织小型比赛的能力。

（6）篮球

篮球课程主要讲授篮球运动的运动规律及其基本理论知识、技能和方法；篮球运动发展的概况、技术、战术、训练、规则，科学研究的方法以及篮球的竞赛和裁判方法。使学生具备中学篮球教学和组织课外锻炼、竞赛及场地、器材管理的能力。

2.特色课程

（1）裁判训练

运动竞赛的组织与裁判能力是体育专业学生专业能力及水平的重要体现，如何组织竞赛，能否胜任一名合格的裁判，不管是在学校体育工作还是在社会体育工作中，都十分重要。结合校内外各项体育赛事，进行理论学习与实践的培训，要求学生至少掌握本人所选的两项专业选修课程项目竞赛规程制定、秩序册编排及裁判工作的方法和能力。

（2）资格证书培训

资格证书培训是应用型人才培养的有效途径，内容包括二级裁判员培训、二级社会指导员培训。其目的是对体育教育专业学生进行素质拓展训练，让学生通过考试获得社会认可的专业资格证书，以适应社会对体育专业人才的要求，拓宽体育教育专业学生的就业渠道。

第三节　高校体育教学立德树人的学生管理

一、高校体育教育学生管理立德树人的意义

（一）高校体育教育管理服务建设的先决条件

管理从本质上讲，就是一种人类活动，它以人为中心，集中体现了人类本质力量。就目前社会发展以及体育教育的开展而言，落实高校"立德树人"等管理理念，必须关注人的因素，注重人性化管理，确立服务理念。所谓人性化管理就是指管理者在组织内运用一定的方式方法对学生实施心理疏导、情感激励等一系列手段来调动学生积极性，使其发挥最大潜力，保障教学质量的一种管理模式。

对高校而言，服务是开展全方位教学的起点。高校管理服务建设以全方位的服务平台为支撑，渗透在学生日常的学习与生活之中，适应学生的不同需求，实现道德建设与专业教学的结合。从服务建设和服务内容来看，要综合指向育人目标，创设充分的教学条件，促进学生的全面发展，致力于学生综合素质培养；以立德树人为指导思想，开展育人工作，这是高校体育专业学生管理的指导方针，其中心是"服务"。

（二）高校体育教育学生管理工作改革的内在要求

高校在整个体育教育体系中处于核心地位，处于支柱地位，其重点是人的发展，把育人作为教育之宗旨，其基本目标是促进被教育者道德品质与生命价值的实现。高校学生管理工作要全面落实党的育人大政方针，确保培养目标，为培养全面发展的人才服务。学生管理要从实际出发，尊重客观规律，遵循大学生成长规律。所以，在社会变革日益显现的当下，关注高校学生管理工作，日益引起人们关注，这对高校教学质量的提升尤其重要。

突出立德树人，一定要依靠教育学生、管理学生这一途径，而且高校学生

管理工作也要与德育相结合，只有这样才能将教育落到实处。脱离了德育只讲制度，依靠行政命令来解决种种难题，无法实现对学生进行科学管理这一目标。在高校学生管理工作中，要求学生养成自觉遵守法律的行为操守，养成良好道德品质，全面提高学生素质，为社会主义现代化事业造就合格的人才。

（三）高校体育教育社会主义核心价值体系的根本方向

我们必须开展社会主义核心价值体系的学习教育，以社会主义核心价值体系统领各种社会思潮，形成社会共识。同时，我们在教学中必须提倡中国社会主义核心价值观，如富强、民主、文明等，并将其融入学生教育之中。这在一定程度上也充分说明，中国共产党在社会主义核心价值体系的构建上所作出的重要理论创新。其中，"富强、民主、文明、和谐、自由、平等、公正、法治、爱国、敬业、诚信、友善"是大学生社会主义核心价值观培育的重点内容。在经济体制改革纵向深化的今天，人们的思想越来越多元化，高校学生受多种思潮影响，思想呈现独立性与差异性特征，高校开展以社会主义核心价值观为主题的教育，有利于"正能量"在社会上广泛传播，疏解多重价值观念的负面影响，让社会主义核心价值观在人民群众中根深蒂固，将学生培养成一个对国家有用的人，并成为一个对人民、对社会都有用的人。

社会主义核心价值体系等，有助于引导整个社会思想道德的共同进步。立德树人所做的事，就是要培养德才兼备的优秀人才。立德树人，立"德"为本，不仅指道德品质与能力，也包括理想和信念、人生价值追求与法律素养的关系等，它全面地反映了人们思想政治素质，是人们的世界观、人生观、价值观的集中表现。立德树人所育之"人"，即有理想、有品德、有修养的人，同时还是一个严于律己的人，他们是社会主义建设者和接班人。积极开展社会主义核心价值观的培育与实践，正是新时代赋予立德树人工作的新使命、新要求，更是立德树人必经之路。

（四）高校体育教育培育全面发展人才的基本保证

《国家中长期教育改革和发展规划纲要（2010—2020年）》提出，要"树立科学的质量观，把促进人的全面发展、适应社会需要作为衡量教育质量的根本标准"。①培养人才，是大学最基本的任务，这是大学核心价值之所在。众所周知，高等学校担负着为社会主义建设服务、为人民群众服务的双重使命，肩负着培育德智体美劳全面发展的合格建设者和可靠接班人的历史重任。坚持立德树人原则，培养全面发展的人才，是当代高校德育发展的需要与重要组成部分，具有重要意义。培养人才，是大学最基本的任务。坚持立德树人是当代高校德育在新时期面临的重大课题和时代主题。

高等体育教育应以育人为本，而想要做到这一点，应将德育放在首位。立德树人突出思想道德建设，目的就是培养全面发展的人才。司马光在《资治通鉴》中说道："才者，德之资也；德者，才之帅也。"②意思就是：才学，德之资也。一个人若没有高尚的品格和良好的品质就不可能成为有用之人，一个国家如果没有优良的道德规范和道德准则也不会有强大的凝聚力和创造力。很显然，立德和做人永远是第一位的。作为一名大学生，要想成为一个合格的人才，就必须具备优良的品行。就高等教育而言，培养出一批具有优秀品德者的人才，远比培养仅有丰富技能的人才更为重要。通过公德意识的养成，引领高校学生树立正确世界观、人生观和价值观，做一个品德高尚、品质优良的公民。

二、高校体育教育学生管理立德树人的现状与策略

（一）现状分析

1. 人性化管理

高校人性化管理，概括地说，就是要重视对学生进行人文关怀，在开展管理工作的过程中，始终将学生品德的形成作为出发点，服务于学生，推动学生全面发展。当前在高校中流行的管理方法，就是鼓励学生加入到高校管理中，发挥主人翁的精神，给学生充分发挥自主性、创造性创造条件，在教育管理中

---

① 国家中长期教育改革和发展规划纲要2010—2020年[M].北京：人民出版社，2010.
② 陈明星.资治通鉴[M].北京：北京时代华文书局，2019.

导入以人为本管理理念。

2. 科技手段管理

在现代信息技术手段高度发达的环境下，为高校学生管理工作搭建了新的平台。随着互联网技术的不断革新，传播手段多样化，高校管理者能够及时掌握学生动向和心理活动情况，运用现代科技管理高校，这已是教育发展的潮流。现代科学技术发展使人们可以通过智能手机、电脑等设备随时随地获取新闻资讯、观看电影电视、浏览网页等。这些现代化的科技手段，可以很好地运用到高校管理之中，为高校管理拓展管理渠道。许多高校都在不断加强教师与管理者的网络操作能力与网络认知，把网络资源纳入教育管理中，从多层次、多角度对学生人生观产生了影响，改变学生的世界观与价值观，强化网络传媒及相关大众媒体管控力度。

3. 软文化管理

许多大学都通过强化校风、学风建设推动校园文化发展，引导师生形成正确世界观、人生观和价值观。对学生而言，学校作为社会化基地，要自觉地进行抉择。良好的校园环境对大学生具有潜移默化的作用，能够培养出高尚的道德情操，使他们自觉地按照社会主义精神文明建设的基本方向去进行自我教育，以提高自身素质和修养，将先进的科技手段全面应用于校园文化的构建过程，坚持以人为本的原则，坚持以科学价值观念，引领正确舆论氛围，由此实现和谐文化建设目标。校园文化的育人功能，已被愈来愈多师生认识和接受。高校管理者能较好地发挥校园文化的潜移默化影响力，利用文化渗透性、隐蔽性等特征，以及对学生道德品质形成的影响，校园文化似乎成了一种重要的德育方式。

（二）策略分析

1. 明确育人价值

（1）保障学生的身心健康

管理者在开展管理活动的时候，应充分考虑人的因素，以学生根本需要为中心，以道德为途径，以理解为目的，以情感为手段，使学生成为学校管理中的核心。而学生身心健康，则是学生从事一切活动和管理者从事管理活动最重要的前提。高校学生管理工作必须从实际出发，注重学生的心理健康。建立高校学生管理制度，应注重教育目标、管理任务、实施途径与方法等，树立健康教育理念，确保学生身心健康，让学生意识到健康成长，是他们从事各种活动的前提，使他们养成积极乐观的生活态度。

（2）保障学生的全面发展空间

高校作为人才培养基地，高校管理工作的目的就是要更好地为学生提供服务，由此可见，学生在大学中处于中心地位。随着教育改革的不断深化，我国各大高校纷纷建立起了相应的高校学生管理制度。良好的高校学生管理制度，是促进学生全面自由发展的需要。学生管理应该以学生为本，从实际出发，建立科学高效的管理体制，从课程设置上看，除必修课程外，学生应有权选择辅修课程；制度制定应确保学生对学校教育资源利用自由，管理者不应对教学资源和教学设备的利用施加很多约束，在教学中让学生充分地利用资源，激发学生的学习乐趣，促使学生素质得到提升，充分保障学生的安全与权益，促进学生的全面发展。

2. 培育学生道德

（1）提升制度制定主体的道德品质

作为一名高校管理者，一定要有崇高的道德情感，这一道德情感是指管理者在实施管理过程中所养成的职业道德行为，也是由此而引起的一种内心评价与主观态度，是形成管理者内心价值观之根本，就是管理者要恪守职业道德、发展学生优秀品德的内在动力。

第一，管理者应有一种尊重感。在教学过程当中，教师要以学生为中心，这样可以激发学生学习的主动性，使其积极地进行学习，从而使课堂知识得到有效的传递，而当下中国的高校大多是以教师为中心的，学生在学习中处于被动地位。在高校学生管理工作中，尊重学生是出发点。同时还要注意保护学生的自尊与自信。在教学管理过程中要既尊重学生，又注意不同学生的需求，以适应不同水平学生的需要。对经济困难的群体而言，一些困难生学习成绩优秀、积极向上，但少数困难生存在着自卑心理，在高校的环境下，自尊心、自信心都受到了极大的冲击。高校管理者应引导这类学生自强自立，深刻认识学生经济困难问题，除在资金方面提供一些补贴外，同时也要多给学生勤工助学职位，指导学生自立自强，更重要的是要从精神上对其进行激励，让学生有克服难题的自信与勇气；对特殊的家庭群体，高校管理者应扮演好自己良师益友的角色，真心实意地关心着他们的学习与生活。高校管理者应做好新生入学后的普查工作，为这一特殊家庭的学生设立特殊档案，并且予以特别的重视，应引起任课教师及辅导员高度重视，达到防微杜渐的目的。就日常管理而言，重视对学生兴趣爱好的指导，用心灵去聆听学生的声音，减少心理距离，弥补了他们内心感情上的不足。同时也要注意尊重特殊群体权益，不断地缩小学生间的"差距"，通过向有困难的学生提供援助，尊重其人格，对其塑造健康心理有积极的作用。

第二，管理者应有一个正义的心态。高校学生管理工作的全过程，必须做到公正公平，管理者还必须坚持公平公正地进行管理，公平、公正、合理地对待每个学生。总之，对待学生应一视同仁、因材施教，尊重每个学生，更是管理者所必须具备的品质。

（2）制度既要合法又要符合时代发展要求

高校管理者在制定规章制度时，要考虑的是符合法律规定，无论制定还是实施，均不得违反国家法律法规，一旦没有合法性，执行力便丧失了。高校学生管理制度要始终彰显人本思想，尊重每一个学生的权益，切实保障学生根本利益。与此同时，在高校学生管理工作中还会出现一些新问题，管理者要迎难而上，主动迎接挑战、审时度势，不断健全学生管理制度。

第四节　立德树人视野下的高校体育教学发展

当下，教师必须进一步落实高校体育教学立德树人，使学生在体育课堂中可以达到身体素质和心理素质全面提升。下面围绕立德树人视域下，高校改革体育教学的有效对策进行探究。

一、体育教学方式选择

立德树人的视野中，教师有必要对体育课程和立德树人理念之间的某些相似性进行剖析，发掘体育课程部分德育性因素，根据二者类似的内容，进行相关教学设计，以此全面推进立德树人和教学目标深度结合。例如，在课堂教学中，老师除了要求学生学会一些与众不同的体育运动技巧，也能使学生对体育中某些精神性内容有所理解。在现代社会物质生活越来越好，然而大学生心理承受能力普遍较差，没有吃苦耐劳的好素质，面对困难的时候，习惯性后退。所以在当前体育教学，教师可在个人意志品质上加强指导，突出立德树人根本宗旨。比如，体育课堂，教师可展现运动健儿的某些优秀品质，使学生学会学习。课堂中教师可借助现代化信息技术，具体来说，教师可以事先通过网络收集奥运健儿的部分训练素材，了解奥运健儿成长中面临的不同难题，把这些材料融合起来，做成短小的微课视频。上课的时候，教师可以直接要求学生看这些微课的视频，使学生知道这些奥运健儿在为国争光的背后付出了多少汗水与心血。此外，还可以结合学生的实际情况，为其播放相应的音乐或者是采取其他形式的激励教学手段等，从而使学生更加积极主动地去参加体育运动。借助于这一途径，能使学生建立较强的学习意识，并以奥运健儿为榜样，不断提高自己的综合素质，为祖国的繁荣昌盛呕心沥血。我们借此可以转变学生对体育学科错误的认知，使其乐于主动参与到课堂体育活动中，培养自身身体素质。同时，在观看了这些影片的内容之后，学生可以学到优秀品质，比如吃苦耐劳、持之以恒等。这样的方式，可以促使学生养成良好的生活习惯和行为习惯。

二、体育活动内容补充

在进行高校体育教学的时候，教师不能只要求学生完成枯燥乏味的体育训练。为了最大程度上发挥体育教学立德树人的作用，体育教师应该注重将思政教育融入日常的教学活动当中，通过有效的教学方法和手段，来促进学生更好地成长成才。就课堂教学而言，教师应该进行更丰富的教学活动，使学生在活动参与中得到学习体验，这有助于学生良好思想品质的培养。同时，通过拓展训练等方式来提升大学生综合素质能力，为他们将来更好地融入社会打下坚实的基础。如当代高校体育教学，教师可介绍拓展训练的有关内容，开设拓展训练，可以很好地对学生人格的完善进行培养，并锤炼学生意志，使学生能在培养自己身体素质的同时，还可以不断加强自身心理素质。所以在体育课堂中，教师可介绍与拓展训练有关的教育内容。比如教师在上课时可设置经典断桥项目等，使学生能在高大的立柱上活动。这种游戏的难度非常大，对学生的意志力提出了很高的要求。这样的体育活动，使学生克服心中的恐惧，使其具备突破自我的能力、挑战难题的信心与勇气。除课堂介绍部分拓展训练项目外，教师也可带着学生在室外进行一些课外拓展训练活动。比如漂流、探险等，这些都是属于一种比较刺激有趣的体验，抑或是带学生在室外进行真人 CS 的活动，该活动是一项将运动和游戏相结合的高科技娱乐活动。这种形式的参与，能够使学生获得更为丰富的锻炼经验，提升自身的身体素质和心理素质。另外，在这个过程之中，学生能够体会到团队合作意识，从而提高自身综合能力，能有效地培养学生意志品质。

三、体育教师观念转变

落实立德树人思想时，教师在使学生形成良好品德的同时，还要坚持以人为本这一核心原则，用不同教育手段塑造和转变学生。所以，当前高校体育教学，教师在教育模式上需采取以德施教的教学模式，着重关注学生的实际需求。比如，进行体育教学活动时，教师在教学中可能发现，班级中不同的学生在身体素质和心理素质上都会有显著差别。从教学过程来看，教师若采取一体化教学模式，不能带动班级学生共同发展。所以，要想使学生在心理素质和身体素质上都能有提高，教师可采取个性化教学引导模式，潜移默化地作用于学生。教师要坚持教育公平的原则，给班级学生以同样的关爱与重视，使其能体会到老师所付出的努力及情感，在教学过程中积极主动地投入教学。同时在具体教学时，教师有必要根据体育课程具体内容加以细化，采取差异化教学引导模式。如部分学生身体素质差，在课堂上他们不愿主动参加体育活动，对于这样的学生，教师要先提高学生的自信，教师可开设一些难度适宜的体育活动，使同学们在参与过程中能得到强烈成就感，发现自己的长处，以此来促进学生课堂能动性的发挥。同时也要充分发掘学生自身可能存在的体育天赋，对于这部分学生来说，教师可以有区别地指导，使学生能不断地挖掘他们的长处，这样还能增强学生的身体素质，教师也要使学生懂得做人和做事的道理。因此，在学生身体素质得到增强的前提下，教师还需满足学生精神需求。比如老师在班上发现一些学生个性比较懦弱、内向，不愿主动与他人沟通，然后在上课的时候，教师则可增加集体类体育活动，使同学们一定要通过小组配合，参加各种活动。这样做不仅能够使学生的团队意识得到增强，而且还能有效激发学生们的合作欲望。长此下去，学生就会获得更多的沟通机会，他们将乐于积极地和别人合作、一起学习。另外，还需要关注学生在群体中表现出来的情绪问题，并及时予以解决，这对学生来说是十分重要的。在此情况下，能帮助学生更快融入集体，使其学会战胜心中的胆怯与懦弱心理。

四、学生和谐共处合作

大学生时代，培养他们正确自我肯定的意识，让学生能够正确认识自己，这是至关重要的，而且体育运动利于其实现自我教育。在体育锻炼中，不断意识到自己存在的缺陷，对自身进行全面评估，充分挖掘潜力，充分体会自己的生存价值，摆正自我意识。教师要指导学生学会独立设定学习目标、独立练习、自我评价等。在体育教学当中培养学生养成良好的锻炼习惯，让学生掌握基本的健身方法以及技能技巧，并学会合理地使用这些技能。另外，在体育教学当中培养学生良好的意志品质，可以促使学生在锻炼时保持积极乐观的情绪状态，并且通过体育锻炼及比赛，使得同学与老师之间的距离拉近，在学生进行体育比赛的时候，让学生能明白良性竞争及友谊至上的道理，能让他们相互帮助、相互协助、团结协作，全面提升他们的社交能力，使学生们在相对适宜的情境下学习、成长。此外，体育运动还可以有效地改善人际关系，促进师生间相互交流和了解，从而促使学生树立起良好的自信心。同时，体育运动能使学生愿意积极地与人交流，让它轻松地融入集体中去，让他们拥有更强的社会适应能力，同时能使学生提高社会责任感、使命感，让他们养成热爱集体的习惯，并和别人和睦相处。此外，体育竞赛还是一项对抗性非常强的团体项目，需要与队内人员共同努力、默契配合，彼此信任和了解，才能收到良好的效果。它在人们的竞争意识、团结合作意识等方面起了极大的促进作用，它对于一个人的成长和个性的完善起着重要作用。

第六章 素质教育视野下的高校体育教学创新

素质教育就是强调个性发展,是对人格的尊重和对个性差异的认可。素质教育要求学校培养学生具有良好的思想品德、扎实的文化基础、较强的身心和社会适应能力以及健康向上的心理素质等方面的基本素质。同时素质教育又是国民教育,发展人类潜能,增强受教育者全面素质。体育教学作为学校实施素质教育的重要内容之一,在素质教育中具有特殊的作用。全面实施素质教育,对体育教学提出了全新的考验,因此在体育课中实施素质教育显得尤为重要。为了适应素质教育的需要,在体育教学中,必须强化因材施教,尊重学生主体,引导他们自尊,自重,独立,自律,关注学生兴趣、爱好与特长发展,张扬学生个性。

第一节　素质教育与体育教学概述

一、素质教育的定义与特点

（一）素质教育的定义

1.基本内容

从我国素质教育的实施情况及对受教育者的要求来看，素质教育应包含如下内容：

（1）全面素质的培养

个体的发展并不只表现为某一方面或某些方面素质的提高，考察其发展的好坏，也应当以其整体素质为标准。从社会发展对个体的需要来看，每一个个体的公民素质是必须具备的，它要求个体能获得在德、智、体、美、劳等诸方面的和谐发展，也可以认为素质教育在这一点上同全面发展教育是一致的。每一个个体全面素质提升，一方面，能保障自己的正常社会活动，也能满足社会整体生活的需要，另一方面，也为他们在某方面素质上实现最佳水平的培养提供了保证。任何只重视某一方面素质培养的教育都是错误的和不可取的。这就要求在素质教育的实施过程中，形成全盘考虑个体素质，使其相互融合、相互渗透与促进的观念，这是每个教育工作者应形成的基本理念。

（2）发展个性

现代心理学通常把个性作为个体的全部精神面貌来认识，认为个性是个体比较稳定的本质并带有某种趋向的心理特征，它包括诸如需要、动机、兴趣、性格、能力等。这一素质教育的观念反映了让学生生动活泼地发展、以学生为中心、以学为主的观念。个体全面素质的培养并非以否认个性为前提的，先天禀赋和后天环境的不同，使得每个个体呈现出异于他人的素质结构，因此，教育要根据个体素质结构之差异而施加不同效果。从这个意义上讲，教育对每个个体来说是不一样的。另外，每个人也有各自的特点、专长，而这也为促进他们的智力、创造力发展提供前提与基础，并对发展个性提供理论依据。发展个性这一思想，其实是在推行素质教育中提出来的，它不仅重视个人全面素质的发展，并关注学生个别差异，它需要教育目的、教育内容和教育方式等各个方面都有一个统一要求，还强调其多样性和灵活性。全面提高学生素质，既有赖于教育者站在学生实际情况出发进行全面思考，也要挖掘学生身上的闪光点，让他们在某方面得到品质上的提升，这样才能促进其他各方面素质的提高。

（3）素质教育的动态性观念

人的素质从本质上说是为满足一定社会发展需要而产生的，反映着一定历史发展对人的根本需求。由于社会发展总是处于不断的变化之中，所以素质教育的实施便具有动态性特征，即我们对学生素质教育的要求随社会的发展而变化。另一方面，个体的需要、性格、兴趣等往往随年龄的增长而不断变化，我们的素质教育也会随着个体这些方面的变化而有不同的做法。社会及个体的发展变化，要求在实施素质教育的过程中，充分考虑到社会需要和个体发展这两个方面，结合个人的实际情况来设计素质教育的稳定要求。同时，根据各具体差异，还必须具有富于变化的素质教育行为。另外，由于个体所获得的素质也是动态的，其某一方面素质的获得，意味着对其前一阶段要求的否定，所以素质教育的要求也应有相应的变化。

（4）素质教育的特色

我们强调素质教育的整体性与全面性，并不否认在素质教育的实施过程中，依据地区、社会发展的特殊状况和需要以及学校所具备的条件与特点，在全面贯彻教育方针的前提下，考虑多样化的特色教育模式。素质教育的特色就是选取学生某方面的素质作为突破口，通过全体学生这一方面素质的提高，从而带动其整体素质的全面发展。需要指出的是，素质教育的特色并非学生获得了某种素质，如弹钢琴、绘画等，就冠之以素质教育之名，而应当注意成功的素质教育是学生素质的全面提高。

2. 实现途径

由于素质教育是一种教育思想而不是一种固定的模式，如果想要达到素质教育的目的，并非只靠开几门课、组织几种活动就可以做到，这在一定程度上也表明素质教育并非是一个阶段、一个层次上的工作，而是要贯穿教育活动的每一时期、每一个环节。因此，在高校实施素质教育必须从实际出发，因地制宜地探索一条符合我国国情和高等教育发展规律的路子。在实际工作中，各校依据自身条件与定位，因校制宜。尽管不同种类、不同层次学校的实践各有特点，概括起来，有如下方式：

（1）转变观念

要以发展学生全面素质为重点进行教育，它不仅重视学生对知识的掌握，还重视学生能力发展。此外，它不仅兼顾了学生的各个方面，还重视发展学生的个性，从而对学生整体素质形成了一个提升。以素质教育思想为指导思想，在构建合理课程体系时，教材是教师教与学生学的根本。是否能编写出与素质教育相适应的优秀教材，就是素质教育是否可以普遍推行、提升教育质量的关键。编写教材必须先把课程设置理清楚。我们应该将当代科技的飞速发展、学科理论互为表里、综合发展新形势与学生接受能力相结合，以必要为原则，以实效为目标，以超前为手段，以可行为目的，科学、合理地进行课程的设置。同时，也应注意体现国家教育方针及学校培养目标要求，符合时代潮流，有利于培养全面素质人才。教材是实现教学目标和完成教学内容的基本载体，也是教师组织课堂教学活动、实施教学活动的重要工具，更是衡量教学质量高低的标准之一。教材应该具有基础性、系统性、科学性、先进性、启发性和趣味性，必须坚持理论联系实际、学而有用原则，以此增加学生的见识，增强学生的意识，开发学生个性、智力，以及培养能力。

（2）保证全面素质的提高

在学校教育中，课程教学占据主导地位，同时也是教育思想观念、教育目的得以实现的载体，因此，素质教育主要靠课程教学完成。各校在制订课程计划时，注意尽可能地照顾到学生的性格、非智力因素与创造能力及其他因素的和谐发展。通过对课程体系和结构进行仔细的研究，合理地安排各种课程所占比重，力求把素质教育这一理念真正落到实处。

（3）在课程教学中渗透素质教育思想

良好的课程体系一定要在每门课的具体教学过程中才能发挥出它应有的价值，因此各学校都强调，教师必须具有较强的教学责任心，适时进行教学内容改革，注重教学中学生创新精神与创造能力的培养，让学生拥有一个自我教育和成长的有利条件。注重发掘课程中和社会上、生活中有紧密相连的东西，充分挖掘课程中富含的科学与人文精神，将专业教育和人文教育进行整合，让学生通过课程学习，增进对真、善、美的理解。

（二）素质教育的特点

1. 主体性

素质教育强调发展学生智慧潜能，而非将学生看成知识接收器。教师的使命不仅仅在于传授知识，更是活化知识。在教学过程中，教师要充分发挥主导作用，使学生成为学习活动的主体。因为在课堂上教授知识并不代表就是教学生学会了知识，也不是让他们完全按照老师设计好的程序去做，而是引导他们去主动地探索知识。若教师本人也无法为所教的知识感动，如此传道授业解惑，谈不上什么真教育。因此，在教学中必须以激发学生的情感为出发点，这也是素质教育的要求。素质教育应大力发展学生认知能力、发现能力、学习能力和生活能力等。

从主体性出发，素质教育不只是将学生当作一个认知体来对待，而是将其视为一种生命体来看待。应该引导学生学会如何为人处世，应该给学生引导一个完整的生活。所以素质教育重在塑造学生独立的人格、精神风貌与精神力量，重视对学生公民意识的培养，同时还要加强对学生现代意识与思维方式的培养，并重视对学生非认知因素的训练。

从主体性出发，素质教育不可避免地需要发展个性，这就需要遵循个性化的教育原则。

基于主体性的素质教育并非一种生产模式，而是一种交往模式。就教育成果而言，教育是人类自身再生产过程中的一种结果；从教育的手段和方法来看，素质教育是以人为目的、以人的全面发展为宗旨的一种新型教育形式。就教育过程而言，素质教育应属交往模式的范畴。在素质教育兴起的今天，学生并不属于被动产品，而是能动主体。

应当看到，素质教育作为一种主体性教育，并非仅仅关注人类发展的需求，忽略了社会发展需求而是把人的发展与社会的发展相统一。

2. 全体性

素质教育不是选择性的、淘汰性的教育，它是让每个人都能获得成长的教育，它强调个体间存在着差异，而这种差异正是我们实施素质教育所需要关注的问题。这就使得素质教育也成为一种差异性教育。这就意味着要承认不同学生之间存在差异。也就是说素质教育需要的是平等，呼吁对每个学生的尊重，但是素质教育并不支持教育中的平均主义和"一刀切"。

3. 全面性

素质教育则要求全面发展和整体发展，要求德、智、体、美、劳等各个方面并举，要求对学生生理素质进行综合培养，增强心理素质与文化素质。

4. 基础性

素质教育具有基础性这一基本特征，具有以下两层含义：

（1）学生的素质是做人的基础

学生进入大学的根本目的，是学会做人，具体来讲，它包括成为一个怎样的人，以及如何为人处世。要成为一名合格的公民，必须具备一定的思想品德修养与知识水平。

（2）每个人的素质是整个民族素质的基础

要提高民族素质，必须从培养每一个人的素质入手；每一个人的素质是民族素质的基础，民族素质是每个人素质的融合与升华。因此，我们必须广泛地开展素质教育，并通过家庭教育、学前教育、学校教育、社会教育、职业教育、成人教育等各种渠道，培养每一个人的素质，从而以此为基础提高整个民族素质的水平。当然，整个民族素质水平提高之后，又会反转来促进每一个人的素质水平"更上一层楼"。

5. 层次性

从纵向来看，任何一个事物的发展都会显示出一定的层次性，素质教育也不例外。而素质教育的层次性，是由素质本身的层次结构所决定的。根据心理学的研究，现在一般公认，素质是由生理素质、心理素质和社会素质三个层次构成的。

生理素质在素质中处于最低层次，是一种纯粹的、与生俱来的自然素质，是人天生的感知器官、运动器官、神经系统，尤其是脑的结构与机能等系列特征的合成。它既不完全属于后天获得的能力或智力因素，也不是天生就具有的特殊才能，而是在人一生中不断发展变化着的一种潜在的遗传素质。以往心理学中所讲的素质，就是指这种素质。

心理素质为第二层次，是以先天自然素质为前提，通过发挥后天教育作用、环境影响逐渐形成。心理素质包括人的认知能力、意志品质、情感态度、性格气质等方面的内容，也就是人们常说的个性心理品质。它尽管形形色色，纷繁复杂，但可以一分为二，也就是认识—智力因素与意向—非智力因素的关系。其中，"认知因素"是指人们对事物及其发展过程的本质或规律的反映，是一切心理现象中最活跃最重要的成分。从某种意义上讲，心理素质是一种先天和后天"合金"。

社会素质为人的素质的最高境界，就是纯粹后天的素质，比如政治观点、思想认识、道德品质等，此外世界观、人生观、价值观也属于人的社会素质。在素质教育的今天，我们应努力提升自身的社会素质，也就是说我们既要在各个素质层次上注重相对独立性，还应考虑其内在联系和相互依存性。

6. 综合性

素质是多种品质组成的综合体，也就是有机整体，这也就是素质教育综合性的基本含义。具体地说，作为综合整体的素质，它的各构成要素之间存在着互相促进或互相影响的内在制约关系，也就是一种品质的培养，将提升其他各项素质，甚至整体素质水平，一种品质不佳，也会导致其他各项素质和整体素质水平受影响。从某种意义上讲，素质与其他各方面都有密切的联系，它们之间不是相互孤立、互不相关的，而是有着不可分割的内在联系和辩证统一关系。所以在实施素质教育时，要注重素质全面发展，我们不能只强调某一方面素质的提高。

二、体育教学中的素质教育内容

（一）身体素质

上体育课的主要目的是强健体魄和增强学生身体素质。在体育课上，教师需要引入一些新鲜的体育游戏或者是竞技比赛，以确保每一位学生都有兴趣参与其中，从而达到每一位学生都能够有一定程度的体育锻炼而避免出现逃避的情况。除此之外，体育活动也能够让学生形成更加健康的生活方式和生活理念，合理安排自己的课余时间，为学习打下良好的基础。

（二）心理素质

在进行体育活动的过程中，学生不仅能够得到身体素质的提升，同时在心理方面也会得到一些感悟和思考。例如，竞技类体育比赛，学生会切身体会到如何用积极健康的心理暗示帮助自己缓解紧张的情绪，以及如何正确对待比赛的结果，等等。除此之外，通过参加体育活动，学生也能够获得吃苦耐劳、团结友爱等优秀的个人品质。

第二节 素质教育下的体育教学内涵

一、素质教育与高校体育的要求

(一)素质与体育

按照心理学解释,所谓素质,是指一个人生理上天生就具备的特征,尤其在神经系统方面有其特征,是心理个别差异产生的自然基础。但先天素质不同仅仅是心理不同的自然依据,并非构成人们心理个别差异的决定性因素,决定性因素是个体所处社会环境、受教育和参与实践。所以说,遗传是素质培养的生物前提,为开发提供了可能;环境与教育对素质发展具有决定性作用,教育再次发挥了主导作用。只有营造良好学习环境,改善教育条件,才能促进青少年健康成长。

人之"身"与"心"之间存在关联,体育作为一种特殊的教学手段,以学习为手段,开展有效体育活动,能增强其动作技能,增强身体素质,促进人全面素质发展。同时通过动作认识客观规律,进而培养多种运动自觉,深化体育科学概念,全面有效开展体育活动,使人们不仅要知其然,还要知其所以然。

(二)素质教育中的体育要求

1999年6月13日,中共中央、国务院通过了《关于深化教育改革全面推进素质教育的决定》(以下简称《决定》)。《决定》指出:"学校教育不仅要抓好智育,更要重视德育,还要加强体育、美育、劳动技术教育和社会实践,使诸方面教育相互渗透,协调发展,促进学生全面发展和健康发展。"[1] "全面实施素质教育必须面向全体学生"是学校体育工作的重要指导思想。

---

[1] 中共中央、国务院关于深化教育改革全面推进素质教育的决定[J]. 教育部政报,1999(C2):301-310.

1. 以素质教育为指导原则，发挥学生的主体意识

素质教育就是强调个性发展。因此在体育教学活动中实施素质教育就显得尤为重要。从某种意义上来讲素质教育是对人格的尊重和对个性差异的认可，注重个性发展。传统的体育教学只注重传授知识与技能，忽视对学生能力的培养，造成了许多不良后果。全面实施素质教育，对体育教学提出了全新的考验。同时应根据不同层次学生的特点，采取灵活多样的教学方式方法。为了适应素质教育的需要，在体育教学中，必须转变陈旧教学模式，强化因材施教，尊重学生主体，引导他们自尊，自重，独立，自律，关注学生兴趣、爱好与特长发展，张扬学生个性。教材内容选取应有的放矢、注重实效，转变"一刀切"式教学方法，有了老师的引导、协助，让学生在成长过程中，提高自身素质。

2. 体育教学内容与方法的科学性、全面性、全体性

素质教育就是国民教育，就是发挥人的潜力，增强受教育者全面素质。体育作为基础教育中的一个重要组成部分，担负着实施素质教育的任务。体育教学在相当长的一段时间里仅限于少数运动项目的教学，仅突出技能教育，而忽略全面素质教育。随着社会经济的迅速发展，人们越来越重视对学生身体素质的培养，破除旧有观念势在必行，增进学生生理、技能等方面发展，发展学生自主意识、能力与习惯是为了满足学生终身发展需要。要达到这一目的，教师必须改变旧的教学方法，更新自身知识结构，树立新的教育理念，改革教学模式和手段。素质教育就是面向全体学生，重视对每个学生基本素质的培养，让每一位学生健康地成长。要达到这一目标，就必须改革现行的考试制度和评价体系，建立起与素质教育相适应的考试模式和评价机制。全面实施素质教育，要求教学内容从动作中尽快完成从竞技内容到健身内容的变化，评价的标准一定要照顾到所有学生，避免用少量人员参与的课余训练、体育竞赛等活动取代学校体育面向全体学生，让每个学生学有所成、学有所用。

3. 体育教学与其他学科的相互协调、相互渗透

体育不仅仅是学生体质发展的有效途径，同时也是进行德育、智育的一个有效方式。就体育教学而言，竞争和合作是德育目标得以实现的根本，竞争可以提

供激励，激发学生不断开拓进取的精神，激发好胜心，培养其奋发向上的精神；合作能增进情谊，团结互助，为了集体的利益与荣誉凝聚起来的。体育不仅能为大学生形成良好的思想品德打下坚实的物质基础，而且还有利于促进大学生个性健康和谐地发展。高校体育应由"育体"转向"育人"，由单纯地追求技术水平和身体素质提高向追求学生身心协调发展方面发展，全面完成增强体质的任务，传递体育文化，培养健身意识、意志品质统一和谐，发展体育教育等。

高校体育具有承前启后、继往开来的作用，同时也是学生体育意识树立的关键时期，是学校体育和社会体育之间的衔接点，一名大学生健康状况如何，与人才培养质量密切相关。所以高校体育要把健康教育作为主线，注重对学生体育意识、体育能力等的培养，摒弃简单技术教学，以研究运动技术为手段，为健康这一目的服务，增强健身能力。通过对学生进行各种形式的锻炼，达到增强学生体质，促进身心健康发展，增强国民体质，提高全民族素质的目的。就体育理论教学而言，让同学们掌握锻炼身体的科学方法，奠定终身体育锻炼的基础。唯其如此，我们才有可能适应竞争激烈的社会，迎接现代化科技对人类体能提出的挑战。

二、高校体育对素质教育承担的意义

素质教育观念对高等院校人才和人才培养问题指出了方向，人才培养必须有高素质的人才作保证。高校体育素质教育，是一种以全面提高人才素质为重要内容与目标的教育，其目标是使学生掌握现代科学技术知识和运动技能，养成终身锻炼的习惯，形成良好的个性品质与健全人格，成为有理想、有道德、有文化、守纪律的社会主义事业建设者和接班人。人才培养集传授知识、培养能力、提高素质于一体，尤其要狠抓素质提升。所谓素质，主要指人先天遗传下来并经过后天学习与锻炼所形成的比较稳定的心理特征及个性品质。在提高人才素质时，也要以思想道德素质的提高为基本，以提高文化素质为根本，来提高人才整体素质。要实现这一目标，就必须树立全新的人才观，把培养人当作一种社会行为来对待。所谓素质教育，就是以培养全面发展的人为目的而进行的教育活动，它强调的不仅是知识和技能，还包括人的精神品质以及良好个性的形成。素质教育是更强调人文精神的培养与提升，注重人格不断完善与健全，即注重学生学"做人"的教育理念。

三、高校体育素质教育

体育素质教育属于广义素质教育的有机组成部分，就是为了面向全体学生，全面提升学生体育素质，促进学生身心健康，认为社会育人是它的基本宗旨，体育实践是它的主要途径。

（一）结构体系

对高校学生体育素质结构体系进行了探讨和研究，结果表明，身体显性和身体隐性因素综合体现了大学生身体素质发展程度，可归为身体素质类。体育运动能力与运动技能构成了大学生体育锻炼的基本模式。体育道德基础和体育道德实践因子刻画了大学生对体育道德的理解、情绪与行为情况，属于体育道德素质。体育运动技能表现出了个体在体育活动中所体现出来的个性特征，可称为体育运动技能素质。体育基础知识素养与体育人文知识素养，集中反映了大学生体育文化素养之标准，可以用体育文化素质来概括。运动技术能力和学习锻炼能力鲜明地体现了学生体育能力发展程度，可用体育能力素质来概括。身体形态机能表现出的身体素质因子，可概括为基本身体素质。体育审美修养和体育审美倾向因子等，形成了以大学生体育审美素质为主线。但个体行为习惯与社会行为因素反映大学生综合体育素质发展现状，它自身凭借体育行为素养，成了这一品质里的一员。

（二）体系建构

1. 身体素质教育

身体素质教育具体内涵主要是发展良好身体形态、改善身体机能、培养运动素质、增加机体对疾病的抵抗能力和机体耐受能力五个方面。其中，健康体适能则是人在体质和心理状态上所表现出的一种综合状况。从理论上说，身体素质教育不仅要向学生传授基本技术和技能，而且还应注重培养他们在复杂环境下的适应能力，使其能够适应各种不同情况的要求，并具备较好的自我保护能力。身体素质教育在体育素质教育的内容系统中处于最核心地位，体现了体育素质教育本质特征和本质功能。

2. 心理素质教育

体育心理素质教育，包括智力品质的提升、体育情感和意志品质的发展、发展体育的兴趣和需求等个性倾向。体育心理素质教育是一种以"健康第一"为指导思想和目标的现代学校体育思想，是当代高校人才培养模式改革中一个新的理念。同样体育心理素质教育也是培养大学生综合素质的需要，在大学生体育素质教育中占有重要地位。

3. 思想素质教育

体育思想素质教育的主要内容是体育价值观、终身体育的意识、快乐体育意识等、健康教育思想、体育参与意识。高校在实施素质教育的同时，必须重视对大学生体育思想素质和能力的培养。意识在行动中居于主导地位，良好的体育思想素质，是大学生其他体育素质得到较好发展的先决条件。体育思想素质对大学生的心理健康和全面发展具有重要影响作用。所以，强化大学生体育思想素质培养要贯穿体育素质教育全过程。

4. 道德素质教育

所谓体育道德素质教育，就是要培养学生的体育道德的认知、意愿，对大学生的行为进行教育培养，提倡良好体育道德，这些是目前引起高校广泛注意的重要课题。它既关系到大学生身心发展水平和社会适应能力，又直接影响着国家体育事业的发展。所以，加强高校体育对学生体育道德素质培养是很有必要的，它是体育素质教育的重要组成部分。

5. 体育文化素质教育

体育文化素质教育是指要提升学生在体育哲学、体育史学及其他学科方面的知识修养，知识内化体现在人们的知识和文化素养上。它不仅包括对体育运动技能与技巧的学习和训练，而且也包括对人类社会历史发展过程中所产生的各种思想政治教育因素及价值观念的理解、吸收、改造与升华。所以体育文化素质教育应以知识和文化的掌握为途径，旨在提升学生知识和文化素养水平。

6. 体育能力素质教育

体育能力素质教育的主要内容是学生的运动能力、技术能力和学习能力的培养，以及锻炼能力和自评自控能力的发展和提高等。调查研究发现，目前我国高校存在重视专业教育而忽视了人文教育和社会实践活动等问题，导致学生的身心发展受到很大影响，不利于人才的全面成长。体育能力素质，是推动大学生成功完成体育学习和运动的一种综合品质，在整个体育素质教育体系中所占的位置是非常重要的。

7. 体育审美素质教育

体育审美素质教育主要是指要增强学生对于体育自然美和社会美的认识，同时也指提升学生对艺术美的感受能力、鉴赏能力和创造能力。在当前高校实施素质教育中，加强和改进大学生体育审美素质教育具有积极而又深远的意义。体育美，是体育生存和发展所依赖的最根本的特质，全面发掘和展示体育美，培养学生优良的体育审美素养具有十分重要的意义。

第三节　素质教育视野下的高校体育教学策略

一、素质教育视野下的高校体育目标

（一）体育教学目标的发展

作为高校教育中的重要内容，高校体育教学目标改革，是高校体育改革全局的基点。在我国高校教学改革中，教学目标一直是个热门话题。教学目标主导教学内容和教学方法，它是教学的指向，也是教学的灵魂，它在无形中决定了教学的内容、教学过程和教学方式，同时还在一定程度上影响了教学评价与教学效果。高校体育教学目标既是基本理论问题，亦是高校体育教学的实际问题。因此，在当前高等教育大众化阶段，探讨并研究高校体育教学目标具有非常重要的理论意义和现实意义。中华人民共和国成立以来，我国高校体育教学已走过 60 余年风雨。在不同历史阶段，高校体育教学目标都有其特定内涵及相应要求，并随着社会经济文化等因素的变化而不断调整。对我国高校体育教学目标转变和发展进行梳理，发挥高校体育教学目标在体育教学实践中本来应起到的指导作用，可以促进我国高校体育教学改革深化。

（二）素质教育视野下的高校体育目标切入

普通高校体育教学改革须从转变教学目标入手，才有可能跟上高等教育发展水平，反过来，教学目标的改变也要受教育思想或者教育观念变化的制约。

自《中国教育发展纲要》出台以来，"素质教育"成了人们持续关注的主题。从中央到地方都把开展素质教育作为当前乃至今后一段时期内基础教育工作的中心任务来抓。但有相当一部分人还没有完全弄清其内涵时，就草草地着手添加教学内容、转变课堂形式、改革教学方法等活动，并且都冠以"素质教育"的名义。结果，素质教育成了口号，变成了形式主义。当然，推行素质教育并

非没有内容与方式上的变革，但是，若只把素质教育停留于内容与方法的层面，则会误入素质教育之歧途。因此，我们必须认清素质教育与应试教育的本质差异，走出认识上的误区。教育思想或者教育观念引导并约束人的教育行为，各种教育思想或者教育观念的引导，会造成教育目标与教育效果迥异。素质教育的基本理念是"面向全体学生"，而传统的教育观念则强调"为少数尖子学生服务"。因此，要真正实现素质教育的目的，必须改变现行的教育体制。应试教育是以造就学识渊博的人才为宗旨，要求其掌握多学科知识，因而重知识传授，训练出的人才通常适应性差，创造性也不强。素质教育是以培养科学、健康现代文明人为宗旨，不仅注重传授知识，更加注重培养能力，发展智力，也注重思想品德、性格、个性的养成。所以，在素质教育中必然包含教育思想或教育思想观念。在对"素质教育"获得基本认识后，又不难发现，教育目标都是在教育思想或者教育观念引导下形成的，并直接影响教育效果。在我国现行教育体制中，传统教育模式及社会发展水平的制约，造成学校与家庭之间的巨大反差。所以，我们应该推行素质教育，改变教育目标势在必行。

（三）素质教育视野下的高校体育教学目标改革

1. 传统体育教学目标的再认识

在树立素质教育指导思想之后，需要对过去的体育教学目标进行再审视。从对我国 20 世纪 50 年代至 80 年代三次颁布的《中学体育教学大纲》的教学目标的比较中，我们可以看到，不管是对不同时代中学体育教学目标进行纵向对比，或对中学和大学体育教学目标进行横向对比，在目标上无不强调思想品德教育、增强体质、把握体育"三基"三目标。目标的思想性很强，它反映出教育要为社会主义建设服务，为国防建设服务。同时也说明在我国目前的条件下，学校体育的培养目标还不能完全适应时代发展的要求，特别是学生身心全面健康发展的要求。可以这样认为，20 世纪 50 年代体育教学目标是历史需要的体现，而 20 世纪 70 年代体育教学目标则是现实需要的体现，20 世纪 80 年代体育教学目标体现社会发展对体育的要求。

2.普通高校的新体育教学目标

推行素质教育，一方面要有政府部门行政措施作保障，另一方面也要求人们更新观念、提高认识，积极探索推行素质教育之路。素质教育虽是一种教育思想或者教育观念，它对应于应试教育，但其适应范围不限于中学，大学同样离不开素质教育，高校担负着培养人才的任务。原国家教委曾经强调指出，为了培养跨世纪的人才，大学生的素质教育势在必行。随着我国高等教育体制改革的深化，高校招生规模不断扩大，在校学生数量不断增多，学生中独生子女所占比重越来越大，而学校的体育却滞后于社会发展的要求和学生自身的需求。为此，普通高校体育教学应该义不容辞地与其他课程教学共同担负起素质教育的责任。

体育是一种以身体运动为载体的教育，教育活动主要是身体实践活动。在体育课堂教学过程中，教师主要是围绕着学生如何掌握知识与技能来开展教学活动的，而对影响他们学习的非智力因素却很少注意。所以人们常常很容易把注意力集中在增强体质或者改进运动技术方面。其实，体育作为一种特殊的社会教育形式，其本身就是一项社会活动。在认真分析体育教学之后，你会发现，其包含思想、身体、智力和情感多方面的因素。从这个意义上讲，体育既可以作为一种手段，又可作为一种内容。以素质教育的理念为指导，要充分发挥体育的诸多功能，在体育教学中让学生身体力行、锻炼体格，培养理性行为，丰富智力活动，拓展经验范围，增强社会适应能力。

二、素质教育视野下的高校体育内容改革

（一）素质教育视野下的体育教学内容

1.顺应高校学生的特点

高校学生在身心发展方面越来越成熟，这为他们在大学的独立生活和学习提供了必要的生理基础，但是其心理并没有真正地走向成熟，其世界观、人生观、价值观正在形成过程中。高校学生已掌握一定社会规范，具有强烈独立意识及

高度的智力水平，他们有着自己的利益与需求，对于种种事情，都会有自己的分析、判断及抉择。这既表现了其具有较强的适应环境、独立生活等能力，也表现了其能结合所学专业知识，通过多种方式，比如校内外社会实践活动等内容，来形塑并锻炼自我。

2. 满足高校学生的需求

在社会文明程度越来越高的今天，当代大学生体育意识亦有进一步强化，他们不满足于仅具备某些一般性体育基本技术与技能，还想获得一些专业性强的体育知识。运用体育知识来武装头脑，为建立现代体育观奠定坚实基础。

3. 体现高校学生的健美需求

随着大学生对体育认识的提高，健美已逐步成为当代大学生的一种健身方式。高校作为培养高素质人才的基地，对学生进行科学有效的体育锻炼是非常必要的。过去，体育教学主要是教"三基"，以增强学生体质为目标，很少给学生讲授健美方面的知识与技巧。改革开放后，我国国民在物质生活与精神生活方面均得到较大程度的改善，高校学生体育观念亦有很大转变，健美操、韵律操、体训练和其他健身项目，受到学生的普遍欢迎。

4. 彰显高校学生的娱乐习惯

贯彻落实好《全民健身计划纲要》，需要现代大学生积极主动地去学习并掌握体育知识与技巧。娱乐本来就是体育的本质属性，若体育丧失娱乐功能，则亦失其风韵。因此，在大学里开展丰富多彩的体育竞赛活动十分必要。大学生从事各项体育活动，既锻炼身体，又愉悦身心和陶冶情操。发展学生体育兴趣，使同学们在体育运动中找到快乐，是学校体育所追求的一大目标，也适应大学生身心发展需要。

5. 配合高校学生的终身体育和竞技体育发展

随着我国人民生活水平日益提升，投资健康已成社会时尚。当代大学生受这一社会环境及终身体育思想等因素影响，正寻求体育锻炼健康效益，并开始注重发展他们对体育的兴趣与体育专长，以及对运动知识与技能的学习与掌握。竞技体育作为高校体育课中重要组成部分，其功能和作用正日益受到人们的关注和认可。竞技体育带有明显的娱乐性、竞争性和人文性等特点，为大学生身心发展急需，有利于竞争意识、群体意识和协作精神、拼搏精神的形成。

（二）素质教育下的体育教学内容体系

当前，我国高校体育教学是以传授运动技术为主，与高校体育教学目标相距甚远。高校体育是对高校学生进行全面教育，为完成高校体育教学任务，以培养高质量、有素质的学生，应构建新型体育教学的内容体系。该体系应体现"以人为本"原则，淡化竞技，重视学生个性的培养，强化学生终身体育意识，培养体育好习惯。

1. 符合多样性与可接受原则

更新体育教学内容要根据社会需求、学生需要、学生体育基础和学校教学条件。要精选部分非竞技项目，培养学生健身意识，培养学生的体育能力。就深度而言，教学内容应具可接受性，即不可太难，亦不可太容易。总之，教学内容应该是综合的和多元的，要强调健身性、娱乐性、终身性和全民性的特征，吸引学生积极参加体育锻炼，以满足个人、群体和社会发展需求。

2. 强调传授健身方法

由于大学生对于体育认知的改变，在高校体育教学中，要加入健美体育和娱乐体育，并使其与健康体育形成共同点。同时，以"健康第一"的教育思想为指导，要强化健身方法教学，形成终身体育观念。

3. 简单化和综合化

为适应当代大学生体育需要，将高校体育存在一定困难、技术性强的工程予以精简，将多个体育项目整合为一项教学。在这种情况下，应将学生喜爱的体育运动项目与其他课程相结合。比如，将篮球运球技术、移动技术与田径短跑项目相结合进行训练，将足球运球技术与田径中长跑项目相结合进行训练等。

4. 更新竞技体育内容

就选修内容而言，传统的篮球、排球、足球和田径等项目要不断加强，并与其他运动项目相互结合，乒乓球、游泳、羽毛球、网球、武术、健美操也需要充实到高校体育教学中。此外，还可以通过开设相关课程来加强学生对运动项目的兴趣。这不仅可以为我国培养出高素质的体育专门人才，也能适应大学生竞技体育发展需要。

5. 体现地方特色

《全国普通高等学校体育课程教学指导纲要》中明确规定：各省、自治区、直辖市的教育行政部门可根据本《纲要》制定适合本地区高校使用的指导性教学大纲。[①] 因此，各地、各校都应按照《纲要》，根据本地区、本学校实际，对学校体育内容进行自主选择，从而反映该区域、该校办学特色。目前，该特色在课外体育的教学中体现得尤为明显。

---

① 全国普通高等学校体育课程教学指导纲要[J]. 中国学校体育，2002（6）：5-7.

参考文献

[1] 谢萌. 高校体育文化教育研究 [M]. 长春：吉林人民出版社，2021.

[2] 周丽云，刘朝猛，王献升. 高校体育教育理论与项目实践教程 [M]. 北京：中国书籍出版社，2022.

[3] 张亚平，杨龙，杜利军. 高校体育教学理念及模式创新研究 [M]. 北京：中国商业出版社，2022.

[4] 张帅奇，苏雯，权华. 大学生体育锻炼与心理健康问题研究 [M]. 长春：吉林人民出版社，2020.

[5] 井玲. 体育锻炼与大学生心理健康 [M]. 武汉：湖北科学技术出版社，2009.

[6] 刘根发. 高校体育与大学生心理健康教育研究 [M]. 成都：西南交通大学出版社，2007.

[7] 谢萌. 高校体育文化教育研究 [M]. 长春：吉林人民出版社，2021.

[8] 向青松. 高校体育文化理论与实践研究 [M]. 北京：原子能出版社，2020.

[9] 李鑫，王园悦，秦丽. 体育文化建设与高校体育教学模式研究 [M]. 北京：中国纺织出版社，2019.

[10] 赵崇乐. 体育审美教育论 [M]. 沈阳：万卷出版公司，2019.

[11] 杜秀磊."立德树人"视角下高校体育教学实践探究 [J]. 当代体育科技，2022，12（22）：155-157.

[12] 赵扬. 新时代高校体育的育人使命和育人价值探析 [J]. 吉林省教育学院学报，2022，38（4）：114-117.

[13] 牟利明，展凯，郑洪宇. 新时代我国高校体育育人路径探析 [J]. 新课程研究，2021（24）：80-81.

[14] 崔宏达. 高校体育教育中育人的条件和措施 [J]. 拳击与格斗，2020（9）：114-115.

[15] 罗美娥. 高校体育育人功能及实现策略研究 [J]. 体育世界（学术版），2019（11）：122-123.

[16] 苏涛，杨靖. 大思政视角下高校体育育人功能的开发 [J]. 当代体育科技，2019，9（28）：111-112.

[17] 李英杰. 新常态下高校体育育人模式的探索与实践 [J]. 玉林师范学院学报，2017，38（06）：54-57.

[18] 那小波. 对于高校体育实施素质教育的思考 [J]. 祖国，2016（18）：160.

[19] 陈清香. 对提高高校体育教师素质的有关问题探讨 [J]. 当代体育科技，2015，5（33）：125-126.

[20] 穆道魁. 高校体育素质教育研究现状及发展趋势 [J]. 吉林广播电视大学学报，2013（11）：30-31.

[21] 何伟. 新时代我国高校体育文化建设研究 [D]. 赣州：江西理工大学，2021.

[22] 蒙丽丽. 社会主义核心价值观视域下高校校园体育文化建设研究 [D]. 桂林：广西师范学院，2016.

[23] 陈绍文. 高校开设体育专业对校园体育文化建设的影响研究 [D]. 重庆：西南大学，2011.

[24] 何轶. 我国高校体育文化建设研究 [D]. 长沙：湖南农业大学，2008.

[25] 云学容. 我国高校校园体育文化建设探析 [D]. 成都：四川大学，2004.

[26] 陈永洪. 高校校园体育文化发展中存在的问题及对策研究 [D]. 成都：四川师范大学，2019.

[27] 周士杰. 高校体育文化育人功能研究 [D]. 衡阳：南华大学，2017.

[28] 廖亚琴. 高校体育保健课学生体质健康与心理生活质量的研究 [D]. 赣州：赣南师范大学，2018.

[29] 李若鑫. 立德树人视域下大学本科公共体育课课程思政实施路径研究 [D].

郑州：河南大学，2022.

[30] 朱德亮. 高校体育专业术科课程思政示范课程教学特征分析 [D]. 郑州：河南大学，2022.